BASTEI LÜBBE

Über die Autoren:

Moritz Freiherr Knigge, geboren 1968, betreibt mit seinem Partner Michael Schellberg eine Unternehmensberatung mit dem Schwerpunkt Kommunikation und Mitarbeiterführung. Grundlage des Beratungskonzepts ist der Rückgriff auf die Grundsätze des berühmten Adolph Freiherrn Knigge zum Umgang mit Menschen. Als gelernter Verlagskaufmann mit anschließendem BWL-Studium in Berlin und als Key Accounter in verschiedenen Firmen kennt er bestens die Gesetze und Bedürfnisse des Marktes. Leo Linder hat seine große Erfahrung als Autor in den Text eingebracht.

Moritz Freiherr

KNIGGE

mit Leo Linder
und Michael Schellberg

SPIELREGELN

Wie wir miteinander umgehen sollten

BASTEI
LÜBBE

BASTEI LÜBBE TASCHENBUCH
Band 60572

1. Auflage: September 2006

Vollständige Taschenbuchausgabe der im Gustav Lübbe Verlag
erschienenen Hardcoverausgabe

Bastei Lübbe Taschenbücher und Gustav Lübbe Verlag
in der Verlagsgruppe Lübbe

Lektorat: Helmut R. Feller
Textredaktion: Arnd Kösling
Titelbild: © Corbis/zefa/Grace
Umschlaggestaltung: Gisela Kullowatz
Satz: Greiner & Reichel, Köln
Druck und Verarbeitung: Ebner & Spiegel, Ulm
Printed in Germany
ISBN-10: 3-404-60572-1
ISBN-13: 978-3-404-60572-9 (ab 1.1.2007)

Sie finden uns im Internet unter
www.luebbe.de

Der Preis dieses Bandes versteht sich einschließlich
der gesetzlichen Mehrwertsteuer.

Inhalt

Wir könnten auch anders

»Übrigens werden vielleicht wenig Menschen in einem so kurzen Zeitraume in so manche sonderbare Verhältnisse und Verbindungen mit andern Menschen aller Art geraten, wie ich, seit ungefähr zwanzig Jahren; und da hat man denn schon Gelegenheit, wenn man nicht ganz von der Natur und Erziehung verwahrlost ist, Bemerkungen zu machen und vor Gefahren zu warnen, die man selbst nicht hat vermeiden können.«

*Adolph Freiherr Knigge: Über den Umgang mit Menschen (1788), Einleitung**

»Knigge? Das ist ja lustig. Vorhin hatte ich schon einen Herrn Duden!« sagte die Kellnerin in einem Berliner Café nach einem Blick auf meine Kreditkarte. Auch ich fand das lustig – und finde es immer aufs neue amüsant, daß die meisten mit »Knigge« gar keinen echten Menschen verbinden. Der Polizist, der mich vor Jahren anhielt, wußte nicht, was er verblüffender finden sollte: daß es jemanden dieses Namens überhaupt gibt oder daß ein solcher – wie andere Sterbliche auch – bisweilen die zulässige Höchstgeschwindigkeit überschreitet. Im Laufe meines Lebens habe ich mich jedenfalls daran gewöhnt, auf meinen Namen angesprochen zu werden. Und wie Menschen, die Duden heißen, wahrscheinlich mehrmals täglich gefragt werden: »Duden? Was halten Sie denn von der neuen Rechtschreibung?«, so bekomme ich regelmäßig zu hören: »Knigge? Da muß ich mich jetzt wohl richtig benehmen?«

* *Die Kapitelhinweise beziehen sich auf die folgende Veröffentlichung: Knigge, Adolph Freiherr: Über den Umgang mit Menschen. Hg. Karl-Heinz Göttert. Ditzingen: Reclam 2002*

Die passende Antwort darauf wäre schlicht und einfach: »Ja«. Auf Dauer hat mich dieser kurze Bescheid jedoch gelangweilt, und so habe ich mir manchmal ein Vergnügen daraus gemacht, den Erwartungen an einen unerbittlich strengen Benimmpapst zu entsprechen, und dann wieder mit demselben Vergnügen die Gelegenheit genutzt, Aufklärungsarbeit zu leisten. Denn mein Vorfahr, Adolph Freiherr Knigge, hat sich niemals zu der Frage geäußert, ob beim Zerteilen eines Fischs das Messer zu Hilfe genommen werden darf – und zu anderen Fragen dieser Größenordnung auch nicht. Er hat vielmehr das ideenreichste und erfolgreichste Buch deutscher Sprache über Lebensklugheit geschrieben – es hieß »Über den Umgang mit Menschen« und erschien 1788. Welche Gerätschaften bei einer Fischmahlzeit zum Einsatz kommen, wer in einer gemischten Gesellschaft wem die Tür aufhält, wann im Treppenhaus die Dame vorangeht und wann der Herr – kurz: wie man sich zu benehmen hat, das war damals allgemein bekannt, darüber brauchte man keine Bücher zu schreiben.

Was hingegen ihn – und ebenso seine Leser – interessierte, das waren soziale Strategien, um den Reibungsverlust im Umgang mit Menschen so gering wie möglich zu halten, um unterschwellige Machtkämpfe und sinnlose Konflikte zu vermeiden und alle denkbaren gesellschaftlichen Situationen souverän zu meistern. Daß mein Vorfahr später in den Ruf eines Benimmpapstes kam, dafür konnte er nichts. Das lag an eigenmächtigen Bearbeitern seines Werks im folgenden Jahrhundert, die es nach und nach mit simplen Anstandsregeln spickten und damit den Geschmack eines Bürgertums trafen, das zur führenden Gesellschaftsschicht aufgestiegen war und nun um handfeste Regeln für seine Auftritte auf dem gesellschaftlichen Parkett verlegen war.

Und nun der nächste »Knigge«. Wieder ein Buch über Lebensklugheit, über den Umgang mit Menschen im 21. Jahrhundert. Aber – hat sich seither denn nicht alles geändert? Wer wird dieser Tage noch etwas von gesellschaftlichen Spielregeln wissen wollen, wo sich inzwischen alles um Selbstverwirklichung und Egotrips, Lifestyle und Lebensgefühl dreht? Wo der Umgang mit Menschen jedem selbst überlassen ist, wo im Alltag nichts weiter gefragt ist als individuelle Eingebung und Spontaneität? Ich bin, wie ich bin, und fertig – oder?

Mag sein. Aber wenn mich nicht alles täuscht, hat sich noch etwas verändert. Es ist noch nicht lange her, da war es das Privileg der Jungen und der ganz Alten, mit ihrer Zeit nicht einverstanden zu sein. Heute, so scheint mir, ist es vor allem die mittlere Generation, sind es Menschen im besten Alter sozusagen, die sich herausnehmen, nicht einverstanden zu sein. Die in der Stimmung sind, die Verhältnisse einer kritischen Prüfung zu unterziehen, Gewinne und Verluste gegeneinander aufzurechnen und Bilanz zu ziehen. Und diese Bilanz läßt sich in einem Wort zusammenfassen: Unbehagen. Unbehagen als Grundstimmung. Unbehagen als herrschendes Lebensgefühl.

»Nach der Strukturreform bei uns im Sender«, sagt Axel V., Chefsprecher eben dieses Senders, »läuft bei uns alles darauf hinaus, daß Entscheidungen nicht mehr begründet werden müssen. Jedes Projekt kann unter Hinweis auf die Einschaltquoten abgeschmettert oder durchgeboxt werden – Argumente erübrigen sich. Verantwortlich ist niemand mehr. Das zieht unendlichen Ärger nach sich. Jeder ist frustriert.«

»Wenn ich deutsche Ingenieure auf ihren Einsatz in England vorbereite«, sagt die Kursleiterin Margrit M.,

»dann muß ich ihnen regelrecht einbleuen, was man in England unter Höflichkeit versteht. Gewisse Umgangsformen werden dort einfach vorausgesetzt. Was das angeht, ist meine Klientel in aller Regel von erschütternder Ahnungslosigkeit. Die haben schon Schwierigkeiten mit dem Grüßen. Die sagen: Der andere grüßt ja auch nicht – und damit hat sich die Sache für sie.«

»Kürzlich beklagte sich ein Student bei mir, es sei eine Unverschämtheit, ihn zu zwingen, sich eine Dreiviertelstunde lang mit demselben Gemälde zu befassen«, erinnert sich Antonia G., Professorin für Kunstgeschichte. »Ich würde ihm seine Zeit stehlen. Für ein und dasselbe Bild könne er allenfalls zehn Minuten Aufmerksamkeit erübrigen. Und so jemand ist kein Einzelfall.«

»Das mit der Frauenemanzipation steht höchstens auf dem Papier«, meint die Architektin Bettina S., Gattin eines Mannes, der denselben Beruf hat wie sie. »Wenn wir mit unseren Architektenfreunden zusammensitzen, wendet man sich im Gespräch eigentlich immer an meinen Mann, obwohl oft genug ich die Expertin bin. Meine Meinung zählt gar nicht. Ich frage mich dann, ob ich zu schüchtern bin, zu bescheiden, ob ich zu wenig Aufsehen errege, ob ich mich stärker bemerkbar machen sollte. Aber – das will ich eigentlich gar nicht.«

»Aus denen müßte ich erst mal Menschen machen«, stöhnt Ulrich B., Realschullehrer, wenn er an die Schüler seiner 7. Klasse denkt. »Keine Distanz, überhaupt keinen Respekt. Und hinterher, im Lehrerzimmer, brüllt man sich an, weil man diese Lautstärke gewöhnt ist, weil man gar nicht mehr anders kann als brüllen.«

Viele solcher Gespräche habe ich geführt, bevor ich an dieses Buch gegangen bin. Fast immer bin ich diesem aufgestauten Unbehagen begegnet. Und stets galt es der Entwicklung der Dinge, der Verhältnisse. Als würden wir mit einem Kater aus einem Rausch erwachen. Wie die Teilnehmer eines Festes, die sich hinterher nicht mehr so recht erinnern, was sie zusammengebracht hat und was es eigentlich zu feiern gab. Jeder scheint sich in einer anderen Wirklichkeit wiederzufinden. Die Verständigung jedenfalls ist mühsamer geworden, und der Orientierungssinn funktioniert nicht mehr wie gewohnt. Woran liegt das?

Dieser Frage will ich im ersten Teil des Buchs nachgehen, wo es um »Lebensklugheit im Umgang mit seiner Zeit« geht. Bevor man sich den alltäglichen Situationen zuwendet, müßte man, meine ich, erst einmal wissen, was eigentlich gespielt wird. Aus welchen Elementen sich das zusammensetzt, was wir als Zeitgeist erleben. Und wie sich der einzelne in einer Gesellschaft zurechtfinden kann, die sich einerseits die bizarrsten Zurschaustellungen des Individuellen gefallen läßt, mehr noch, sich am Privaten, auf Containerformat reduziert, sogar ergötzen kann – und die sich andererseits gegen die Zumutungen dieses Individualismus mit einem unausgesprochenen Regelwerk aus Tabus, diversen unerklärten Ideologien und einem wachsenden Zwang zur Selbstdisziplinierung massiv zur Wehr setzt.

Ich habe versucht, im Sinne der Lebensklugheit bereits in diesem ersten Teil der praktischen Vernunft zu ihrem Recht zu verhelfen – gegen alle möglichen glück- und freiheitverheißenden Zeitströmungen. Ich weiß, daß ich mich damit einem Gegenwind aussetze – entfacht von den unbändigen Hoffnungen, die sich mit der Teilhabe an einer globalen Kultur des jeweils neusten Trends verbinden. Aber eine solide Skepsis gegen allumfassende, mitreißende Lösungen ist ein Erbe der Knigges, das sich bis zu einem gewissen

Grad vielleicht aus ihrer hannoveranischen Herkunft erklärt. Jedenfalls hat diese Skepsis schon die Grundhaltung meines Vorfahren geprägt, der die Französische Revolution als den Anbruch einer neuen Zeit der Freiheit zwar begrüßt hatte, in seinem Buch aber unermüdlich daran erinnert, daß jede neue, große Errungenschaft des Zeitgeistes erst einmal auf ihre Alltagstauglichkeit hin überprüft werden muß. Ich teile seine Auffassung, daß Glück nicht abheben bedeutet, sondern am Boden bleiben wollen. Und weil ich meine, daß seine Ratschläge und Empfehlungen im Laufe von 216 Jahren kaum etwas von ihrer Gültigkeit eingebüßt haben, werde ich sie als Ausgangspunkt und Inspirationsquelle benutzen und kurze Auszüge aus seinem »Umgang mit Menschen« jedem Kapitel voranstellen.

Um die Alltagstauglichkeit der Lebensklugheit geht es dann im zweiten und dritten Teil dieses Buchs, »Lebensklugheit in unterschiedlichen Situationen« und »Lebensklugheit im Umgang mit unterschiedlichen Menschen« überschrieben. Ich gehe hier davon aus, daß die Grundfragen im Verhältnis des einzelnen zur Gesellschaft seit Jahrhunderten, ja seit Jahrtausenden die gleichen geblieben sind – unabhängig von den herrschenden Ideologien, unabhängig von wechselnden Leitbildern und Modeströmungen. Zu allen Zeiten kannte man die Sorge: Wie komme ich bei anderen an? Wie gewinne ich Menschen für mich? Wie verschaffe ich mir Respekt, wie helfe ich mir aus der Verlegenheit, und was muß ich berücksichtigen, damit ich erst gar nicht hineingerate? Und zu allen Zeiten gab es darauf Antworten, die sich ebenfalls kaum verändert haben. Sie alle betonen den Vorteil genauer Menschenkenntnis, den praktischen Nutzen kluger, vielfältig anwendbarer Verhaltensregeln und die Bedeutung der Empathie, also der Fähigkeit, sich in andere hineinzuversetzen – als Voraussetzung für einen Erfolg, der nicht auf einen Triumph über seine Mitmenschen hinausläuft, sondern unter Einbeziehung ihrer Interessen und mit Rücksicht auf ihre Empfindungen erzielt wird.

Aber was genau ist gemeint, wenn von Lebensklugheit die Rede ist? Nun, Lebensklugheit heißt jedenfalls nicht, zu warten, bis die Psychotherapie Erfolg gehabt hat oder neue Gesetze erlassen worden sind oder endlich genug Geld fließt oder die Menschheit als ganze sich eines Besseren besonnen hat. Jeder kann sich darin üben, ohne Studiengebühren zu bezahlen, ohne Abendkurse zu belegen, ohne auf andere warten zu müssen, die vielleicht auch mitmachen wollen. Lebensklugheit heißt nämlich: zu handeln, es auf andere Weise als bisher zu versuchen und sein Leben in die eigenen Hände zu nehmen, soweit es sich in die Hände nehmen läßt, um das Gefühl freier Selbstbestimmung zu genießen.

Wer die Schule der Lebensklugheit durchläuft, der wird sich auf jeden Fall eine Eigenschaft aneignen, die ich als Umgänglichkeit bezeichnen möchte. Das mag bescheiden klingen, ist aber ein anspruchsvolles Ziel. Denn zu dem, was ich unter Umgänglichkeit verstehe, gehören unermüdliche Verständigungsbereitschaft (aber keine grenzenlose Geduld), innere Haltung (gepaart mit Stil), unbegrenztes Einfühlungsvermögen (das nicht ständig demonstriert zu werden braucht), gute Manieren (um sie gelegentlich zu vergessen), Durchsetzungsfähigkeit (wenn's drauf ankommt), Anpassungsvermögen (das nichts mit Selbstverleugnung zu tun hat), Menschenkenntnis (immer) und Souveränität (jederzeit). Zur Lebensklugheit gehören aber auch Scharfblick und ein Gespür für die Irrtümer und Abwege unserer Zeit, um dort Widerstand zu leisten, wo die Bedingungen des klugen Umgangs auf dem Spiel stehen – und dort beherzt mitzumischen, wo sich Chancen für einen rücksichtsvolleren und sinnvolleren Lebensstil bieten.

Ich glaube, daß wir solche vernünftigen Regeln als gemeinsame Grundlage für den Umgang miteinander brauchen, solange wir noch nicht entschlossen sind, die Gesellschaft als etwas prinzipiell Feindliches und unsere Mitmenschen grundsätzlich als Gegenspieler zu betrachten. Und ich bin sicher, daß man auf diese Weise auch dem Unbehagen von Menschen abhelfen kann, die im Osten unseres Landes einen rapiden Verfall der Menschlichkeit beklagen und im Westen das Scheitern vieler Hoffnungen, die mit dem ständigen Zuwachs an individueller Freiheit verbunden waren. Was mich dessen so sicher macht? Vor allem die Erlebnisse in meinem Elternhaus, dem Rittergut Bredenbeck vor den Toren Hannovers, wo Adolph Freiherr Knigge 1752 geboren worden war und ich groß geworden bin. Auch wenn ich nicht mehr dort lebe, bin ich dort nach wie vor zu Hause. Dann die zahlreichen Gespräche, die ich mit unterschiedlichsten Menschen als Vorbereitung auf dieses Buch geführt habe – nicht selten waren Frauen und Männer von beeindruckender Lebensklugheit darunter, und oft waren es solche, die schwierige Situationen durchlebt hatten. Und schließlich die Erfahrungen, die ich als selbständiger Unternehmensberater gewonnen habe.

Was mein Elternhaus angeht: Auf Bredenbeck standen die Türen jederzeit offen, und davon wurde reichlich Gebrauch gemacht. Meine Eltern führten ein gastfreies Haus, jeder war willkommen, und viele kamen. Meine Mutter wie mein Vater waren zugängliche Menschen, ohne allen Dünkel, und deshalb gleichermaßen beliebt, nicht zuletzt bei jungen Leuten. Den Geist, der bei uns herrschte, würde ich als konservativ-tolerant bezeichnen. Das heißt, es ging zwanglos zu – aber diese Zwanglosigkeit ergab sich nicht aus einem Verzicht auf feste Regeln oder Abstrichen daran, sondern aus der Selbstverständlichkeit, mit der sie galten. Für uns, meine Geschwister und mich, waren das Grundregeln der Zivilisation, an die wir gelegentlich erinnert werden mußten, die wir aber nicht in Frage zu stellen brauchten, weil ihr Sinn unmittelbar einleuchtete. In meinem Elternhaus habe ich jedenfalls gelernt, daß eine Gemeinschaft steht und fällt mit stillschweigenden Vereinbarungen und der Bereitschaft, sie auch dann einzuhalten, wenn Verstöße nicht geahndet werden können.

Ich habe mich später in meinem Leben nicht immer an die Grundsätze der Lebensklugheit gehalten, und ich habe es nicht immer bereut. Vergessen habe ich sie nie. Und heute zeigt sich in meiner Arbeit, daß sie sich auch auf Unternehmen übertragen lassen, wo man mit einer Vielzahl von Menschen auskommen muß, die man sich ebensowenig wie seine Familie ausgesucht hat – und daß alle Beteiligten davon profitieren. Denn letztendlich ist es gleichgültig, in welchen Lebensbereichen man sich von der Lebensklugheit inspirieren läßt, sie lehrt uns in jedem Fall, das Leben als verlockende Aufgabe zu begreifen.

Teil I
Lebensklugheit im Umgang mit seiner Zeit

Alles normal, alles o.k.? – Über Verschiedenheit

Unterschiedlichkeit als Chance

»In keinem Lande in Europa ist es vielleicht so schwer, im Umgange mit Menschen aus allen Klassen, Gegenden und Ständen allgemeinen Beifall einzuernten ... wie in unserem teutschen Vaterland; denn nirgends vielleicht herrscht zu gleicher Zeit eine so große Mannigfaltigkeit des Konversationstons, der Erziehungsart, der Religions- und anderer Meinungen ...«

Über den Umgang mit Menschen, Einleitung, 2

Wahrscheinlich ist es normal, daß wir auf Unterschiede empfindlich reagieren, und der Kleinunternehmer aus Gelsenkirchen, den ich auf einer Party an der Kellerbar traf, wird keine große Ausnahme gewesen sein. Der Unterschied zwischen dem Ruhrgebiet und der spanischen Mittelmeerküste hatte ihn dazu bewogen, eine Eigentumswohnung in einer Wohnanlage bei Marbella zu kaufen. Dann war er auf Unterschiede gestoßen, die er weniger akzeptabel fand. Seine englischen Nachbarn nämlich hatten mit ihrer Stimmenmehrheit dafür gesorgt, daß dem Sicherheitsdienst gekündigt wurde, der die Anlage in den ersten Monaten rund um die Uhr bewacht hatte – für den Mann am Tresen eine »mordsmäßige Schweinerei«. »Die Briten«, schimpfte er, »geben ihr Geld lieber für Whisky als für Wachmänner aus. Klar, außer Schnapsvorräten gibt's bei denen nichts zu bewachen. Und dann verkleiden sie ihre Balkons auch noch mit aluminiumgerahmtem Plexiglas! Sie können sich nicht vorstellen, wie grauenhaft das aussieht. Ganz abgesehen davon, daß es gegen die Hausordnung verstößt.« Nun gut, sie sollten ihn kennenlernen. Heiser grollend schwor er, die nächste Eigentümerversammlung zu einer gnadenlosen Abrechnung mit »den Briten« zu nutzen. Gegen die Rädelsführer habe er bereits rechtliche Schritte eingeleitet.

Ich hörte ihm innerlich schmunzelnd zu. Mir fiel ein englischer Werbespot ein, eine Kaffeereklame. In einem südlichen Hafen liegt ein Segelboot, an Bord ein älteres englisches Ehepaar, das wohlig in die Sonne blinzelt – ein Bild des Friedens. Plötzlich klatschen Wellen gegen die Bordwand, ihr Boot gerät ins Schaukeln, die Ruhe ist gestört. What, for heaven's sake, is that? Es ist ein Boot mit Deutschen, dreimal so groß wie das der Engländer, das gerade in den Hafen einläuft und unter viel teutonischem Geschrei gleich neben ihnen anlegt. Na ja, am Ende bieten die Deutschen den beiden zwei Tassen von ihrem vorzüglichen Kaffee an, in schauderhaftem Englisch natürlich, und die Engländer akzeptieren mit säuerlichem Lächeln.

Die englische Art? Die deutsche Art? Offenbar legt jeder Wert darauf, anders zu sein als die anderen, und alles wäre gut, wenn die anderen nicht auch anders wären. Geschichten wie diese liefert uns jedenfalls schon der Alltag im vereinten Europa unablässig. Sie alle beweisen, daß der Weg zu friedlicher Koexistenz eine heikle Gratwanderung zwischen Anpassung und Selbstbehauptung ist – auch dann, wenn die Beteiligten im Grunde so vieles gemeinsam haben wie Briten und Deutsche. Die Globalisierung aber hat noch ganz andere Bewährungsproben für unser Selbstverständnis parat. So weit, wie wir reisen, müssen wir uns auf so ziemlich alles gefaßt machen, was diese Welt an Verschiedenheit zu bieten hat. Und da die Menschheit zusammenrückt, können wir Bekanntschaft mit dem Unbekannten inzwischen genausogut vor unserer eigenen Haustür machen. Heute sitzt uns am Schreibtisch vielleicht eine Kollegin aus Sri Lanka gegenüber, und die hat, nur zum Beispiel, eine ganz andere Vorstellung von der Zimmertemperatur als wir. »Ich komme aus einem sehr warmen Land«, erklärt sie lächelnd. »Ich friere leicht.« Da heißt es dann, sich abzustimmen, zu einigen – und womöglich jahrelang, sommers wie winters, zu schwitzen.

Wenn man bedenkt, daß jeder nur ein bestimmtes Maß an Verschiedenheit erträgt, leben wir tatsächlich in ungemütlichen Zeiten. Dabei geht es dieser Tage nicht allein um die friedliche Koexistenz von Menschen unterschiedlicher Herkunft und Mentalität, sondern auch von Meinungen, Weltbildern, Lebensstilen und Religionen. Alles soll sich, alles muß sich irgendwie miteinander vertragen – aber ist alles gleich richtig, alles gleich wichtig? Wäre es da nicht das klügste, einfach alles für selbstverständlich zu nehmen, was gerade zählt, gerade gilt, gerade angesagt ist – und sich achselzuckend in einer Welt einzurichten, in der alles normal ist, weil es Normen gar nicht mehr gibt?

Ich verstehe, daß viele auf jede neue Irritation gut verzichten können. Trotzdem werde ich in den folgenden Kapiteln dafür plädieren, es sich zur Gewohnheit zu machen, sich in seinen Gewohnheiten stören zu lassen. Sicher, mit der bissigen Rechthaberei des Mannes aus Gelsenkirchen kämen wir nicht weiter. Aber warum lassen wir uns nicht von der Verschiedenheit der anderen anstecken? Dann würden wir womöglich ähnliche Erfahrungen machen wie eine Bekannte von mir, die innerhalb einer großen Firma zu einer Abteilung gewechselt war, von deren achtundzwanzig Mitarbeitern die Hälfte Ausländer war – Lateinamerikaner, Ost- und Südeuropäer. Die glatte Routine ihrer alten, rein bayerischen Abteilung herrschte hier nicht. Es kam auch vor, daß Anrufer mit Fragen oder Aufträgen recht nonchalant auf später vertröstet wurden. Aber hier redete jeder mit jedem. Hier ging einer ans Telefon des anderen, wenn dessen Platz nicht besetzt war. Hier verfaßte man E-Mails in einem persönlichen Stil, der andernorts vielleicht als unangebracht munter empfunden worden wäre. Hier kümmerte man sich rechtzeitig um eine Urlaubsvertretung. Und hier traf man sich einmal die Woche zum Gespräch, weil es immer etwas zu klären oder Mißverständnisse auszuräumen gab. Kurz: In dieser Abteilung wurschtelte man nicht ohne Rücksicht auf Kunden und Kollegen vor sich hin. Jeder kam auf seine Weise zum Zug. Meine Bekannte hätte nicht mehr tauschen wollen.

1. Spielregel
Verschiedenheit ist eine Herausforderung, eine Bewährungsprobe für unser Selbstverständnis und unsere Klugheit. Opfern wir sie nicht einer sterilen Welt von Gleichen! Machen wir das Beste aus ihr, verstehen wir sie als große Chance!

Normalisierungsfieber

»Umarme nicht jeden! Drücke nicht jeden an dein Herz!«
Über den Umgang mit Menschen, 1, 1, 22

Es gibt in den Medien – und nicht nur da – Menschen, die sich ein und demselben Auftrag verschrieben zu haben scheinen: uns zu beweisen, daß wir alle normal sind, weil jeder anders ist und Anderssein deshalb normal ist.

So weit, so gut.

Warum aber fordern sie uns dann auf, über alles hinwegzusehen, was den einen vom anderen unterscheidet? Warum stehen Unterschiede bei ihnen so tief im Kurs, daß man meinen könnte, sie wären irgendwie skandalös, vielleicht sogar ein bißchen obszön, und bestenfalls dazu da, heruntergespielt zu werden? Da wird uns im Nachmittagsprogramm des Fernsehens ein junger Behinderter als ganz normaler Mensch vorgeführt. Wir schauen hin – und tatsächlich, er unterscheidet sich kaum von den übrigen Studiogästen. Er fällt kaum auf. Seine Behinderung ist von der Art, daß man leicht darüber hinwegsehen kann. Genau dies tun die Studiogäste dann auch – was den Moderator vom Erfolg seiner Mission überzeugt: Der Beweis, daß auch Behinderte normale Menschen sind, er ist ihm gelungen.

Offen gesagt, mir kommt es vor, als sollte uns bei diesen Gelegenheiten ein Zaubertrick vorgeführt werden: Man präsentiert uns Menschen, weil sie sich unterscheiden, nur um uns zu beweisen, daß sie sich doch nicht unterscheiden. »Sehen Sie«, so würde der Moderator am liebsten sagen, »wie sauber, freundlich und überdurchschnittlich begabt dieser Behinderte ist?« Und in der Tat, das ist er, das darf er während der Sendung beweisen. »Sehen Sie«, sagt auch der Mensch, der durch die nächste Sendung führt und uns die nächsten Studiogäste vorstellt – Leute, deren Schicksale, Vorlieben und Aufmachungen uns auf Anhieb eher ausgefallen vorkommen –, »alles Menschen wie du und ich. Jeder von denen einer von uns.«

Alles normal also. Alles halb so schlimm. Nur – was ist damit bewiesen? Zunächst einmal doch wohl, daß man es sich mit der Normalität sehr leicht machen kann. Denn als normal gilt dieser Tage schon, worüber »ganz normal« gesprochen werden kann – und im Fernsehen, wie in anderen Medien auch, kann über praktisch alles ganz normal gesprochen werden. Weshalb dort unablässig über praktisch alles ganz normal gesprochen wird. Mit jeder Sendung, jedem Lifestyle-Magazin-Artikel, jeder Ratgeberkolumne wird es normaler um uns her. Man muß nur lange genug hinschauen – schon sind all die banalen oder bemerkenswerteren Absonderlichkeiten unserer Mitmenschen, all die kleineren und größeren Fatalitäten des Lebens nichts Besonderes mehr. Kein Grund, wegzuschauen. Und schon gar keiner, zweimal hinzuschauen.

Natürlich zählen die Normalisierer auf unsere Gleichgültigkeit. Auf eine gewisse gesunde Abgestumpftheit, könnte man sagen. Aber sie wollen sie auch nicht strapazieren. Deshalb enthalten sie uns, in einer Nachmittagssendung des Fernsehens etwa, auch jene Behinderten vor, die keineswegs sauber und freundlich und überdurchschnittlich begabt sind. Über einen, der lallt, zuckt und sabbert, ließe sich einstweilen noch nicht der Deckmantel der Normalität breiten. Der würde womöglich unsere Blicke auf sich ziehen – und aus wäre es mit der Normalität. Denn das Normale ist das Unsichtbare. Das, was wir übersehen. Woran wir keinen Gedanken mehr verschwenden. An dem wir uns nicht mehr stoßen, nicht mehr reiben, nicht mehr wund scheuern. Das, was uns einfach nicht mehr auffällt. Was mithin den Stempel »normal« trägt, das wird uns zur flüchtigen Wahrnehmung empfohlen. Das hätten wir, strenggenommen, geflissentlich zu übersehen.

Ich habe den Verdacht, daß uns auf diese Weise etwas ausgetrieben werden soll. Das Befremden zum Beispiel. Die Fähigkeit, uns irritieren oder zum Nachdenken anregen zu lassen. Und womöglich das Wahrnehmen selbst. Die Wahrnehmung all jener Erscheinungsformen des Menschlichen nämlich, in denen wir uns selbst nicht sofort wiedererkennen können oder nicht sofort wiedererkennen wollen. Denn die Wahrnehmung ist stets auf Unterschiede aus – auf befremdliche besonders – und verweigert sich damit der Arznei, die in dem großen Laboratorium des Zeitgeistes als Universalheilmittel gegen die Übel dieser Welt entwickelt worden ist: der Gleichheit.

Und hier scheint mir nun doch Vorsicht geboten. Denn diese Gleichheit hat nichts mit den Errungenschaften des demokratischen Fortschritts zu tun, der Chancengleichheit etwa oder der Gleichheit vor dem Gesetz. Mit dieser Gleichheit bewegen wir uns auf dem Terrain einer neuen Moral, und deren erstes Gebot heißt: Du sollst keine Unterschiede mehr sehen. Nichts schlimmer als das: unterscheiden, differenzieren, auseinanderhalten. Da das nicht immer leichtfällt, halten die Normalisierer für jeden von uns eine Augenbinde bereit – wenigstens für das eine Auge, auf dem auch Justitia blind ist. Denn wie Justitia sollen wir unsere Mitmenschen ohne Ansehen der Person beurteilen, also ohne uns von Äußerlichkeiten wie Hautfarbe, Kultur, sozialer Herkunft, Religion oder Geschlecht beeindrucken zu lassen. Und sie kommen uns sogar noch weiter entgegen: Sie liefern auch die passende Sprache dazu. In der heißt es dann »Menschen mit Lebensmittelpunkt Straße«, wenn von Obdachlosen die Rede ist. »Seniorenresidenzen«, wenn Altersheime gemeint sind. Und »sexualhygienische Dienstleistungen«, falls die Sprache auf Prostitution kommen sollte. Denn das zweite Gebot dieser Gleichheit lautet: Du sollst nichts mehr beim Namen nennen.

In welche Verlegenheiten uns diese Gleichheit stürzen kann, war mir nicht klar, bis mich ein Grafiker fragte, wie er das Wort »Ausland« umgehen könne. Er war gerade dabei, eine Statistik anzufertigen, in der die deutschen wie die ausländischen Besucherzahlen einer Veranstaltung aufgelistet wurden. Und es behagte ihm offenbar nicht, eine Rubrik mit »Ausland« überschreiben zu müssen. Ein bißchen, nun ja, obszön erschien ihm dieses Wort wohl. Auch abfällig. Eben ausländerfeindlich. Kurz: Es war ihm peinlich, den Unterschied zwischen Deutschen und Ausländern überhaupt bemerken – und obendrein zur Sprache bringen zu müssen. Und es erschien ihm als unfehlbarer Ausdruck von Menschenfreundlichkeit und Respekt, solche Unterschiede erst gar nicht zur Kenntnis zu nehmen.

Und genau das scheint mir die Überzeugung all derer zu sein, die sich der großen Normalisierung verschrieben haben: daß Unterschiede der Menschenwürde im Wege stehen. Daß gegenseitige Achtung nur unter Gleichen herrschen kann. Daß wir dem anderen schulden, seine Verschiedenheit einfach zu übersehen. Wer unterscheidet, so ihr Kalkül, der diskriminiert. Wer aber nicht unterscheidet, läßt alles und jeden gelten. Deshalb Schwamm über alle Unterschiede, auf daß der liebe Friede einziehe. Jener Friede, den man stets beschwört, wenn man fünf gerade sein lassen will.

Mir scheint hier ein tiefes Mißtrauen gegen die ganze menschliche Rasse zu walten. Ist es wirklich so weit mit uns gekommen, daß man uns Augenbinde und Maulkorb verpassen muß? Läßt sich Respekt voreinander tatsächlich nur von aufgezwungener Gleichheit erhoffen? Wie schlecht muß eine Gesellschaft von sich selbst denken, wenn sie sich diese Kur verordnet? Oder urteile ich voreilig? Gibt es am Ende doch gute Gründe, so schlecht – oder so realistisch, so kühl und illusionslos – zu denken? Möglich, daß man in einer kaum noch durchschaubaren, multikulturellen Gesellschaft tatsächlich besser zurechtkommt, wenn man Sachverhalte so schonend wie möglich zur Sprache bringt. Daß man einen Beitrag zum inneren Frieden leistet, wenn man Unterschiede unterschlägt und alles ausspart, was Befremden erregen könnte. Eine Retusche hier, eine Retusche da – und die Unterschiede, wenn wir sie schon nicht abschaffen können, lassen sich wenigstens gnädig ignorieren. Denn daß es uns immer schwerer fällt, angesichts einer ausufernden Vielfalt von Perspektiven und Meinungen den Überblick zu bewahren, kann niemand bestreiten. Wäre es da nicht tatsächlich das beste, wir nähmen einander nur noch als Sammelsurium von Außenseitern und Randfiguren wahr – jeder irgendwie anders und alle irgendwie gleich?

Nein, ich glaube nicht. Ich warne vielmehr davor, sich auf dieses Blindekuhspiel einzulassen. Einmal, weil es unsere Verstandestätigkeit stark beeinträchtigen würde, wenn wir uns das Unterscheiden austreiben ließen. Und dann laufen wir bei dem Versuch, unserem Mitmenschen nicht auf die Füße zu treten, Gefahr, ihn vor den Kopf zu stoßen. Schon deshalb, weil wir ihn nicht ernst nehmen, wenn wir ihm eine künstliche Normalität überstülpen. Weil wir ihm seine Einzigartigkeit absprechen, wenn wir tapfer über alle Unterschiede hinwegsehen. Weil wir das von ihm abstreichen, was ihn als Individuum ausmacht – seine Geschichte, seine Kultur, seine Erfahrungen in einer anderen Welt als der unseren. Wer alles akzeptiert, ohne überhaupt hinzusehen, der akzeptiert gar nichts, der verbucht einfach alle Unterschiede auf das Konto einer relativen Normalität – und übersieht sie fortan.

Der andere ist eben nicht das Spiegelbild meiner selbst – das ist er nur in der Scheinwelt der guten Freunde. Erst, wenn ich seine Verschiedenheit nicht mehr als lästig, womöglich als Provokation empfinde, kann ich daran gehen, ihn zu entdecken. Und erst, wenn ich vom anderen keine bedingungslose Selbstbestätigung mehr erwarte, taugt er zu meiner Bereicherung – so wie ich zu seiner. Was würde aus dem Austausch der Meinungen und Erfahrungen, wenn wir nichts mehr zu tauschen hätten? Tauschen aber können wir nur, wenn wir uns unterscheiden, diese Unterschiedlichkeit zur Kenntnis nehmen und auch zur Sprache bringen. Welche Rücksichten dabei genommen werden müßten, darauf werde ich später eingehen.

Und dann: Gleichheit ist nicht der einzige – und schon gar nicht der beste – Grund, andere zu respektieren. Sie verlangt nämlich, daß wir im Umgang mit Fremden jedesmal an uns selbst Maß nehmen. Uns sollen sie ja so ähnlich wie möglich erscheinen, bevor wir einverstanden sind, sie als normal durchgehen zu lassen. Was uns von der Normalität des jungen Behinderten überzeugt, ist eben seine Ähnlichkeit mit uns. Und was den verlegenen Grafiker am Ausland stört, ist eben das, was es vom Inland unterscheidet. Damit machen wir uns selbst zum Maß aller Dinge, Menschen und Verhältnisse. Uns mag das schmeicheln. Alle aber, die anders sind, setzt diese Gleichheit herab.

Ich halte sie deshalb eher für einen Taschenspielertrick, mit dem uns leicht gemacht werden soll, was in Wirklichkeit nicht ganz so leicht, aber besser und ehrlicher ist: nämlich unsere Mitmenschen in all ihrer befremdlichen Verschiedenheit als ebenbürtig anzuerkennen. Als Menschen erster Klasse wie wir selbst. Wer das beherzigt, der braucht sich auch von dem Gespenst der Diskriminierung nicht einschüchtern zu lassen, das dieser Tage umgeht. Der kann sich gelassen vor Augen führen, wie leicht das Wort Diskriminierung in den Mund genommen wird und wie oft es nichts anderes bedeutet, als daß jemandem etwas vorenthalten wurde, worauf er ein Recht zu haben glaubte. Wo aber so viele glauben, auf alles Mögliche ein Recht zu haben, da ist der Vorwurf der Diskriminierung schnell zur Hand. Mit echter Diskriminierung hat das oft wenig, mit narzißtischer Empfindlichkeit hingegen viel zu tun. Man lasse sich daher nicht vom herrschenden Klima der Bedenklichkeit anstecken – Unbefangenheit ist immer noch die Voraussetzung jeden klugen Umgangs.

Wer sich nach wie vor aussuchen will, welchen Umgang er mit wem pflegt, wem er die Hand schütteln und wen er umarmen möchte, wer also weiterhin zwischen seinen Mitmenschen unterscheiden will, der kommt nicht umhin, den Verbrüderungskult der künstlichen Normalität abzulehnen. Statt dessen sollte er allen mit demselben Respekt begegnen – und im übrigen auf Umgangsformen vertrauen, die uns erlauben, Unterschiede wahrzunehmen und sie gleichzeitig für grundsätzlich überbrückbar zu halten.

2. Spielregel
Der andere ist anders – nimm es zur Kenntnis! Ziehe dich nicht auf das billige Credo zurück: Letztlich sind wir doch alle gleich. Sieh genau hin! Es ist ein Gebot der gegenseitigen Achtung, Unterschiede wahrzunehmen, so wie es ein Gebot der Menschlichkeit ist, aus ihnen keine Werturteile abzuleiten.

Der Aufstand der Anständigen – Über Moral und Tabus

Heilige Kühe

»Sei aber nicht gar zu sehr Sklave der Meinungen anderer von Dir! Sei selbständig! Was kümmert Dich am Ende das Urteil der ganzen Welt, wenn Du tust, was Du sollst? und was ist Dein ganzer Prunk von äußeren Tugenden wert, wenn Du diesen Flitterputz nur über ein schwaches, niedriges Herz hängst, um in Gesellschaften Staat damit zu machen?«

Über den Umgang mit Menschen, 1, 1, 3

Haben wir überhaupt eine Moral? Ich meine: eine moralische Ordnung, die für alle gilt, von der wir allesamt stillschweigend ausgehen können und die so selbstverständlich ist, daß wir sie kaum bemerken? Ein soziales Nervensystem gewissermaßen, daß uns im Umgang mit anderen vorsichtig macht und schmerzempfindlich gegen Verstöße?

Auf den ersten Blick sieht es nicht danach aus. Wer spricht denn noch von Tugenden, von Lastern, von Todsünden womöglich? Nicht einmal mehr die Pfarrer. Man macht Fehler, das ja, das kommt vor, und man räumt sie vielleicht sogar ein; aber Fehler – das klingt doch eher nach einer Störung im Produktionsprozeß, weniger nach moralischer Ordnung. Dennoch bin ich von der Existenz eines solchen Systems überzeugt. Ein untrügliches Zeichen dafür scheint mir das Vorhandensein von Tabus, von heiligen Kühen zu sein. Und die vermehren sich offenbar unaufhaltsam.

Bisweilen reicht schon eine scheinbar unverfängliche Frage, um unversehens Bekanntschaft mit einer heiligen Kuh zu machen. Das widerfuhr einem Schüler, der sich in der Zeit vor dem zweiten Irak-Krieg bei einer Fragestunde im Hörfunk an die Expertenrunde wandte. Er wollte wissen, ob nicht vielleicht doch vernünftige Gründe für ein Eingreifen im Irak sprechen könnten. Schlagartig formierten sich die versammelten Experten zum Tribunal; man fiel mit vereinten Kräften über ihn her und bedeutete ihm erregt, seine

Frage sei unmoralisch und daher unzulässig – Kriege seien stets verwerflich, vernünftige Gründe daher unerheblich. Der junge Mann beharrte tapfer auf seiner Frage – vergeblich. Beantwortet wurde sie nicht.

Was war geschehen? Ganz offenbar hatten sich hier Leute zu Sachwaltern eines Tabus gemacht, das man folgendermaßen beschreiben könnte: Nichts, was von der absoluten moralischen Verwerflichkeit des Kriegs ablenken könnte, darf zur Sprache kommen. In kleinen Zirkeln vielleicht, aber auf keinen Fall in der Öffentlichkeit. Jeder, der es trotzdem versucht, bringt sich unweigerlich in den Verdacht, Krieg für nicht ganz so verwerflich zu halten, wie er es verdient, und setzt damit seinen eigenen moralischen Ruf aufs Spiel. Jeder der Fachleute in dieser Runde befand sich also in derselben Zwangslage: Hätte er die Frage sachlich beantwortet, hätte er den Tadel eines, wenn nicht sämtlicher Kollegen riskiert, vor offenen Mikrophonen. Grund genug für die Politikwissenschaftler und Nahostspezialisten im Studio, sich in dem Versuch zu überbieten, untadelige Gesinnung zu demonstrieren.

Wie das Beispiel dieser Expertenrunde zeigt, wird das Tabu meist dann aktiviert, wenn Erfordernisse der Vernunft auf Gebote der Moral prallen. Das Tabu gewährleistet dann, daß die Moral die Oberhand behält. Und nicht nur das. Es sorgt auch dafür, daß die Vernunft erst gar nicht zum Zuge kommt. Es verbietet, überhaupt abwägend und sachlich über etwas zu sprechen, das die Moral bereits als unzweifelhaft verwerflich identifiziert hat. Worüber die Moral ihr Urteil gefällt hat, darüber erübrigt sich jede Diskussion.

Und es ist ganz erstaunlich, was dieser Tage alles in den alleinigen Zuständigkeitsbereich der Moral fallen soll. Das meiste, was uns als gesellschaftlicher Fortschritt erscheint, dürfte dazugehören, die sogenannten liberalen Errungenschaften vor allem, antiautoritäre Prinzipien etwa, Gleichheit und Pazifismus, aber auch die Entscheidung, auf welche gesellschaftlichen Gruppen besondere Rücksichten zu nehmen sind. Wer etwas davon in Frage stellt, der hat vielleicht die Vernunft, aber nicht die Moral auf seiner Seite. Die aber versiegelt alles, was in ihre Zuständigkeit fällt, mit einem Tabu – und die Debatte vereist.

Denn das Tabu bezeichnet das Unaussprechliche. Das, was keinesfalls untersucht werden darf. Es schützt den zentralen heiligen Bereich einer Religion genauso wie den Kern jeder politischen und moralischen Ordnung. Wie ein Abwehrzauber hält es alles fern, was diesen Kern treffen könnte: Fragen, Kritik, Ironie, Spott. Denn dieser Kern ist weich. Er ist unbeweisbar, hält keiner vernünftigen Prüfung stand, kurz: Er ist irrational.

Damit ist nicht gesagt, daß wir, was unsere Moral angeht, auf einen Schwindel hereingefallen wären. Das wenigste, was wir für gut und richtig halten, läßt sich beweisen. Auf Dauer setzen sich deshalb nur Ideen durch, an denen der Verstand sich gar nicht erst versuchen darf. Wenn wir Tabus brauchen, heißt das mithin nichts anderes, als daß es uns mit der gegenwärtigen Moral genauso geht wie mit jeder Religion: Das Wesentliche muß immer geglaubt, als unbeweisbar hingenommen werden, oder es verflüchtigt sich, wie wir es seit längerem mit den Glaubenswahrheiten des Christentums erleben. Jede Ordnung tut also gut daran, ihren heiligen Bezirk weiträumig abzuriegeln, wenn sie ihre zentralen Wahrheiten vor den bohrenden Fragen und der schamlosen Neugier der Vernunft bewahren will.

Und deshalb behaupten sich Tabus auch in einer verweltlichten Gesellschaft wie der unseren gegen alle proklamierten Freiheiten wie Meinungsfreiheit, Gewissensfreiheit und Redefreiheit. Tabus markieren die Fixpunkte unserer moralischen Ordnung. Im Namen von Tabus werden aber nicht nur vorlaute Stimmen zum Schweigen gebracht, Tabus geben auch unerbittlich vor, in welchem Sinne bestimmte Sachverhalte überhaupt besprochen werden dürfen.

Da kam unlängst ein Pfarrer in seiner Predigt auf die Zwangsarbeiter zu sprechen, die während des Zweiten Weltkriegs auf Betriebe seiner Stadt verteilt worden waren. Er schilderte ihre Leiden und nannte diejenigen Unternehmer mit Namen, von denen sie ausgebeutet und gequält worden waren. Nun tauchte in dieser Liste auch derjenige Firmenchef auf, der sich seinerzeit als einziger menschlich verhalten und alles daran gesetzt hatte, die Leiden seiner Zwangsarbeiter zu lindern. Dessen Tochter befand sich zufällig unter den Zuhörern, und nach der Predigt stellte sie den Pfarrer deswegen zur Rede. Ja, antwortete der, er wisse sehr wohl, daß dieser Mann sich seinerzeit untadelig, ja vorbildlich verhalten habe. Aber er könne seiner Gemeinde diese Wahrheit nicht zumuten. Warum? Weil in einer so heiklen Angelegenheit die Grenze zwischen Guten und Bösen, Opfern und Tätern nicht verwischt werden dürfe ...

Mit anderen Worten: Nicht die Tatsachen, sondern das geltende moralische Schema hatte darüber entschieden, daß besagter Unternehmer den Menschenschindern statt den Lichtgestalten zugeschlagen wurde. Auch hier befand sich also wieder jemand in einer Zwangslage, denn: Hätte sich der Pfarrer an die historische Wahrheit gehalten, wäre ihm das womöglich als Zweifel an der Verwerflichkeit von Zwangsarbeit überhaupt ausgelegt worden, womit er seine moralische Kompetenz aufs Spiel gesetzt hätte. Die aber hängt, wie man sieht, auch bei einem Mann der Kirche davon ab, daß er vor dem Abwehrzauber des Tabus die Waffen streckt.

Das Erstaunliche ist, wie schnell die Wirkung dieser Tabus dann auch wieder verpufft. Wenn man unter sich ist, verlieren sie schlagartig ihre Kraft. Wir dürfen annehmen, daß die Experten aus der Hörfunksendung offen das Für und Wider eines Kriegs diskutieren, sobald die Mikrophone ausgeschaltet sind. Und wir haben gesehen, daß auch der Pfarrer bereitwillig die Fakten anerkennt, kaum daß er unter vier Augen darüber redet. Ich kann mir nicht vorstellen, daß einen von ihnen deswegen sein Gewissen plagt. Tatsächlich ändert es ja nichts an der Unmenschlichkeit von Krieg, wenn wir uns vorübergehend in die Köpfe von Politikern hineinversetzen, die einen solchen planen. Genausowenig, wie es an der Verwerflichkeit von Zwangsarbeit etwas ändert, wenn man dem einzigen Anständigen unter lauter Menschenverächtern Gerechtigkeit widerfahren läßt. Alles, was sich ändert, ist, daß Vernunft, Lebenserfahrung und Tatsachen wieder zu ihrem Recht kommen, sobald das Publikum außer Hörweite ist.

Ich glaube, daß wir hier auf einen entscheidenden Punkt unserer moralischen Ordnung gestoßen sind: Offenbar kommt es gar nicht so sehr darauf an, ob jemand moralisch ist oder nicht, ein Gewissen hat oder nicht. Was zählt, ist vielmehr, ob ihm seine moralische Selbstdarstellung überzeugend gelingt. Ob er, mit anderen Worten, moralisch wirkt. Und zwar auf ein Publikum, das ausgesprochen empfindlich ist und schon kleine Verstöße als Zeichen für moralische Verkommenheit wertet. Nach dieser Logik kann nicht moralisch sein, wer seine moralische Wirkung nicht ständig im Auge hat.

Verwundert es da noch, daß von Tugenden und Lastern

kaum noch die Rede ist? Tugenden wie Laster stellt man ja nicht durch Reden unter Beweis. Man nimmt sie auch nicht bei bestimmten Gelegenheiten an, nur um sie bei anderen dann wieder abzulegen. Tugenden und Laster sind Eigenschaften, die das Verhalten eines Menschen in allen Situationen prägen, so oder so. Die moralische Ordnung hinter unseren Tabus hingegen verlangt, daß man öffentlich und für alle unmißverständlich etwas demonstriert – zum Beispiel, daß man nicht zu denen gehört, die Krieg für akzeptabel halten oder Zwangsarbeit für halb so schlimm. Diesen Nachweis jedoch kann man durch sein untadeliges Verhalten im Alltag nicht führen. Wie einer denkt und was einer weiß, spielt letztlich keine Rolle. Worauf es ankommt, ist die Demonstration moralischer Kompetenz. Und die wird nur jemandem zugebilligt, der den geltenden Tabus seine Reverenz erweist.

Die Frage ist, ob wir da mitmachen sollen. Eine schwierige Frage. Denn machen wir mit, müssen wir in bestimmten Fällen den Vorrang der Moral vor der Vernunft und den Fakten anerkennen. Wir müssen der Allgemeinheit das Recht zugestehen, in Gewissensfragen auch über uns zu urteilen. Und müssen darüber hinaus bereit sein, als Teil der Allgemeinheit moralische Urteile über andere zu fällen, ohne ihre vernünftigen Gründe zu würdigen. Lassen wir uns darauf ein, kommen wir also womöglich in Konflikt mit unserem eigenen Gewissen, unseren eigenen Überzeugungen.

Lassen wir uns aber nicht darauf ein, riskieren wir einen Konflikt mit den Verteidigern unserer moralischen Ordnung. Und die lassen auch geringfügige Tabuverstöße nicht durchgehen. So kann es passieren, daß eine Zeitung mit der Schlagzeile »Tausende Türken beleidigt« aufmacht, nur weil in der Provinz ein nicht ganz denkfester Politiker eine Bemerkung über Türken gemacht hat, die den Tatbestand der Geschmacklosigkeit erfüllt. Zu einer Zeit, in der das Kräfteverhältnis zwischen Moral und Vernunft noch ausgeglichener war, hätte man diesen Menschen wohl einen Dummkopf genannt – und vielleicht ausgelacht. Das reicht nun längst nicht mehr. Denn in unseren Tagen werden solche Torheiten nicht mehr vor dem Richterstuhl der Vernunft verhandelt, sondern vor dem Gerichtshof der Moral – und der erkennt niemals auf Narrenfreiheit. Unter »Tausenden beleidigten Türken« tut der es nicht.

Wer von der moralischen Linie abweicht, riskiert also nicht wenig. Im kleineren Kreis würde es nach einem Tabuverstoß wahrscheinlich bei eisigen Mienen bleiben. In einer öffentlichen Debatte aber müßten wir mit lautstarker Empörung rechnen. Wäre das den Widerstand wert? Und setzen wir uns damit nicht möglicherweise tatsächlich ins Unrecht? Immerhin könnte es genauso gute Gründe dafür geben, sich zu empören, wie dafür, sich nicht einschüchtern zu lassen. Vielleicht sind diese Tabus ja sinnvoll. Bevor wir also den Rat meines Vorfahren befolgen, das Urteil der Welt zu ignorieren, müßte zunächst einmal geklärt werden, welchen Gewinn wir von unserer moralischen Ordnung eigentlich haben. Das soll im nächsten Abschnitt geschehen.

3. Spielregel
Daß moralische Ordnungen Widersinniges verlangen, ist allein noch kein Grund, sie abzulehnen – solche Systeme haben immer ein irrationales Fundament, ohne deshalb falsch oder gar verzichtbar zu sein. Mache dir aber klar, bis zu welchem Punkt deine Unterwerfung gehen soll – und ob die Freiheit der wohlüberlegten Rede

nicht doch ein höheres Gut sein kann als das friedliche Auskommen mit Menschen, die Vernunftgründe nicht gelten lassen.

Die neue Moral

»Man respektiere das, was andern ehrwürdig ist! Man schone der Vorurteile, die andern Ruhe gewähren! Man vergesse nicht, ... daß ein mangelhaftes System, auf welchem aber der Grund einer guten Moral liegt, nicht so leicht umzureißen ist, ohne zugleich das Gebäude selbst über den Haufen zu werfen.«

Über den Umgang mit Menschen, 1, 1, 42

Wenn ich den gegenwärtigen Wandel unserer moralischen Ordnung in einem Satz zusammenfassen sollte, würde ich sagen: Derzeit erleben wir, wie eine optimistische Vorstellung von den Fähigkeiten und Möglichkeiten des Menschen durch ein pessimistisches Menschenbild abgelöst wird.

Immerhin zwei Jahrhunderte lang sind wir wie selbstverständlich von einem optimistischen Menschenbild ausgegangen. Es ist das Menschenbild der Aufklärung. Es triumphierte in der Französischen Revolution und bemächtigte sich danach in der westlichen Welt aller Köpfe. Man traute dem Menschen damals Schwieriges zu, zum Beispiel, aus eigener Einsicht gut und vernünftig handeln und aus eigener Kraft eine gerechtere Welt schaffen zu können – wenn nur erst alle ihr Schicksal in die eigenen Hände nehmen, nicht länger auf das Eingreifen einer höheren Macht warten und sich allein auf ihren Verstand verlassen würden. Ein optimistisches, vielleicht allzu optimistisches Menschenbild.

Nun hat diese aufklärerische Vorstellung vor etwa dreißig Jahren Konkurrenz bekommen. In einem schleichenden Prozeß hat sich seither eine neue moralische Ordnung etabliert. Sie hat viele Facetten. Am besten faßt man sie wohl unter der Bezeichnung Politische Korrektheit zusammen.

Ich finde, daß schon der Name einiges über den Charakter der neuen Moral verrät. Bei »politisch« erwartet man, daß sie sich nicht mit dem Privatleben begnügt, sondern aufs öffentliche Leben, aufs große Ganze zielt. Und das etwas unteroffiziersmäßige »korrekt« läßt erahnen, daß sie in ihrem Geltungsbereich keine Widerrede duldet. Für pessimistisch schließlich halte ich sie, weil sie mir ein System gesellschaftlicher Selbstkontrolle darzustellen scheint, das den Einzelnen entmündigt. Zu seinem eigenen Besten, wie die Anhänger der neuen Moral hinzufügen würden.

Ich muß einräumen, daß die Politische Korrektheit Grund hat, so pessimistisch zu sein. Ihre Wurzeln reichen zurück in die erste Hälfte des letzten Jahrhunderts. Und sie tritt deshalb so todernst auf, weil sie einen todernsten Hintergrund hat: zwei Weltkriege – und vor allem den Holocaust. Beides, der Holocaust wie die Weltkriege, haben nach 1945 gravierende Zweifel am optimistischen Menschenbild der Aufklärung geweckt. Hatte sich der zivilisierte, christlich-aufgeklärte Mensch, vor allem in seiner deutschen Variante, seinerzeit nicht als nachgerade unzurechnungsfähig erwiesen? Die Grundlage der bisherigen Moral jedenfalls war diskreditiert, das Vertrauen zur Vernünftigkeit des zivilisierten Menschen erschüttert. Die Politische Korrektheit formierte sich dann, als die Schockwellen dieses moralischen Desasters eine neue Generation erreichten. Jetzt wollte man es nicht mehr den Historikern allein überlassen, Schlußfolgerungen aus der Geschichte zu ziehen, jetzt wollte man ihr ein alltagstaugliches, allgemeingültiges moralisches Programm abgewinnen. Um zu verhindern, daß die Geschichte sich wiederholt. Oder so weitergeht wie bisher.

Ich finde es also durchaus nachvollziehbar, daß sich auf dem Scherbenhaufen der Vernunft eine Moral entwickeln konnte, die die Entscheidung über Gut und Böse nicht mehr dem Gewissen des einzelnen überläßt, sondern auf gesellschaftliche Selbstkontrolle setzt. Dieses Konzept paßte zu der Forderung nach einer konsequenteren Orientierung des öffentlichen Lebens an der Moral, die in den sechziger Jahren erhoben wurde. Mit der Politischen Korrektheit haben wir uns damals gewissermaßen ein neues moralisches Grundgesetz gegeben, das den Anspruch erhebt, die Lehre aus der Geschichte zu ziehen.

Vielleicht erklärt genau das ihre ungebrochene Erfolgsgeschichte: Sie wirkt plausibel, einleuchtend – und anspruchslos obendrein. Kein Tugendkatalog ist zu beherzigen, kein Sündenregister auswendig zu lernen. Ja, nicht einmal ein individuelles Gewissen setzt sie voraus. Nur eins verlangt sie von uns: Verantwortung zu übernehmen gegenüber der Geschichte und jenen, die das Gewissen der Geschichte verkörpern. Also den Opfern der Geschichte. Womit alle gemeint sind, die in der Vergangenheit diskriminiert oder benachteiligt worden sind, denen Rechte vorenthalten wurden, die Verfolgung ausgesetzt waren.

Wie aber sieht diese Verantwortung aus, worin besteht sie?

Wenn mich nicht alles täuscht, geht die Politische Korrektheit davon aus, daß alle gesellschaftlichen Gruppen, alle Ethnien und Völker, die eine Unrechtserfahrung geltend machen können, Anspruch auf Kompensation haben. Sie verlangt von Staat und Gesellschaft deshalb eine besondere Hellhörigkeit für deren Forderungen. Die Frage, ob diese Forderungen vernünftig sind, verblaßt dabei vor der moralischen Verpflichtung, sie um der früheren Benachteiligung willen zu erfüllen. Die angestrebte Kompensation kann unter Umständen finanzieller Art sein, wie der Milliardenbetrag, den einige Afrikaner von jenen Nationen fordern, die vor zwei, drei Jahrhunderten am Sklavenhandel beteiligt waren. Im allgemeinen aber zielt sie wohl eher darauf ab, diesen Gruppen größere Rechte und eine besondere moralische Autorität zuzugestehen.

Gleichzeitig stellt die neue Moral diese Gruppen unter den besonderen Schutz eines kollektiven, öffentlichen Gewissens, das wie ein Frühwarnsystem funktioniert. Jeder ist an dieses System angeschlossen, jeder hat deshalb auch das Recht, ja die Pflicht, im Zweifelsfall als Mahner und Richter über andere aufzutreten. Die öffentliche Meinung avanciert damit zur letzten Instanz in moralischen Fragen. Und diese Instanz bewertet nicht in erster Linie Taten. Sie bewertet auch nicht Absichten. Was sie bewertet, ist vor allem das gesprochene oder geschriebene Wort. Wie in einer Gesellschaft übereinander und miteinander gesprochen wird, darauf richtet sich das Augenmerk des öffentlichen Gewissens hauptsächlich. Man versteht die Politische Korrektheit also wohl nicht falsch, wenn man sie als ein umfassendes Vorbeugungsprogramm begreift, das auf einem präventiven, gewissermaßen der Tat vorauseilenden kollektiven Gewissen beruht – empfindlich genug, um Diskriminierungen und Ungerechtigkeiten schon im Keim durch die Mobilisierung der Öffentlichkeit in allgemeiner Empörung zu ersticken.

Ich bestreite nicht, daß die neue Moral einiges für sich hat. Sie rüttelt uns auf. Sie zwingt uns, Vorurteile zu überprüfen oder zu unterdrücken. Sie schärft unseren Blick für das Verächtliche, das unseren Einstellungen bestimmten Menschengruppen gegenüber unter Umständen anhaftet. Sie macht uns darauf aufmerksam, daß auch noch andere Perspektiven möglich sind und diese Sichtweisen nicht weniger Berechtigung haben können als unsere eigenen. Vor allem aber: In einer Zeit, in der von Staat und Kirche keine nennenswerten moralischen Impulse mehr ausgehen, stellt die Politische Korrektheit, so weit ich sehe, die einzige uns verbliebene moralische Ordnung dar.

Allerdings – was aus dem Siegeszug der Politischen Korrektheit folgt, ist nichts weniger als ein grundlegender Wandel unserer moralischen Orientierung. Von einer intellektuellen Autonomie des Individuums hält sie nämlich genausowenig wie von moralischer Selbstbestimmung, und auf persönliches Verantwortungsbewußtsein kann sie verzichten. Von Belang ist der einzelne für sie nur, sofern er einer Gruppe angehört, und auch die Gruppe nur, sofern sie eine Leidensgeschichte hat. Und allein diese Leidensgeschichte zählt. Das einzige, was bei der Betrachtung der Welt noch ins Gewicht fallen soll, sind Diskriminierung und Verfolgung. Die neue Moral erzwingt mithin eine strikt moralische Bewertung des Weltgeschehens und aller menschlichen Verhältnisse in Vergangenheit und Gegenwart. Wer sich dieser Sichtweise verschließt, macht sich bereits verdächtig. Ihre Anhänger aber belohnt sie mit einer Skala von Opfergruppen, in denen möglichst alle, die Unrechtserfahrungen nachweisen können, erfaßt werden. So gelangt sie zu einer groben, aber ausgesprochen praktischen Einteilung der Menschheit in Gute und Böse, deren Auswirkungen zum Beispiel Reiseveranstalter in Marokko seit Jahren zu spüren bekommen.

Die nämlich erleben immer häufiger, daß westliche Reisende den Kontakt mit Arabern scheuen und nach Möglichkeit in Berberdörfer, auf Berbermärkte geführt werden möchten. Warum? Weil Araber frauenfeindlich seien, so die stereotype Begründung, und deshalb für einen anständigen Europäer strenggenommen tabu. Die Einteilung in Gute und Böse schlägt hier also zugunsten der Berber aus – deren einziger Vorzug darin bestehen dürfte, daß man über ihre Frauenfeindlichkeit nichts weiß. Die Araber hingegen trifft der Bannfluch der neuen Moral, und vor dem Zwang zur moralischen Verurteilung kann der Respekt vor dem einzelnen Araber so wenig bestehen wie die Neugier auf die arabische Kultur als Ganzes.

Wie man sieht, erlaubt diese Moral nur höchst pauschale Urteile, die jederzeit in neue Vorurteile und Ressentiments umschlagen können. Darüber hinaus verlangt sie eine ständige Verurteilungsbereitschaft, will man nicht unversehens in den Verdacht geraten, beispielsweise mit arabischen Frauenfeinden zu sympathisieren. Die Politische Korrektheit kennt eben keine Neutralität, kein abwägendes Urteil, keine Zwischentöne; sie klärt die Fronten, sie schafft mit simplen Mitteln Klarheit. Für alle Übel dieser Welt hat sie nur eine Erklärung bereit: Unterdrückung. Und was sie dagegen aufzubieten hat, ist ebenfalls immer dasselbe, nämlich Gleichheit. Auf die kürzeste Formel gebracht, dürfte das Credo der neuen Moral lauten: Jedweder Unterdrückung weltweit durch die Gleichheit aller ein Ende setzen! Wobei sich diese Gleichheit auf buchstäblich jeden Lebensbereich bezieht und selbst vor künstlerischer Freiheit nicht haltmacht – wie vor Jahren ein Kinderbuchillustrator unseres Landes erfahren mußte, als ihm bei einer öffentlichen Veranstaltung nachgewiesen wurde, daß er in seinen Wimmelbüchern häufiger Jungen als Mädchen gemalt hatte. Da war der Nerv des weiblichen Publikums getroffen, da fiel man mit Pfiffen über ihn her, da war der Beweis erbracht, daß er der Gattung der Frauenfeinde und Unterdrücker angehört.

Die Vernunft hat gegen die Schwarzweißmalerei der Politischen Korrektheit ohnehin einen schweren Stand. Der Vorrang der Moral vor der Vernunft ist eines ihrer heiligsten Prinzipien. Und es ist kaum zu erschüttern. Denn die neue Moral leitet sich nicht von einem politischen oder religiösen System ab, das mit vernünftigen Argumenten angegriffen und in Frage gestellt werden könnte. Ihre Wahrheiten sind nirgends verbindlich festgelegt, nirgends niedergeschrieben. Statt dessen beruht sie auf erlebter, womöglich persönlich erlebter Unrechtserfahrung. Unter diesen Umständen kann ein Vernunftargument niemals die Durchschlagskraft eines moralischen haben. Wer sich im Streit mit dieser Moral auf die Vernunft beruft, zieht zwangsläufig den kürzeren, weil sein Verhalten jederzeit als Verhöhnung des Unrechts verstanden werden kann, das dieser Moral zugrunde liegt. Der Vernunft droht daher, immer weiter in jenen Bereich abgedrängt zu werden, in dem in den alten Zeiten die Moral angesiedelt war: in den Privatbereich. Sollte es so weit kommen, werden wir eines Tages daheim in unserem Kämmerlein ungestört vernünftig sein können, uns aber ohne die Tarnkappe der neuen Moral nicht mehr aus dem Haus trauen dürfen. Und müßten es wohl vernünftig finden, wenn ein Land wie Schweden versucht, der Prostitution beizukommen, indem es die Freier mit Gefängnis bedroht, die Huren dagegen ungeschoren läßt.

Schließlich befürchte ich, daß die neue Moral es uns entschieden zu leichtmacht, moralisch zu sein. Reicht es wirklich, moralische Kompetenz zu demonstrieren, indem man sich auf die richtige Seite schlägt, sobald der moralische Nerv getroffen ist? Ist es wirklich schon ein Beweis von Anständigkeit, auf Tabuverstöße reflexhaft mit Empörung zu reagieren? Können antrainierte moralische Reflexe tatsächlich das Gewissen – und die Bereitschaft zu vernünftiger Argumentation – ersetzen?

Wie automatisch die Empörung einsetzt, diese Erfahrung mußte vor einiger Zeit ein Lehrer machen, der seinen Schülern einen Witz erzählt hatte, in dem ein Türke vorkam. Eigentlich war er unverfänglich, dieser Witz, weil nicht über Türken, sondern mit ihnen gelacht wurde; der Lacher solidarisierte sich gewissermaßen mit der türkischen Hauptfigur. Nichtsdestoweniger mußte der Lehrer sich noch am selben Tag vor seinem Direktor verantworten: wegen Fremdenfeindlichkeit. Zur Denunziation hatte es völlig gereicht, daß sich überhaupt ein Ausländer in einen Witz verirrt hatte. Da tat es nicht das geringste zur Sache, daß von Verächtlichkeit nicht die Rede sein konnte.

Ein grundlegender Wandel in unserer moralischen Orientierung, wie gesagt. Mir scheint allerdings fraglich, ob die neue Moral hält, was sie verspricht. Ob man sich eine gerechtere Zukunft tatsächlich von einer Moral versprechen darf, die auf Reflexe und Selbstzensur setzt und die Vernunft ausschaltet. Immerhin, noch haben wir die Wahl zwischen zwei unterschiedlichen moralischen Systemen – einem, das auf Vernunft, Verstand und Gewissen setzt, und einem, das sich ganz auf gesellschaftliche Selbstkontrolle verläßt. Da wir aber – gleichgültig, wie wir uns entscheiden – nun einmal mit der Politischen Korrektheit leben müssen, sollten wir uns so klug wie möglich verhalten, wo es um die praktischen Folgen geht.

So meine ich zum Beispiel, daß im oben beschriebenen Fall der Direktor recht hatte, als er besagtem Lehrer riet, derartige Witze künftig für sich zu behalten. Wir haben es hier ja mit einer Moral zu tun, die nicht nach den Absichten, nur nach den Wirkungen fragt und von der Wirkung auf die Absicht schließt. Da unser guter Ruf dieser Tage also ganz wesentlich von der Wirkung unserer Worte abhängt, sollten wir, in der Öffentlichkeit zumindest, größte Vorsicht walten lassen und jedes vermeidbare Mißverständnis ausschließen. Einmal ausgesprochen, ist der Verdacht, auf seiten von Ausländerfeinden oder Rassisten zu stehen, durch vernünftige Argumente kaum noch zu entkräften. Bedenken wir aber auch, daß es dabei nicht nur um unseren Ruf, sondern genauso um die Empfindlichkeit anderer geht. Tun wir den Anhängern der Politischen Korrektheit den Gefallen, die neue Moral nicht allein nach ihren Wirkungen, sondern auch nach ihren Absichten zu beurteilen; respektieren wir, daß für viele damit die Hoffnung auf eine bessere, gerechtere Welt verbunden ist.

In anderen Situationen jedoch könnten wir gute Gründe haben, uns dem politisch korrekten Zwang zu vorschriftsmäßigem Reden und Denken nicht zu beugen – schließlich kann es gelegentlich auch darum gehen, Rückgrat zu beweisen. Wenn es gilt, andere gegen Unterstellungen in Schutz zu nehmen, oder die Gefahr besteht, uns selbst verleugnen zu müssen, sollten wir mit der eigenen Meinung, mit unserem besseren Wissen und Gewissen also nicht hinter dem Berg halten. Wer sich durch Tabus nicht einschüchtern lassen will, sollte jedoch eins bedenken: Solche Tabus sind auch durch das klügste Argument nicht außer Kraft zu setzen. Sie sind vernunftresistent, und jeder Tabubruch würde von den Anhängern der neuen Moral als Provokation empfunden werden. Provokateure aber dürfen nicht mit Nachsicht rechnen. Schon ein einziges falsches Wort kann als

Beweis für die moralische Korruptheit eines Menschen herhalten, und dann ist es bis zum »Rassisten« oder »Friedensfeind« nicht mehr weit. Auf den Verstoß aber steht die Verstoßung aus der Gemeinschaft der Anständigen. Wer das Risiko trotzdem eingehen will, der sollte über jeden Verdacht, leichtfertig oder gewissenlos zu handeln, erhaben sein. Es wäre kein Zeichen von Charakter, abfällige Reden zu schwingen und Afrikaner etwa als »Bimbos« zu bezeichnen, bloß weil es politisch unkorrekt ist. Es wäre auch kein Zeichen von Unbeugsamkeit oder Courage. Es wäre – egal, welchen Maßstab man anlegt – ein Zeichen von Verachtung und Gehässigkeit.

Man mache sich den Widerstand gegen die neue Moral also nicht zu leicht – wer sich nicht einschüchtern lassen will, der sorge zunächst dafür, daß er sich selbst nichts vorzuwerfen hat. Man mache es sich aber auch mit dem guten Gewissen nicht so leicht, wie die neue Moral es erlaubt. Gewiß, es war immer verführerisch, sich die Entscheidung über Richtig und Falsch, Gut und Böse abnehmen zu lassen. Aber es war auch immer gefährlich.

4. Spielregel
Lasse dich im privaten Kreis nicht gegen dein besseres Wissen vereinnahmen, leiste dir keine Heuchelei. Verzichte aber auf Tabuverstöße und Provokationen in der Öffentlichkeit, wenn sie deinen Ruf nachhaltig schädigen können, und respektiere jederzeit die großen Hoffnungen, die andere mit der neuen Moral verbinden.

Selbstverwirklichung und Gewissen

»Von Deinen Grundsätzen gehe nie ab, solange Du sie als richtig anerkennst! Man gewinnt überhaupt immer durch

Ausdauern und durch planmäßige, weise Festigkeit … Was aber noch heiliger als jene Vorschrift ist: Habe immer ein gutes Gewissen!«

Über den Umgang mit Menschen, 1, 1, 19 u. 20

Ein Mann lädt einen anderen in sein Haus ein, durchtrennt ihm – auf Verlangen, wie es hinterher heißt – mit einem Messer die Kehle, zerstückelt ihn und macht sich daran, ihn zu verspeisen. Die Untat wird entdeckt, der Mann angeklagt, und die Medien hofieren ihn. Buchverträge werden ihm angeboten, Filmverträge winken. Und der Aufstand der Anständigen bleibt aus. Menschenfresserei scheint kein Tabu zu verletzen, das Umwerben von Menschenfressern auch nicht. Im Gegenteil. Fast könnte man meinen, die Öffentlichkeit hätte auf ein Verbrechen wie dieses gewartet. Vor Gericht schildert der Menschenfresser den Tathergang dann auch bereitwillig und nicht ohne Stolz. Und irgendwie klingt das, was er sagt, einleuchtend und nachvollziehbar. So als müßte man sich nur auf eine bestimmte Logik einlassen, um seine Tat nicht nur verzeihlich, sondern achtbar zu finden. Ich fürchte, wir kennen diese Logik. Es ist die Logik der Selbstverwirklichung.

Die Selbstverwirklichung zielt nämlich darauf ab, den einzelnen unangreifbar zu machen, und wer sich ihr verschreibt, kann nicht mehr schuldig werden. Denn aus der Perspektive der Selbstverwirklichung ist der Mensch nichts als die Summe seiner Ansprüche, Instinkte, Ambitionen und Bedürfnisse – und diese Ansprüche und Bedürfnisse sind unschuldig. Grundsätzlich unschuldig. Sie sind wertneutral, jenseits von Gut und Böse; sie sind einfach da und wollen befriedigt werden. Natürlich. Die Befriedigung dieser Bedürfnisse ist deshalb nicht weniger unschuldig als die Bedürfnisse selbst. Unmöglich, noch etwas falsch zu machen, solange man sich ganz von seinen Wünschen leiten läßt – und selbst, wenn einem Kannibalismus dabei unterlaufen sollte, hat man sich im Prinzip nichts vorzuwerfen. Da niemand etwas für seine Bedürfnisse kann, genügt als Rechtfertigung allemal der Hinweis: »So bin ich eben, das will ich eben, das brauche ich eben.« Im Licht der Selbstverwirklichungsidee über Moral und Unmoral zu diskutieren, wäre deshalb etwa genauso ergiebig, wie darüber zu streiten, ob Wildpastete oder Fleischwurst besser schmeckt.

So absurd uns die Auswirkungen der Selbstverwirklichung heute erscheinen mögen, so plausibel klang dieses Konzept, als es erfunden wurde. Die Achtundsechziger hatten nämlich die autoritätsgläubige Gesellschaft und den grundverdorbenen Staat als Quell alles Bösen ausgemacht, den einzelnen Menschen hingegen als Hoffnungsträger entdeckt, der nun gegen die Einflüsterungen jener dunklen Mächte immunisiert werden mußte. Das sollte auf dem Weg der Selbstverwirklichung geschehen. Mit anderen Worten: Durch die vitale Kraft individueller Bedürfnisse und menschlicher Triebe sollten die Fesseln gesellschaftlicher Normen gesprengt und alle moralischen Autoritäten entmachtet werden, damit der einzelne seine unschuldigen Bedürfnisse endlich ungehindert ausleben könne. Als Ideal schwebte den Achtundsechzigern eine wehr- und widerstandslose Gesellschaft vor, gegen die das Individuum jederzeit recht behält.

Heute leben wir, was seinerzeit ausgedacht wurde. Und wir müssen zugeben: Das Kalkül der Selbstverwirklichungsstrategen ist aufgegangen. Unsere Gesellschaft hat ihr Recht, dem einzelnen Grenzen zu ziehen, tatsächlich eingebüßt. Und nicht nur das. Sie hat gelernt, Grenzen ganz generell mit Unfreiheit gleichzusetzen und überall da einen Zugewinn an individueller Freiheit zu bejubeln, wo wieder eine Grenze fällt. Eine solche Gesellschaft aber vermag sich keine Perversion mehr vom Leib zu halten. Ein Menschenfresser muß aus dieser Sicht wie eine durchaus passable Verkörperung der Selbstverwirklichungsidee erscheinen – immerhin kann man ihm zugute halten, den moralischen Spielraum des Individuums noch einmal beträchtlich erweitert zu haben. Ich wage die Vermutung, daß die zu erwartenden Bücher und Filme ihn als düsteren Freiheitshelden inszenieren werden.

Was ist eigentlich, wenn man fragen darf, aus dem Gewissen geworden? Oder, vornehmer gesprochen: dem individuellen Verantwortungsbewußtsein? Dem Unrechtsempfinden? Alles dahin? Sollen wir nur noch verständnisvoll nicken, wenn sich ein Torhüter der deutschen Fußballnationalmannschaft auf die Unerbittlichkeit seines Sternzeichens herausredet, nachdem er seine schwangere Frau verlassen und seinen Ferrari mit 170 Stundenkilometern in eine Autobahnbaustelle gesteuert hat? Und müssen wir uns damit abfinden, daß Entscheidungen nur noch mit Sachzwängen begründet werden, wie sie zum Beispiel die Einschaltquoten für die Programmchefs von Hörfunk und Fernsehen darstellen? So sagte mir neulich der Chefsprecher einer Sendeanstalt: »Alles läuft nur noch darauf hinaus, daß Entscheidungen nicht mehr sachlich begründet werden müssen. Jedes Projekt kann mittlerweile mit dem Hinweis, es sei für die Einschaltquote Gift, abgeschmettert werden.«

Es sieht beinahe so aus, als würden wir der Selbstverwirklichung eine wachsende Zahl von Menschen verdanken, die Auseinandersetzungen um die Sache scheuen und sich stets als unschuldiges und wehrloses Opfer verstehen –

in der Gewalt ihrer Tierkreiszeichen die einen, den Einschaltquoten ausgeliefert die anderen. Offenbar läuft es auf die Abschaffung des Gewissens hinaus, wenn durch die vitale Kraft individueller Bedürfnisse und menschlicher Triebe moralische Autoritäten entmachtet und gesellschaftliche Konventionen gesprengt werden. In diesem Fall wäre es vielleicht wirklich das beste, den menschenwürdigen Umgang miteinander den Codes of Conduct zu überlassen, wie die firmeninternen Regelwerke der Politischen Korrektheit, bis zu 150 Seiten dick, in den USA genannt werden, jene Enzyklopädien der Etikette des 21. Jahrhunderts, die das Auskommen mit anderen zu einem Slalom machen, den nur derjenige unversehrt übersteht, der ihre zahllosen Tabus mit traumwandlerischer Sicherheit umkurvt. Sicher, das Ideal der Codes of Conduct ist eine sterile Welt aus politisch korrekten Marionetten. Aber wenn auf das Gewissen kein Verlaß mehr ist…?

Ich weiß, daß ich mit dieser Einschätzung vielen unrecht tue. Allen, die eine Kassiererin darauf aufmerksam machen würden, wenn sie zu viel Wechselgeld herausgegeben hat – was, Umfragen zufolge, die meisten unserer jüngeren Mitmenschen inzwischen für eine Dummheit halten. Allen, die einen Bußgeldbescheid akzeptieren, wenn sie sich im Unrecht wissen – und damit gegen den Rat jenes Juristen verstoßen, der einen Fernsehauftritt zu der unverblümten Aufforderung nutzte, Bußgeldbescheide grundsätzlich anzufechten. Allen, die nicht der Gesellschaft, ihrer Erziehung, ihrem Sternzeichen oder den Lehrern ihrer Kinder die Schuld geben, wenn etwas schiefgelaufen ist. Allen, kurz gesagt, die für die eigene Person nicht Nutzen vor Recht ergehen lassen.

Allen anderen aber rate ich zur Skepsis gegenüber der

Selbstverwirklichung als Lebensprinzip. Was uns wie eine Lizenz zum Ausleben unschuldiger Ansprüche und Bedürfnisse vorkommen mag, entzieht unserem Verantwortungsbewußtsein in Wirklichkeit den Boden des Gewissens. Denn im Licht der Selbstverwirklichung erscheint jedes Bedürfnis, auch das zerstörerischste, auch das perverseste, vernünftig und sinnvoll. Sie bietet uns gewissermaßen eine Schutzzone, in der wir uns jederzeit vor moralischen Ansprüchen in Sicherheit bringen können, wo keiner uns an den Zusammenhang von Freiheit und Verantwortung erinnern darf. Wer dieses Angebot annimmt, wird das Leben irgendwann für ein Spiel halten, in dem nichts mehr von Belang ist und alles ohne Folgen bleibt. Oder für einen Krieg, in dem alles erlaubt ist.

Ganz abgesehen davon, daß die Selbstverwirklichungsidee uns zum Narren hält. Sie kann ihr Versprechen gar nicht einlösen. Da sie auf der Befriedigung von Bedürfnissen beruht, ist sie erst abgeschlossen, wenn alle Bedürfnisse gestillt, alle Wünsche erfüllt sind. Also niemals. Wer sich für diese Strategie entscheidet, wird zeitlebens auf der Suche nach seinem Selbst sein, immer auf halbem Weg steckenbleiben, nie seiner wahren Identität habhaft werden. Er wird ein Mensch in der Möglichkeitsform bleiben. Und sich, möglicherweise, eine Moral in der Möglichkeitsform zulegen. Eine gleichsam abstrakte Moral, die nichts bewirkt, aber moralische Bedürfnisse befriedigt. Sie begegnet uns in Gestalt der Freundin, die Vegetarierin geworden ist – aus Protest gegen die tierquälerischen Schlachtviehtransporte auf europäischen Autobahnen. Sie begegnet uns in Gestalt des Freundes, der kein armes Land bereist – weil er dessen Bevölkerung den Anblick eines wohlgenährten Europäers ersparen will. Sie begegnet uns in all jenen Menschen, die

Verantwortung für Verhältnisse übernehmen, für die sie nichts können, an denen sie auch nichts zu ändern vermögen, die sich aber dessen ungeachtet moralisch hochwertig fühlen, einfach weil sie die Kraft zu einem Verzicht aufgebracht haben.

Ich glaube also, daß Selbstverwirklichung und Lebensklugheit nicht zu vereinbaren sind. Selbstverwirklichung ist ein völlig moralfreies Lebenskonzept, bei dem sich alles um den Sättigungsgrad von Menschen dreht, die in ihren Ansprüchen unersättlich sind. Was nicht heißen soll, daß gegen die Befriedigung von Bedürfnissen etwas einzuwenden wäre. Natürlich nicht. Bedenklich wird es erst dann, wenn wir Selbstverwirklichung zum höchsten Lebensziel erklären. Warum? Weil es kein Gegengewicht mehr gäbe, das unser Leben zwischen objektiven Werten und individuellen Bedürfnissen in der Balance hält. Und weil es ohne diese Balance unmöglich ist, sich aus der kindlichen Abhängigkeit von seinen Wünschen zu befreien. Noch aber ist uns dieses Gegengewicht nicht ganz abhanden gekommen. Ich meine das Gewissen.

Vielleicht könnte man dieses Gewissen als die Summe aller Überzeugungen verstehen, an denen wir auch dann festhalten wollen, wenn sie unseren Wünschen widersprechen. Diese Überzeugungen bilden gewissermaßen den Text unserer moralischen Unabhängigkeitserklärung. Und die erlaubt uns nicht nur, von Fall zu Fall zu unseren eigenen Bedürfnissen auf Abstand zu gehen, sie bewahrt uns auch davor, uns jeweils nach den Stärksten, Erfolgreichsten oder Durchsetzungsfähigsten, der öffentlichen Meinung oder dem Zeitgeist zu richten. Das heißt: Auf der Grundlage dieser Unabhängigkeitserklärung können wir uns dem Gruppenzwang innerhalb der Clique widersetzen, können

Abwehrkräfte gegen die Meinungs- und Schlagwortindustrie entwickeln und brauchen einen Menschenfresser nicht schon deshalb akzeptabel zu finden, weil wir ihm einen Unterhaltungswert zubilligen müssen.

So leicht wie die Politische Korrektheit macht es uns das Gewissen allerdings nicht. Es verlangt von uns, nach eigener Einsicht und auf eigene Verantwortung eine Skala von Werten aufzustellen, auf der nicht der Unterhaltungswert an oberster Stelle steht, sondern vielleicht die Rechtschaffenheit. Oder die Redlichkeit.

Alte Begriffe, ich weiß. Für viele Ohren werden sie nicht nur antiquiert und bieder klingen, sondern unzumutbar und unbrauchbar, zu Recht ausrangiert. Vielleicht deshalb, weil sie den zutreffenden Verdacht erregen, dem einzelnen eine Verpflichtung aufzuerlegen. Und zwar nicht für die Regenwälder im Amazonasbecken, nicht für den Freiheitskampf eines Volks in einer Bergregion auf der anderen Seite des Globus und nicht für das gequälte Schlachtvieh auf unseren Straßen, sondern für Anstand, Höflichkeit und Respekt im Verhalten zu seinen Mitmenschen. Für die zivile Sympathie, die man sich so lange schuldet, wie man sich unter Menschen bewegt. Rechtschaffen dürfte man also jemanden nennen, der dazu beiträgt, daß es im Umgang miteinander mit rechten, nämlich mit menschlichen Dingen zugeht.

Und worin läge der Nutzen eines Gewissens für uns selbst? Ich würde sagen: Nicht zuletzt in einer Lebensgeschichte, die einen Zusammenhang hat, so daß sie uns auch in Krisen und Leidenszeiten sinnvoll erscheint. Mir fällt dazu das Beispiel des Amerikaners James Nachtwey ein. Den eigenen moralischen Maßstäben treu bleiben – dieses Prinzip, so scheint mir, zieht sich wie ein roter Faden durch sein Leben. Nachtwey hatte als junger Mann alles darangesetzt, Kriegsfotograf zu werden. Er wurde einer der berühmtesten Kriegsfotografen unserer Zeit. Er war unter der aufgebrachten Menge zu finden, die im Begriff war, einen Menschen in den Straßen von Djakarta zu lynchen. Er war mit seiner Kamera in vorderster Linie dabei, wenn Palästinenser und Israelis aufeinander schossen. Er dokumentierte das Leiden der Frauen in einem zerbombten Dorf auf dem Balkan. Jeden Tag aufs neue nahm er sich in die Pflicht und scheute kein Risiko. Mit seinen erschütternden Fotos prägte er unser Bild von dem, was Menschen Menschen antun, nachdrücklicher als jede Fernsehberichterstattung das könnte. Dann wurde er in Bagdad schwer verletzt.

Eine Tragödie – wie jedes schreckliche Schicksal, das einen trifft. Vielleicht mit einem Unterschied zu anderen. Nachtwey hat nach seinen eigenen, unerbittlich strengen moralischen Regeln gelebt. Ein selbstbestimmtes Leben. Er wußte, was er tat, und er wollte, was er tat. Selbst ein grausames Schicksal kann den Zusammenhang eines solchen selbstbestimmten Lebens nicht zerreißen. Es bleibt bis zum Ende sinnvoll. Unter diesen Umständen kann man auch für das, was einem gegen alle Wünsche und Hoffnungen widerfährt, die Verantwortung übernehmen – leichter jedenfalls, als wenn man sich zeitlebens als Spielball fremder Kräfte, Opfer der Verhältnisse oder Erfüllungsgehilfe seines Tierkreiszeichens verstanden hat.

5. Spielregel
Vorsicht vor der schönen, neuen Welt ohne Gewissensentscheidungen Sie ist nur zum Preis unserer moralischen Entmündigung zu haben. Verwechsle deshalb niemals Bedürfnisse mit Werten! Und opfere der Selbstverwirklichung nicht dein Gewissen! Ein Leben ohne Gewissen ist wie Fußball ohne Schiedsrichter.

Einfach ganz natürlich sein? – Über Selbstbehauptung und Anpassung

»Nimm mich so, wie ich bin.«

»Manche Leute glauben, größere Eigenschaften berechtigten sie, die kleinen gesellschaftlichen Schicklichkeiten, die Regeln des Anstands, der Höflichkeit oder der Vorsicht zu vernachlässigen – das ist nicht gut getan … und es ist nicht weise gehandelt, die unschuldigen Gebräuche der Gesellschaft zu verachten, wenn man in der Gesellschaft leben und wirken will.«
Über den Umgang mit Menschen, 1, Einleitung

In allen Gesellschaftsschichten gibt es Menschen – und sie müssen nicht zu den unsympathischsten gehören –, die auf Formen nicht den geringsten Wert legen, ja, mit einem gewissen Stolz genau das machen, worauf man sich im Verlauf des Zivilisationsprozesses geeinigt hat, es nicht zu machen, so als würden sie ein verdienstvolles Werk der Aufklärung betreiben, wenn sie jederzeit ungeniert privat sind, ihre Kleidung und ihre Körperpflege souverän vernachlässigen und die meisten Regeln des Umgangs zu störendem Beiwerk erklären. Sobald es warm wird, hat man sie in Unterhose vor sich sitzen, Shorts und Unterhemd reichen für den Museumsbesuch völlig aus, gemeinsame Mahlzeiten sind bürgerliche Zwangsveranstaltungen und kommen deshalb nicht in Frage, und die Nahrungsaufnahme selbst vollzieht sich, sagen wir: extrem unkonventionell. Darauf angesprochen, lassen sie uns mit Selbstzufriedenheit wissen, daß dies alles unter ihr Lebensmotto falle: Mehr sein als scheinen. Was ja zunächst einmal so unsympathisch nicht klingt.

Es überzeugt mich nur nicht. Was wollen sie denn beweisen? Daß das, was uns unangenehm an ihnen auffällt, nicht das geringste über ihre Person besagt? Daß ihr Verhalten gar nicht zählt, weil es auf die unsichtbaren Qualitäten ankommt, weil man einen Menschen nur nach seinem Charakter, seiner Herzensgüte, seiner Intelligenz vielleicht beurteilen darf? Daß die Form belanglos und der Inhalt alles sei? Als würde es nichts über ihren Charakter – und ihre Intelligenz womöglich – besagen, wenn sie ihre Ungeniertheiten vor den Augen anderer ausleben und keine Rücksicht darauf nehmen, daß man ihre Schamlosigkeit als Zumutung empfinden könnte. So leicht lassen sich Form und Inhalt nun doch nicht gegeneinander ausspielen. Es gehört wohl eher eine gewisse Unverfrorenheit dazu, die Verachtung aller Umgangsformen zum Ausdruck einer edleren Daseinsform zu verklären; ganz abgesehen davon, daß hier ein Mißverständnis vorliegen muß. Mehr sein als scheinen – das kann doch nur bedeuten, daß jemand mit seinem Wissen, seinem Können, seinen Erfahrungen und Leistungen nicht gleich ins Haus fällt, daß er keinen Wirbel um sich macht und bescheidener auftritt als andere Menschen von seinen Qualitäten. Daß man, mit anderen Worten, ihm erst nach längerer Bekanntschaft anmerkt, was er zu bieten hat – und nicht in kürzester Zeit darüber aufgeklärt wird, was er nicht zu bieten hat. Wie aber kann es zu diesem Mißverständnis kommen?

»Mehr sein als scheinen« ist offenbar die harmlose Formel für etwas ganz anderes, nämlich die Überzeugung, daß der Mensch erst dann so richtig menschlich wird, wenn er die Fesseln der Zivilisation abschüttelt und zu einer unbefangenen Natürlichkeit zurückfindet. So als käme sein ursprüngliches Wesen in seiner ganzen strahlenden Unschuld zum Vorschein, sobald er sich den Kunststoffüberzug der Zivilisation vom Leib gerissen hat. Ich frage mich allerdings, ob dieser Verlust an Zivilisation in jedem Fall ein Gewinn für die Menschheit ist. Denn was da oft genug zum Vorschein kommt, davon können alle die ein Lied singen, die im Restaurant schon einmal über Stunden hinweg den ununterbrochenen Lachsalven vergnügter Studentinnen ausgesetzt waren; die die cholerischen Wutanfälle eines Ehemanns über sich ergehen lassen müssen, weil er nun mal ein »lebhaftes Temperament« habe; die die Ausbrüche von Mißgunst, Feindseligkeit und Gehässigkeit unter zivilisationsmüden Aussteigern erlebt haben, in deren Kolonien an irgendeinem Mittelmeerstrand jeder endlich nur noch seinen natürlichen Gefühlen und unschuldigen Herzensregungen folgen durfte.

Mag sein, daß so etwas wie Natürlichkeit übrigbleibt, wenn man die Zivilisation abstreift. Mag aber genausogut sein, daß dabei bloß eine Unzivilisiertheit zum Vorschein kommt, die ohne weiteres in blanke Roheit umschlagen kann. Wie dem auch sei, als Kritiker tut man sich jedenfalls schwer, wenn es wie in einem Zauberwald ringsumher von Stimmen schwirrt, die uns auffordern, spontan zu sein, uns auszuleben, uns nicht verbiegen zu lassen, aus uns herauszugehen, nur auf unser Gefühl zu hören, kurz: ganz wir selbst zu sein.

Nur – wer sind wir denn? Ich meine, wenn wir ganz wir selbst sind? Ein unverfälschtes und deshalb unschuldiges Naturprodukt? Oder doch eher das Resultat unserer Erziehung, unserer Kultur, unseres gesellschaftlichen Milieus? Und wie sollte sich das eine vom anderen trennen lassen? Ist der enthemmte Zivilisationsverächter, der im Restaurant genüßlich sein Messer ableckt, der im Museum in Shorts und Unterhemd aufkreuzt, der in einer vollbesetzten Straßenbahn einen Silvesterkracher größeren Kalibers zündet, natürlicher als jemand, der sich zu alldem nicht überwinden könnte?

Tatsächlich gibt es keine befriedigende Antwort auf diese Frage. Bei allen, die sich als Philosophen, Pädagogen oder Staatswissenschaftler je damit befaßt haben, herrscht untereinander die größte Uneinigkeit darüber, wo die Natur des Menschen aufhört und wo die Zivilisation anfängt, was diese Natur genau ausmacht, ob es dergleichen überhaupt gibt und was wir uns gegebenenfalls von dieser Natur versprechen dürfen. Jeder sagt etwas anderes. Die aussagekräftigsten Antworten werden, wie ich glaube, im wirklichen Leben gewissermaßen experimentell ermittelt, und da schöpft jedes Volk aus seinen eigenen Erfahrungen. Die deutsche Antwort lautet: Natur ist behaglich, Zivilisation unbehaglich.

Wenn mich nicht alles täuscht, hat man in unserem Land dem Braten der Zivilisation nie so recht getraut. Zivilisationsfeindlichkeit hat in Deutschland jedenfalls eine lange Tradition. Von den sogenannten Unflätigen, die zur Reformationszeit in Scharen auftauchten und wie die Struwwelpeter saufend und fluchend durch die Lande zogen, über die Altdeutschen um den Turnvater Jahn, die im frühen 19. Jahrhundert langbärtig und in Germanenkitteln herumliefen, bis zu den Gammlern und Hippies des eben vergangenen Jahrhunderts und ihren Nachfolgern, den Grünen und Aussteigern unserer Tage, zieht sich durch unsere Geschichte der Glaube an eine gute Natur, der sich der Mensch unter der Diktatur der Zivilisation entfremdet – eine Haltung, die zum Beispiel in Italien oder Frankreich zu keiner Zeit eine größere Anhängerschaft gehabt haben dürfte.

Aber erst die Achtundsechziger hatten mit ihrer Glücksformel: Je weniger Zivilisation, desto besser! durchschlagenden Erfolg. Vor dem Hintergrund der jüngeren deutschen Geschichte klang es eben ganz plausibel, daß die Gesellschaft für alles verantwortlich, die Erziehung an allem schuld, der Staat nach wie vor zu allem fähig und nur das Individuum gut und edel sei – vorausgesetzt, es behauptet sich mit aller Kraft gegen die Einflüsse der Gesellschaft und vertraut allein auf seine Originalität, sein einmaliges und ursprüngliches, unverfälschtes Wesen. Seither gehört es bei uns jedenfalls beinahe zur Allgemeinbildung, daß Zivilisation vor allem Zwang ist und Zwang vor allem Frustration bedeutet, Ungezwungenheit hingegen natürlich und alles Natürliche bekömmlich ist. Da kann man dann mit seiner Wesensart so gut wie alles entschuldigen – man ist eben, wie man ist, der Charakter ist unantastbar, und was natürlich ist, kann doch nicht schlecht sein. Ein mustergültiger Vertreter dieser Einstellung ist der Kollege, der alle mit seiner Unbeherrschtheit tyrannisiert und kühl lächelnd erklärt, er jedenfalls bekomme kein Magengeschwür.

Wie gesagt: Es ist nicht zu entscheiden, wie weit unser Verhalten von unserer Natur geprägt wird und ob nicht längst die Kultur zu unserer eigentlichen Natur geworden ist. Darüber streiten sich die Geister. Immerhin sieht es so aus, als hätten wir zumindest zwei angeborene Neigungen: Erstens die, von den anderen Wesen unserer Gattung bemerkt und mit Anerkennung bedacht werden zu wollen – kaum etwas schlimmer, als unbemerkt leben zu müssen, als namenloser Flüchtling im Exil etwa. Und zweitens die, uns für unvergleichlich zu halten und wenig Verständnis für den Anspruch unserer Mitmenschen aufzubringen, unseresgleichen zu sein – kaum etwas schlimmer, als auf Normalmaß zurechtgestutzt zu werden. Beides scheint also tatsächlich in unserer Natur zu liegen: die Liebesbedürftigkeit genauso wie der Größenwahn. Eine heikle Grundausstattung. Der Sinn jeder Zivilisation scheint mir nun darin zu liegen, zwischen diesen beiden entgegengesetzten Neigungen einen friedlichen Ausgleich zu schaffen und uns immer wieder, mehr oder weniger behutsam, darauf zu stoßen, daß wir aufeinander angewiesen sind. Also so etwas wie eine »zivile Sympathie« zu wecken unter Lebewesen, die am liebsten alle anderen als Claqueure betrachten würden, gut genug, ihnen von Zeit zu Zeit den verdienten Applaus zu spenden. Mit anderen Worten: Die Zivilisation garantiert unsere Freiheit.

Natürlich kann man sich mit bestimmten Erscheinungsformen seiner eigenen Zivilisation auseinandersetzen, kann sich, wo sie zu steifen Konventionen oder leerer Etikette erstarrt ist, auch dagegen auflehnen. Wer sie jedoch rundweg ablehnt, der lehnt sich selber ab, wie mir scheint, weil unsere Natur von Zivilisation durchtränkt ist und unsere Kultur uns längst in Fleisch und Blut übergegangen ist. Und instinktiv, möchte ich fast sagen, erkennen das auch ihre Verächter an – meines Wissens hat jedenfalls noch keiner von ihnen gefordert, in der Liebe etwa alle Zivilisation fahren zu lassen, auf Phantasie, Raffinement und Erfahrung zu verzichten und nur noch wie ein Eber über die Dame seines Herzens herzufallen. Wieso sollte es dann aber wertvoller oder »menschlicher« sein, bei Tisch und in Gesellschaft keine Errungenschaft der Zivilisation mehr gelten zu lassen?

Wenn wir trotzdem alle Wert darauf legen, natürlich oder authentisch zu erscheinen – also als die, die wir sind –, dann steckt im Grunde etwas anderes dahinter, nämlich ein berechtigter Widerwille gegen solche Exemplare unserer Gattung, die als Personen unglaubwürdig sind, deren Zivilisiertheit aufgesetzt und deren Beherrschtheit verkrampft wirkt, die aufgeschnapptes und halbverdautes Zeug von sich geben, die in Gesten und Ausdrucksweise manieriert sind, die bei fortgeschrittenem Alter Jugendjargon reden, die ständig Kompetenz vortäuschen müssen und sich zu Experten für alles und jedes aufblasen und aus all diesen Gründen einen peinlichen Eindruck auf uns machen, kurz: die mehr, oder jedenfalls anders scheinen wollen, als sie sind. So wollen wir, und so sollten wir wahrhaftig auch nicht wirken. Wobei der Fehler nicht darin besteht, daß solche Zeitgenossen versucht hätten, etwas aus sich zu machen, was sie nicht sind – unser ganzes Leben besteht schließlich aus dem Bemühen, etwas aus uns zu machen, was wir noch nicht sind. Aber es kann dabei geschehen, daß man am Ende etwas aus sich gemacht hat, was man tatsächlich nicht ist, einfach, weil man die gefundene Form nicht ausfüllen kann. Dann hätte man das verfehlt, worum es sich bei der Lebensklugheit letztlich dreht: die künstliche oder kunstvolle Natürlichkeit. Und davon soll im nächsten Abschnitt die Rede sein.

6. Spielregel

Man wirkt nicht natürlich, wenn man zivilisierte Formen des Umgangs ablehnt, sondern weil man als Person glaubwürdig ist. Herzlichkeit und Höflichkeit schließen einander genausowenig aus wie Ungezwungenheit und Selbstbeherrschung. Nur wer beides zu verbinden versteht, hat tatsächlich etwas aus sich gemacht.

Von der Kunst, sich zur Geltung zu bringen

»Es ist daher nicht zu verzeihen, wenn man sich immer unter andern Menschen herumtreibt, über den Umgang mit Menschen seine eigene Gesellschaft vernachlässigt, gleichsam vor sich selbst zu fliehen scheint, sein eigenes Ich nicht kultiviert, und sich doch stets um fremde Händel bekümmert.«

Über den Umgang mit Menschen, 1, 2, 1

Wenn wir das Leben von seiner praktischen Seite her einigermaßen in den Griff bekommen haben, stehen wir immer noch vor zwei Fragen. Die erste lautet: Wie verhalte ich mich gegenüber den Anforderungen meiner Kultur und der Gesellschaft? Und die zweite: Wie verhalte ich mich gegenüber meinen Mitmenschen? Wenn wir so fragen, geht es vorwiegend darum, ein realistisches Bild von unseren Möglichkeiten zu bekommen und auf die allgemeinverträglichste Art das Beste aus ihnen zu machen – zweifellos in der Hoffnung, mit uns selbst immer zufriedener zu werden und mit allen anderen in Frieden zu leben. Was darüber hinausgeht, das Glück einer großen Liebe, einer dauerhaften Freundschaft, einer steilen Karriere, eines abenteuerlichen oder auch ruhigen Lebens, hängt dann weitgehend von Begabungen, Charaktereigenschaften, Geschmack und Zufall ab.

Immerhin – zu wissen, was gespielt wird, und zu wissen, wie es gespielt wird, ist die beste Grundlage dafür, uns unter allen Lebensumständen zur Geltung bringen zu können. Die Kunst, sich zur Geltung zu bringen, ist wiederum eine wesentliche Voraussetzung für unseren Erfolg. Doch was heißt das genau: sich zur Geltung zu bringen?

Auf sich aufmerksam zu machen, um nicht übersehen zu

werden? Wohl mehr. Andere von sich zu überzeugen, womöglich in seinen Bann zu schlagen? Ist also Selbstdarstellungskunst gemeint? Aber reicht das, um unsere Mitmenschen für uns zu gewinnen und unsere Aussichten auf Erfolg zu verbessern? Also dann: Sich einen Freiraum zu verschaffen, in dem man sich entfalten und seine volle Wirkung erzielen kann? Wohl schon eher. Vorsichtig formuliert könnte man vielleicht sagen: Es gehört dazu, die Umstände, in denen man sich befindet, realistisch einzuschätzen, sich auf die Beteiligten einzustimmen, sein Verhalten auf die jeweilige Situation abzustimmen und so seinen Spielraum zu erweitern, seine Handlungsfreiheit zu vergrößern. Also eine Anpassungsfähigkeit an den Tag zu legen, die nichts mit Selbstverleugnung zu tun hat, sondern die Bedingungen dafür schafft, daß man selbst zum Zug kommt.

Aber – was wollen wir, sollte uns das gelingen, denn eigentlich zur Geltung bringen? Nur unsere Fähigkeiten, unser Wissen, unsere Bildung? Oder auch unser Temperament, unseren Humor, unsere Intelligenz, unsere Emotionalität – also alles, was unsere Individualität ausmacht? Vielleicht auch unsere Selbstüberschätzung, unsere Arroganz, unsere Geschwätzigkeit? Unseren Ehrgeiz und unseren Machtinstinkt womöglich? Manche halten alles an sich für gleich wertvoll. Aber müssen wir wirklich jederzeit das bemühen, was wir für unser echtes, ursprüngliches Naturell halten? Oder sollten wir an uns zügeln, was Zügelung verdient, wie es der Schriftsteller Albert Camus (1913–1960) empfiehlt? Ich glaube: Nicht zuletzt der Anspruch, uns stets voll und ganz zur Geltung zu bringen, hindert uns daran, uns tatsächlich zur Geltung zu bringen. Möglich, daß es aus Gründen der seelischen Hygiene gut und richtig ist, sich nicht zu zügeln. Aus Sicht der Lebensklugheit aber wäre es töricht, sich partout entblößen zu wollen – genauso töricht, wie sich selbst durch Unsicherheit und ungeschicktes Auftreten im Wege zu stehen, durch Fehler im Umgang mit anderen oder lästige Angewohnheiten die Leute vor den Kopf zu stoßen oder aus Unkenntnis von Regeln und Gepflogenheiten als Außenseiter aufzufallen.

Nun hört man bisweilen, daß man überhaupt nichts falsch machen könne, wenn man sich ganz auf seine Gefühle verläßt – so wie E. T., das drollige außerirdische Wesen aus Spielbergs gleichnamigem Film. E. T. versteht nichts von der irdischen Welt, in die er geraten ist, fühlt sich aber bald ein und erobert die Herzen, indem er seinen wahren Empfindungen treuherzigen Ausdruck verleiht. Wer sich nach einem solchen gefühlsbetonten Umgang sehnt, kann sich von dem Beatles-Song »All You Need is Love« bestärkt fühlen.

Ich will gar nicht in Abrede stellen, daß Einfühlungsvermögen unabdingbar ist, und ohne ein Gespür für Menschen und Situationen wäre man mit seinem Latein überall bald am Ende. Aber Weisheiten wie die des Beatles-Songs kann nur verbreiten, wer den Gipfel des Erfolgs bereits erklommen hat. In der hochkomplexen Welt unserer westlichen Zivilisation kommt man damit nicht sehr weit, nicht einmal in der Kunstwelt der Hippies und Aussteiger. Und was die unverfälschte Emotionalität eines E. T. angeht – der traut man mittlerweile so wenig zu, daß Psychologen in Managermagazinen allen Ernstes zu einem »cleveren Gefühlsmanagement« raten: Da soll nun also jeder um des Erfolgs willen nur noch die Gefühle zeigen, die zu seinem Image passen und seiner Selbstvermarktung förderlich sind, und je nach Bedarf eine andere Charaktermaske aus dem Hut zaubern.

Dies alles hat mit Lebensklugheit nichts zu tun. Wenn wir uns zur Geltung bringen wollen, sollten wir das also nicht mit der Möglichkeit verwechseln, uns auszuleben oder uns hemmungslos zu offenbaren. Genauso falsch wäre es, uns zu verstellen und mal die eine, mal die andere Identität vorzugaukeln. Es würde uns auch nicht gelingen, wenn wir uns allein auf unser Einfühlungsvermögen verlassen würden. Vielmehr sollten wir jeweils die Vorgehensweise wählen, die das ins rechte Licht rückt, was unsere Stärken ausmacht. Man könnte also sagen, daß wir im ersten Schritt den anderen ihr Entgegenkommen durch unser eigenes Entgegenkommen erleichtern, um uns dann so zu verhalten, daß niemand sein Entgegenkommen bereut. Aber – ist dann nicht doch eine gewisse Selbstinszenierung im Spiel?

Das gebe ich zu. Denn ohne Zweifel liegt der Lebensklugheit die Vorstellung zugrunde, daß sich das gesellschaftliche Leben wie auf einer Bühne abspielt und jeder Mensch gleichsam sein eigenes Theaterstück ist, das inszeniert werden muß, um überhaupt wahrgenommen zu werden. Demnach würde sich jeder Mensch selbst aufführen, als sein eigener Regisseur, seine eigene Inszenierung, auch sein eigener Schauspieler – in einem Einmannstück namens Leben. Ein jeder bringt sich selbst auf die Bühne und bietet sich dort den Blicken der anderen dar. Nur daß auf der Bühne des Lebens alle anderen ebenfalls mit uns auf der Bühne stehen – der Zuschauerraum ist leer, es gibt kein unbeteiligtes Publikum. Weshalb es auch nicht bei Blicken bleibt, vor denen man bestehen müßte, sondern zu Berührungen und Beziehungen kommt, die es auszuhalten gilt, denen man standhalten muß – und aus Rollen Lebensgeschichten werden, aus Schauspielern Menschen, aus Texten Kommunikation und aus Spiel Ernst.

Nichts könnte von dieser Vorstellung weiter entfernt sein als jene Selbstinszenierung, wie sie in den Reality-Shows des Fernsehens betrieben wird. Beim sogenannten Echtmenschenfernsehen handelt es sich um den verzweifelten Versuch, aus einer immer virtuelleren Welt die letzten Reste von Authentizität herauszupressen. Wo die Bevölkerung ganzer Erdteile als Zuschauer oder Teilnehmer zu Containerbewohnern gemacht wird, wo Millionen einer Handvoll Menschen dabei zusehen, wie sie unter den künstlichen Bedingungen der Käfighaltung um sich selbst kreisen, da reicht es völlig aus, so zu sein, wie man ist, um zum Publikumsliebling zu werden. Diese Art von Natürlichkeit wirkt aber höchstens vor laufenden Kameras und offenen Mikrophonen glaubwürdig.

Die Selbstinszenierung der Lebensklugheit hat mit solcherlei Selbstentblößungstheater nichts zu tun. Sie muß sich unter den wesentlich härteren Bedingungen der Wirklichkeit bewähren und läuft deshalb auf Selbstvervollkommnung und Selbsterziehung hinaus. »Man wird nicht fertig geboren«, sagte der spanische Jesuit Baltasar Gracián, der 1647 – in einer Zeit des Verfalls der Sitten wie der Macht – ein skeptisches Büchlein schrieb, dem er den Titel »Handorakel« gab und das seither zum Inbegriff von Lebens- oder, wie er selbst es nannte, Weltklugheit geworden ist, »aber man ist auch später noch lange nicht fertig.«

Nachdem andere unsere Erziehung eine Weile lang betrieben haben, müssen wir sie irgendwann in die eigenen Hände nehmen, in der Absicht, uns fortlaufend zu unserem Vorteil zu verändern. Und wenn wir das aus uns gemacht haben, was wir sein wollten, brauchen wir uns auch nicht anders zu geben, als wir sind. Dann hätten wir das erreicht, was frühere Autoren kunstvolle Natürlichkeit genannt haben und was wir heute als Kultiviertheit bezeichnen würden; dann kann man auch davon ausgehen, daß andere einen gerne so nehmen, wie man ist.

In der Praxis würde sich diese Kultiviertheit – um nur einige Beispiele zu nennen – als Zurückhaltung, Gelassenheit, Unbefangenheit und Selbstbewußtsein äußern. Zur Zurückhaltung etwa gehört, daß wir das, was wir wissen, nicht als großartige Offenbarung präsentieren und das, was wir können, nicht wie eine Zirkusnummer vorführen. Immer sollten wir die Möglichkeit einkalkulieren, daß wir uns irren, daß es uns doch mißlingen könnte, egal, wie sicher wir unserer Sache sind. Denn wer etwas im Brustton unerschütterlicher Überzeugung vorbringt, macht sich zum Gespött, sollte sich später doch etwas ganz anderes herausstellen, und verliert auf Dauer seine Glaubwürdigkeit. Waren wir zuvor jedoch gelassen, können wir uns hinterher auch gelassen selber korrigieren und ersparen uns die Peinlichkeit, ein Bild der Aufgeblasenheit geboten zu haben. Selbst in Fällen, in denen wir von einer Sache wirklich mehr als andere verstehen, in denen wir tatsächlich weit überlegen sind, sollten wir uns stets eine Zurückhaltung auferlegen, die den anderen das Gefühl gibt, immer noch mithalten und weiterhin mitsprechen zu können. Ganz abgesehen davon, daß sich jeder von einem unaufdringlichen, gelassenen Menschen mehr sagen läßt als von einem, der sich als Besserwisser oder Alleskönner in den Vordergrund spielt.

Zur Kultiviertheit gehört ebenfalls eine Anpassungsfähigkeit, die ich als gesellschaftliche Geschmeidigkeit beschreiben würde. Also die Fähigkeit, auch mit ungewohnten Situationen leicht und souverän fertig zu werden, mit noch so verschiedenen Menschen auf eine selbstverständliche Art zu verkehren und in den unterschiedlichsten Milieus immer dieselbe Unbefangenheit an den Tag zu legen. Voraussetzung dafür ist ein Selbstbewußtsein, das uns erlaubt, uns selbst anderen ebenbürtig zu fühlen und umgekehrt allen anderen Ebenbürtigkeit mit uns zuzugestehen. Von dieser gesellschaftlichen Geschmeidigkeit sind wir noch entfernt, wenn wir glauben, ein anderer würde uns einen unverdienten Gefallen erweisen, wenn er ein paar Worte mit uns wechselt, oder umgekehrt wir selbst meinen, einem anderen eine Gunst zu erweisen, wenn wir mit ihm sprechen. Das erste wäre Kleinmütigkeit, das zweite Herablassung.

Es wird sich noch manche Gelegenheit ergeben, hierauf ausführlicher einzugehen. Einem Mißverständnis möchte ich aber schon jetzt vorbeugen: Kultiviertheit bedeutet nicht Perfektion. Die gibt es nicht, und es wäre sinnlos, sie vorzutäuschen – wir wollen ja weder aalglatt noch maschinenhaft-seelenlos erscheinen. Kaum etwas wirkt lächerlicher, als Schwächen krampfhaft zu verbergen zu suchen, und kaum etwas sympathischer, als wenn jemand zu kleinen Schwächen steht und sie sich bisweilen durchgehen läßt. Je weiter wir es in der kunstvollen Natürlichkeit gebracht haben, desto leichter wird es uns fallen, Schwächen zu zeigen, ohne uns eine Blöße zu geben – schon deshalb, weil niemand sie als Zeichen von Naivität oder Ungehobeltheit mißverstehen würde.

Vor allem aber erwarte man keine Perfektion der Manieren oder des Erscheinungsbildes. Auf einem Empfang habe ich einmal einen jungen Mann erlebt, der war in Jeans und mit Rastalocken erschienen. Unpassend vielleicht – aber er gehörte zu den wenigen, die den Star des Abends nicht demütig umwimmelten, die nicht von der bangen Hoffnung umgetrieben wurden, sein Augenmerk möge auch einmal auf sie fallen. Er konnte sich genauso angeregt und freundlich mit einem Kellner wie mit irgendeinem Präsidenten unterhalten – nicht im selben Ton, aber mit derselben unbefangenen Ehrerbietung. Und dann habe ich auf einem Adelsfest einen ebenfalls jungen Mann erlebt, den auch sein weißer Smoking nicht retten konnte, weil er sich zwanghaft für Fehler entschuldigte, die niemand bemerkt hätte oder jeder leicht übersehen konnte, und sich um Kopf und Kragen redete, weil er zu allem etwas außerordentlich Bedeutendes und furchtbar Kompetentes zu sagen hatte und nur über sich selbst zu sprechen wußte.

Soviel wir also für unsere kunstvolle Natürlichkeit tun können, sowenig allerdings für unsere Originalität. Sie ist zweifellos ein Wesenszug, auf den wir kaum Einfluß nehmen können; er äußert sich in einer nicht alltäglichen oder witzigen Sprache, ist manchmal der Geistesgegenwart verwandt, kann als komisch-verschlungenes Denken auftreten oder als ausgefallene Gewohnheiten. Manche haben versucht, ihrer Originalität auf die Sprünge zu helfen, so der Dichter Jean Paul (1763–1825), der sich eine umfangreiche Sammlung ausgefallener Wörter zugelegt hatte, mit denen er seine Schriften würzte. Aber solche Hilfsmittel fallen nur dann nicht auf, wenn man, wie er, auch ohne Zettelkasten über eine außergewöhnliche Sprache verfügt – bei einem abgedroschenen Wortschatz würden derartige Einsprengsel bloß wie manierierte Ausreißer wirken. Und vor Manierismus oder Attitüden sollten wir uns genauso hüten wie vor einer Natürlichkeit, die durch Verzicht auf Zivilisation erkauft wird.

7. Spielregel

Recht verstanden bedeutet Selbstinszenierung nicht die Vorspiegelung falscher Größe, sondern die Fähigkeit, seine Stärken in das beste

Licht zu rücken. Nur glaube nicht, daß von dir je Perfektion erwartet würde – es ehrt dich vielmehr, wenn du Fehler eingestehen und Schwächen zugeben kannst.

Das Messer war schuld – Über Verantwortung

Leben »light«

»Ich sehe, ... wie jeder sich selbst regiert und sich ein System zur Befriedigung seiner Triebe erfindet. Dann fallen alle Fesseln ab, dann schwinden alle Vorurteile; ich brauche nicht meines Vaters Schulden zu bezahlen; habe nicht nötig, mich mit einem Weibe zu begnügen, und das Schloß vor meines Nachbarn Geldkasten ist kein Hindernis, mein angeborenes Recht auf das Gold, das die mütterliche Erde uns allen darreicht, in Ausübung zu bringen.«
Über den Umgang mit Menschen, II, 2, 1

Wenn man auf dem Pappbecher einer amerikanischen Kaffeehauskette den Aufdruck liest: »Vorsicht! Der Inhalt dieses Bechers ist extrem heiß und kann Brandwunden verursachen!« – könnte man da nicht auf den Gedanken kommen, daß mit unserer Auffassung von Verantwortung etwas nicht stimmt? Offenbar hat sich das Unternehmen zu dieser Maßnahme entschlossen, weil es andernfalls damit rechnen müßte, von einem Kunden zur Verantwortung gezogen zu werden, irgend jemandem, der sich aus Unachtsamkeit die Hand oder aus Ungeduld die Zunge verbrüht hat. Der warnende Aufdruck reicht die Verantwortung an den kaffeetrinkenden Kunden zurück, wo sie ganz unzweifelhaft hingehört, aber: Welcher Logik muß man sich bedienen, um auf die Idee zu kommen, in Wirklichkeit könnte das Kaffeehaus die Verantwortung für mein Mißgeschick tragen?

Einer kindlichen Logik, nehme ich an. Einer Logik, nach der das Messer schuld ist, wenn man sich in den Finger schneidet – oder der Messerhersteller. Jener Logik eben, nach der auch Tabakkonzerne für den Lungenkrebs ihrer Kunden haften und zahlen sollen. Mit dem albernen Hinweis, daß Kaffee extrem heiß sein kann, verkauft man also Menschen für dumm, die es nicht anders verdienen: Menschen, die ihr Rechtsgefühl am eigenen Nutzen ausrichten und dafür gern in Kauf nehmen, für unzurechnungsfähig gehalten zu werden.

Nun gut, könnte man sagen, derlei kommt in den USA vor. Hierzulande scheint es jedoch um die Wertschätzung des freien Willens nicht viel besser zu stehen. Auch bei uns gibt es Zeitgenossen wie jenen Richter, der Cola trank und Schokoriegel aß, bis er irgendwann zuckerkrank wurde, alsbald die Hersteller seiner Hauptnahrungsmittel als Schuldige ausmachte und wegen fehlender Warnhinweise auf Schadenersatz verklagte. Und dieser Mensch steht offenbar nicht allein da. So befürchtet einer Umfrage zufolge die Mehrzahl unserer Mitbürger, durch die technische Entwicklung entmündigt zu werden. Aber hätte sie etwas dagegen? Mitnichten! Derselben Umfrage zufolge wird die technische Entwicklung von denselben Mitbürgern mehrheitlich befürwortet. Woraus ich schließe, daß es für nicht wenige Schlimmeres gibt, als entmündigt zu werden. Zum Beispiel, auf die Annehmlichkeiten zu verzichten, die man sich von der technischen Entwicklung erhoffen darf.

Wirklich überraschend ist das natürlich nicht. Mündigkeit ist nun einmal lästig. Denn Freiheit geht immer mit

Verantwortung einher, und soviel uns an unserer Freiheit liegen mag, so gut konnten wir auf die Verantwortung schon immer verzichten. Neu und überraschend ist höchstens das Klima allgemeiner Nachsicht, in dem Menschen gedeihen, die für sich selbst ein Recht auf unbeschränkte Freiheit reklamieren, das sie allen anderen allerdings vehement bestreiten. Da rufen Autofahrer lautstark nach härteren Strafen für Verkehrssünder, verstoßen selbst aber nach Lust und Laune gegen die Verkehrsregeln. Da verurteilt ein mittelständischer Unternehmer empört die Selbstherrlichkeit von Konzernfürsten, die bei Tarifverhandlungen Null-Runden fordern, die eigenen Gehälter aber laufend erhöhen, und selbst fährt er mit einem brandneuen S-Klasse-Mercedes vor, nachdem er gerade vierzig Mitarbeiter entlassen hat. Da spielt sich ein nicht unbekannter Talkmaster als unerbittliche moralische Instanz auf, und selbst genehmigt er sich Drogen und Huren.

Mündige, verantwortungsbewußte Menschen handeln so nicht. Freie allerdings auch nicht. Denn wer zu seiner Verantwortung nicht steht, gibt seine Freiheit auf und entmündigt sich selbst – aus dem einfachen Grund, weil Freiheit Verantwortung voraussetzt. Für diesen Zusammenhang von Freiheit und Verantwortung kenne ich kein anschaulicheres Beispiel als das der drei deutschen Offiziere, deren Fall in der Ausstellung »Verbrechen der Wehrmacht« dokumentiert wurde: Im Oktober 1941 erhielten drei Offiziere an der Ostfront den Befehl, die jüdische Bevölkerung an ihren Standorten zu erschießen – hauptsächlich Frauen und Kinder. Die drei reagierten unterschiedlich darauf. Der erste Offizier führte den Befehl ohne zu zögern aus. Dem zweiten kamen Bedenken, er zögerte und fragte nach. Liegt ein Mißverständnis vor, wollte er wissen, ein Übertragungsfehler vielleicht? Nein. Der Befehl wurde bestätigt – und er ließ ebenfalls erschießen. Der dritte Offizier weigerte sich. Er fragte nicht nach, er nahm sich einfach die Freiheit, den Gehorsam zu verweigern. Von seinen Vorgesetzten an den Befehl erinnert, lehnte er die Ausführung ab. Den Juden in seinem Bereich geschah nichts. Ihm auch nicht.

Wahrscheinlich hätten die beiden anderen dieselbe Freiheit gehabt wie der dritte Offizier. Aber bevor sie das herausfinden konnten, waren sie schon in Deckung gegangen, hatten sich unsichtbar gemacht, sich als Handelnde selbst verleugnet. Nur einer blieb stehen, aufrecht und für alle sichtbar, als Urheber seiner Entscheidungen und Taten. Einer, der sich nicht als Durchgangsstation für den Willen einer höheren Gewalt verstand, nicht als Relais, das einfach nur weiterleitet, was andernorts beschlossen wurde. Dieser eine unterbricht den mörderischen Befehlsstrang, weil er sich selbst als die höchste moralische Instanz begreift, die prüft und urteilt, bevor sie entscheidet. Konnte der dritte Offizier wissen, wie weit seine Freiheit reicht? Wie die anderen lag ja auch er an der Befehlskette. Sagen wir also: Die Erfahrung seiner Freiheit konnte er nur machen, weil er von seiner persönlichen Verantwortung überzeugt war, weil er sich nicht hinter Befehlen versteckte.

Aber – haben die beiden anderen Offiziere denn keine Verantwortung bewiesen?

Doch, in gewisser Weise schon – wenn man unter Verantwortung versteht, die Erwartungen anderer zu erfüllen. In weniger dramatischen Situationen kann es völlig ausreichen, das, was andere von uns erwarten, in unsere Berechnungen und Entscheidungen einzubeziehen. Aber bisweilen reicht es eben nicht. Was den dritten Offizier von den anderen unterscheidet, ist, daß er darüber hinaus von sich selbst etwas erwartete. Und wenn er den erteilten Mordbefehl verweigerte, dann tat er das, weil er von sich selbst erwartete, nicht einmal auf Befehl gegen elementare Gebote der Menschlichkeit – und im übrigen seine Soldatenehre – zu verstoßen. Was ich von mir selbst erwarte, kann also dem widersprechen, was andere von mir erwarten – und genau diese Diskrepanz eröffnet auch in kritischen Lagen einen Spielraum für verantwortliche Entscheidungen. In diesem Zwiespalt kann das Gewissen zum Zug kommen. Und in solchen Situationen erlebt man sich als freies Wesen.

Ich fürchte, Warnungen vor dem Inhalt gefüllter Kaffeebecher sind genauso ein Zeichen dafür, daß der Zusammenhang von Freiheit und Verantwortung allmählich in Vergessenheit zu geraten droht, wie die wachsende Zahl von Mitmenschen, die es sich in ihren privaten, rechtsfreien Räumen bequem gemacht haben. Wie aber konnten wir diesen Zusammenhang aus den Augen verlieren?

Ich könnte mir denken, daß ein modernes Lebenskonzept der Grund dafür ist. Ein Lebenskonzept, das sich seit geraumer Zeit wachsender Beliebtheit erfreut und uns mit dem Versprechen ködert, daß Freiheit das reine Vergnügen sei – nichts als das reine Vergnügen. »Leben light« würde ich dieses Konzept nennen. Es scheint mir nämlich auf der Vorstellung zu beruhen, daß alles gut ist, was das Leben leicht zu machen verspricht, und alles schlecht, was das Leben schwer zu machen droht. Gut wäre demnach alles, was schnell geht, mühelos geht, nichts kostet, sicher ist, keinen Augenblick langweilt, das Wohlgefühl steigert, am besten nagelneu ist und keinerlei Rechtfertigungszwang unterliegt. Schlecht wäre demnach alles, was Zeit braucht, anstrengend ist, riskant ist, mit Verpflichtungen oder Verzicht verbunden ist und die Kompliziertheit des Lebens in Erinnerung ruft. Das Glück kann also gar nicht »light«, gar nicht kalorien- und luftwiderstandsreduziert genug daherkommen. Das volle Programm! – wenn man bitten darf, aber ohne für die Folgen aufkommen zu müssen. Und am besten ohne zu zahlen.

Also unschlagbar günstig an das Leben herankommen. Merkwürdig nur: »light« heißt weniger. Von allem weniger. Und trotzdem versprechen wir uns mehr und immer mehr davon. Ist das realistisch? Oder ist es nicht doch paradox und vollkommen unsinnig, es immer leichter – und gleichzeitig immer größer, schöner, besser haben zu wollen? Ist es nicht in Wirklichkeit ein kindlicher Heils- und Erlösungsglaube, der jeder Erfahrung spottet und jeder Vernunft widerspricht?

Diese abgespeckte Form von Leben jedenfalls läuft unweigerlich auf den »Menschen light« hinaus, und das ist vielleicht das verlockendste daran. Denn wenn man leicht ist, kann man sich immerhin der Illusion hingeben, nicht untergehen zu können. Wer leicht ist, bleibt an der Oberfläche, der schwimmt, kann sich treiben und mitreißen lassen und wie ein Korken auf den Wellen tanzen. Je leichter, desto unsinkbarer. Schwer zu sein wäre in dieser Welt ein Makel, ein Erfolgshindernis – nur nicht untergehen, heißt die Devise, nur nicht den Grund berühren, nur ja alle Tiefe meiden. Egal, wieviel ich von meinem Gewicht dafür opfern muß.

Abgerundet wird dieses Lebenskonzept durch die »Freiheit light«. Sie erlaubt Menschen von selbstgefälliger Unreife, in kindlichen Allmachtsphantasien zu schwelgen. Diese Menschen behaupten im individuellen Lebensbereich ein Recht auf Regellosigkeit, das sie im öffentlichen Leben als ungeheuer störend empfinden würden. Offenbar ist eine Vorstellung von Freiheit salonfähig geworden, die einen verbreiteten Anspruch auf Unbehelligtbleiben einlöst: sich nicht rechtfertigen zu müssen, jeder Kontrolle entzogen zu sein, alles von anderen und nichts mehr von sich selbst zu erwarten. Hier droht die bürgerliche Freiheit in die Freiheit des Piraten umzuschlagen – oder des Kolonialbeamten, wie der englische Schriftsteller Joseph Conrad (1857–1924) ihn in seiner Novelle »Herz der Finsternis« beschreibt: Nur noch sich selbst verantwortlich, auf einem Außenposten im Kongo, ist er der Gefangene seines eigenen Größenwahns geworden. Auf Conrads Novelle basiert ein berühmter Film, der den Schauplatz nach Vietnam verlegt. Sein Titel: »Apocalypse now«.

Unsere Situation wäre heikel genug, wenn wir nur den Verlockungen dieses leichten, allzu leichten Lebens widerstehen müßten. Aber dieser Tage haben wir es zusätzlich mit einer Wirtschaftsmoral zu tun, die Selbstverleugnug zum Prinzip gemacht hat. Ihr Ideal ist der zu jeder Verrenkung fähige, zu jedem Opfer bereite Hochleistungsmitarbeiter. Unser Verantwortungsbewußtsein wird damit von zwei Seiten in die Zange genommen: durch die Vorstellung einer bloß noch vergnüglichen Freiheit, wie sie außerhalb der Arbeitszeit herrscht, und den Forderungen einer Wirtschaftsmoral, die Menschen gewissermaßen nach ihrer PS-Zahl beurteilt. Wie wir uns unter diesen Bedingungen behaupten können, darauf will ich im nächsten Abschnitt eingehen.

8. Spielregel
Verantwortungslosigkeit ist Selbstverleugnung! Nur wer Verantwortung übernimmt, fühlt sich auf Dauer als selbstbestimmtes Wesen –

und wird von anderen als Charakter, als Persönlichkeit wahrgenommen. Richte dein Rechtsgefühl deshalb nicht am eigenen Nutzen aus – du untergräbst sonst deine eigene Freiheit und richtest deinen Ruf zugrunde!

Verantwortung im Alltag

»Gewöhnlich erlaubt man sich alles, verzeiht sich alles, und anderen nichts; gibt bei eigenen Fehltritten, wenn man sie auch dafür anerkennt, dem Schicksale oder unwiderstehlichen Trieben die Schuld, ist aber weniger duldend gegen die Verirrungen seiner Brüder. – Das ist nicht gut getan.«

Über den Umgang mit Menschen, 1, 2, 8

Wir haben ein merkwürdiges Lebensgefühl. Einerseits fühlen wir uns frei, wahrscheinlich so frei, wie sich Menschen noch nie gefühlt haben. Fast alles ist erlaubt, weit und breit keine moralische Autorität in Sicht, die Verbote aussprechen oder Gehorsam erzwingen dürfte, niemand redet uns mehr ernsthaft in unsere Angelegenheiten hinein, Leben und Körper zu stylen liegt ganz in unserer Macht, Fitneß- und Bräunungsstudios haben sich als Agenturen einer persönlichen Freiheit entpuppt, die uns über den natürlichen Alterungsprozeß und die breitengradbedingte Blässe erhebt. Und andererseits fühlen wir uns mehr oder weniger hilflos einer Zivilisation ausgeliefert, die über unsere Köpfe hinweg funktioniert. Auf den Gang der Dinge haben wir nicht den geringsten Einfluß, alles läuft unweigerlich nach dem Gesetz der Sachzwänge ab, und die Politik kommt genauso automatisch aus Berlin oder Brüssel wie der Strom aus der Steckdose und das Wasser aus der Leitung.

Ist es ein Wunder, daß viele sich einigermaßen hilflos fragen, wo ihre persönliche Verantwortung beginnt und wo sie endet? Zumal die Erziehung uns kaum noch darauf vorbereitet, jeweils die Grenze zwischen kluger Anpassung und notwendiger Selbstbehauptung zu ziehen. Trotzdem glaube ich, daß man sich erfolgreich seinen Weg zwischen Erwartungen, Sachzwängen und Hemmungslosigkeit bahnen kann, wenn man die folgenden Überlegungen berücksichtigt.

1. *Zwischen Verantwortung und Zuständigkeit unterscheiden!* Da werfen Schüler alles, was von irgendwelchen Zwischenmahlzeiten an Abfall übriggeblieben ist, auf den Boden ihres Klassenraums und weigern sich am Ende der Stunde, ihren Müll selbst aufzusammeln, »weil es dafür ja Putzfrauen gibt«. Hier wird Verantwortung mit Zuständigkeit verwechselt. Die Putzfrauen sind dafür zuständig, daß der Klassenraum nach Schulschluß gereinigt wird. Aber die Schüler sind dafür verantwortlich, daß er nicht mutwillig verdreckt wird. Der Irrtum der Schüler besteht darin, wie bei einem Kaffee- oder Bankautomaten nicht zwischen der Dienstleistung an sich und dem, der sie erbringt, zu unterscheiden. Bei einem Automaten braucht man diesen Unterschied ja in der Tat nicht zu machen. In diesem Fall aber wird die Dienstleistung von Menschen erbracht – das Verhalten der Schüler ist deshalb eine Demonstration von Selbstherrlichkeit, die von den Putzfrauen nur als Geste der Mißachtung verstanden werden kann. Ganz abgesehen davon, daß diese Mißachtung auch die nächste Klasse trifft, die in jenem Raum Unterricht hat. Die Zuständigkeit anderer befreit uns selbst also nicht grundsätzlich von der eigenen Verantwortung.

2. *Sich nicht in Begriffe wie Zuständigkeit oder Verantwortung verbeißen!* Viele alltägliche Situationen würden wir nur künst-

lich dramatisieren, wenn wir jedesmal nach Zuständigkeit oder Verantwortung fragten. Wenn es darum geht, ob wir die Werbezettel und Stadtteilzeitungen, die seit Tagen im Hausflur herumliegen, selbst auflesen und wegwerfen sollen, obwohl dafür der Hausmeister zuständig wäre – nun, so lesen wir sie auf, werfen wir sie weg, wenn sie uns stören. Machen wir kein moralisches Problem aus Kleinigkeiten, die praktische Lösungen erfordern und schnell erledigt sind. Beim nächsten Gespräch mit dem Hausmeister kann man dann eine Bemerkung über das offensichtliche Desinteresse der Hausbewohner an solchem Schrifttum einfließen lassen.

3. *Bedürfnisse nicht mit Werten verwechseln!* Vor diesem Fehler müssen wir uns besonders hüten; er wird am häufigsten begangen, er ist die Hauptursache für die Unfähigkeit, Verantwortung zu empfinden. Wenn wir nicht mehr zwischen Werten und Bedürfnissen unterscheiden können, reicht unser Widerwille gegen einen Strafzettel, um uns im Recht zu fühlen, wenn wir ihn anfechten – völlig unabhängig davon, ob wir ihn verdient haben oder nicht. Dieser Fehler betrifft das elementarste Erfordernis der Verantwortung, nämlich zu erkennen und anzuerkennen, daß das eigene Verhalten überhaupt Folgen hat.

Ich vermute, daß wir es hier mit einer Erbschaft der Achtundsechziger zu tun haben, der sogenannten frustrationsfreien Erziehung. Menschen, für die die unverzügliche und vollständige Befriedigung ihrer Bedürfnisse zum Maßstab jeder Erfahrung geworden ist, kehren auf der Suche nach Orientierung und Werten immer wieder zu sich selbst, ihren eigenen Wünschen und Bedürfnissen zurück, wie in einem Teufelskreis. Die knappste Formel für diese Haltung verdanke ich einem Lehrer. Der hatte seine bereits der Pubertät entwachsenen Schüler nach ihren Vorbildern befragt und von den meisten die Antwort erhalten: »Mein Vorbild bin ich.« Diesem Teufelskreis ist nur zu entkommen, wenn wir uns an einem Wertesystem orientieren, das schon länger Bestand hat und allgemeinere Gültigkeit besitzt als das derzeitige, welches auf einem grundsätzlichen Mißtrauen gegenüber allem beruht, das nicht prompten Nutzen verspricht.

4. *Autorität und Autoritäten gelten lassen!* Verantwortung ist an Instanzen oder Menschen gebunden, die uns gegebenenfalls, nämlich wenn wir unsere Freiheit überspannen oder mißbrauchen, zur Rechenschaft ziehen. Das mußten auch die Unternehmen der Londoner City erfahren, nachdem sie den »Casual Friday«, den »ungezwungenen Freitag« eingeführt hatten. Da waren also an einem Tag der Woche die strengen Kleidervorschriften der Angestellten zunächst gelockert und dann ganz aufgehoben worden – mit dem Erfolg, daß anfangs nur die Krawatte etwas luftiger geknotet oder das Jackett leger über die Schulter geworfen wurde, nach ein paar Monaten aber die ersten in geblümten Shorts und grellfarbenen Trainingsanzügen zur Arbeit erschienen. Nun ist man bisweilen auch für seine Kleidung verantwortlich, etwa dann, wenn die Seriösität und Glaubwürdigkeit des Unternehmens, für das man arbeitet, auf dem Spiel stehen oder das Vertrauen und die Erwartungen der Kunden. Das Experiment mit dem »Casual Friday« jedenfalls mußte abgebrochen werden, die alten Kleidervorschriften galten fortan auch freitags wieder.

Offenbar bekommt es dem Gefühl gegenseitiger Verpflichtung schlecht, wenn Autoritäten sich allzuweit zurückziehen. Offenbar müssen sie fühlbar, wahrnehmbar bleiben mit ihren Ansprüchen und Erwartungen an den einzelnen. Da unterscheiden sich Erwachsene nicht grundlegend von Kindern, deren Verantwortungsgefühl sich überhaupt erst in enger Beziehung zu Menschen entwickelt, die glaubwürdig Autorität verkörpern. Mir scheint allerdings, daß sich immer weniger Menschen diese Autorität zutrauen. Und mir scheint auch, daß immer weniger Menschen ihrer eigenen Autorität trauen – weil sie nicht wissen, woher diese Autorität kommen soll, vermute ich. Soweit ich sehe, ist uns nur eine Instanz verblieben, die ihre Autorität völlig unverblümt ausspielen darf: die Werbung.

»Lebe deine Träume!«, »Hol dir, was drin ist!«, »Nogger dir einen!« – in diesem Ton darf sonst niemand mehr zu uns reden. Keine Behörde, kein Polizist, und die Eltern schon gar nicht. Hier spricht eine Institution, die genug Autorität besitzt, Befehle auszusprechen, die letzte Macht, von der wir Anweisungen entgegennehmen, von der wir uns sogar diesen Kommandoton gefallen lassen. Warum? Vermutlich, weil die Werbung uns verspricht, daß wir in Wirklichkeit nur uns selbst gehorchen, wenn wir ihr gehorchen, und aus diesem Versprechen eine unangreifbare moralische Autorität schöpft. Die Werbung ist damit zur Stimme eines Gewissens geworden, das nur noch eine einzige, letzte Verantwortung kennt: die für unser eigenes Wohlbefinden.

Ich rate zur Skepsis gegenüber einer Autorität, die uns von jeder wirklichen Verantwortung entbindet. Echte Autorität erkennt man daran, daß sie uns gelegentlich an das erinnert, was wir anderen schulden – und sich dabei eines zivilen Umgangstons bedient.

5. *Sich nicht leichthin als Opfer fühlen!* Opfer sein – das ist eine verführerische und mittlerweile durchaus beliebte Rolle. Vielleicht, weil man nur als Opfer noch Anspruch auf Respekt erheben zu dürfen glaubt. Ganz sicher aber, weil man als Opfer grundsätzlich unschuldig ist. Als Opfer kann man jederzeit alle Verantwortung von sich weisen,

kann man sich jeden Fehlschlag durch höhere Gewalt oder eine Intrige erklären, braucht man nichts mehr als eigenes Versagen zu verstehen. An jedem Arbeitsplatz ist das Opfer von mißgünstigen Menschen umgeben, und immer findet sich eine Schicksalsmacht, hinter deren Böswilligkeit sich das Opfer verstecken kann. Man darf eben nur nichts, was einem widerfährt, als Reaktion auf das eigene Verhalten interpretieren. Als Opfer fühlt sich die Besserwisserin, die sich uneigennützig und nobel vorkommt und niemals begreift, warum ihr im Büro eine solche Kälte entgegenschlägt. Und als Opfer geben sich auch jene Firmenleitungen aus, die sich hinter dem Gutachten einer Unternehmensberatung verstecken, um unbefangener zu Entlassungen schreiten zu können – verantwortlich sind dann die Unternehmensberater, und die sind längst über alle Berge. Besonders gut sind Anwärter auf den Opferstatus aber bei klassischen Opfergruppen aufgehoben, denn dort können sie sich in einer Bastion der Selbstgerechtigkeit verschanzen, aus deren Perspektive das eigene Verhalten nie und nimmer als Beitrag zum eigenen Geschick erscheint – eine feministische Spezialität.

Natürlich ist es allemal riskant, sich als Handelnder zu erkennen zu geben. Wenn ihm die Operation gelingt, darf der Schönheitschirurg die Hand aufhalten, wenn nicht, muß er den Kopf hinhalten. Aber wer den Zusammenhang zwischen dem eigenen Handeln und dem eigenen Geschick – und oft genug gibt es einen – nicht wahrhaben will, der wird immer wieder dieselben Fehler machen, immer wieder in dieselben Fallen tappen, immer wieder dieselben bitteren Erfahrungen mit Kollegen, Vorgesetzten oder Geliebten machen und immer wieder an dieselbe Schicksalsverschwörung glauben. Nur wer der Versuchung widersteht, sich stets als Getriebener zu fühlen, kann sich von Fall zu Fall als treibende Kraft verstehen.

6. *Wer andere moralisch überfordert, trägt Mitverantwortung für sein Unglück.* In dem Film »Dogville« des dänischen Regisseurs Lars von Trier verschlägt es eine junge Frau in ein abgelegenes Dorf, und obwohl sie alles daransetzt, es den Bewohnern recht zu machen, jedem entgegenkommt und peinlichst bemüht ist, keinen vor den Kopf zu stoßen, wird sie nach kurzer Zeit zunächst ausgebeutet und schikaniert, später vergewaltigt und mißhandelt. Obwohl? Gerade deswegen! sagt der Regisseur – eben weil sie die Dorfbewohner mit ihrer Nachgiebigkeit, ihrer Harmlosigkeit, ihrer Willfährigkeit moralisch überfordert. Ein, wie ich finde, hervorragendes Beispiel für den Zusammenhang von selbstprovozierter Unfreiheit und Verantwortung. Denn niemals darf man in seinem Entgegenkommen so weit gehen, es allen recht machen zu wollen. Ein Übermaß an Harmlosigkeit wird früher oder später ausgenutzt, in »Dogville« genauso wie im Berufs- oder Privatleben, und wer anderen Macht über sich einräumt, wer den Eindruck der Wehrlosigkeit erweckt, der fordert seine Mitmenschen nachgerade dazu heraus, ihre Machtinstinkte auszuleben und ihr Mütchen an ihm zu kühlen. In diesem Fall wäre man zwar unbestreitbar das Opfer, aber keineswegs schuldlos daran und nicht ohne Verantwortung für das, was mit einem geschah. Meinen wir also nicht, aus Dankbarkeit vielleicht oder aus Harmoniebedürfnis, anderen stets nachgeben zu müssen. Es wäre eine Form der Arroganz, moralisch korrektes Verhalten zu erwarten, wenn man nichts als Angriffsflächen bietet. »Wer zuviel von sich verschenkt«, sagt Lars von Trier, »darf sich nicht wundern, wenn er ausgenutzt wird.«

7. *Eigene Spielregeln haben – und wissen, daß es kein Spiel ist!* Ich warne vor der Glücksrittermentalität, die im inflationären Gebrauch des Wortes »Player« zum Ausdruck kommt. Der Spieler ist der Inbegriff des verantwortungslosen Menschen. Wer sich als »Player« bezeichnet, macht von vornherein klar, daß ihm die Folgen seines Handelns, soweit sie andere betreffen, schnurzegal sind. Da lassen sich dann Konzernchefs, Banker und Politiker von ihrer Selbstherrlichkeit mitreißen, gebärden sich wie absolute Fürsten, die nur noch in ihresgleichen ihresgleichen zu erkennen vermögen, und weil den kleinen Spielern billig sein muß, was den großen recht ist, richten die sich in ihren eigenen kleinen, rechtsfreien Räumen ein, wo sie sich dann ebenfalls unbehelligt selbstverwirklichen können. Wenn man wenigstens davon ausgehen könnte, daß diese Leute ein anderes, eigenes Wertsystem haben. Aber ich fürchte, sie haben gar keins, sie sind nirgendwo verankert.

Wahrscheinlich war die Kunst, Macht auszuüben, ohne Verantwortung zu tragen, noch nie so hoch entwickelt wie in unseren Tagen. Ob es da Zweck hat, daran zu erinnern, daß man sich nicht allein durch Können für Führungsaufgaben qualifiziert, sondern auch durch die Bereitschaft, Verantwortung zu übernehmen? In unserer Macht liegt es immerhin, uns nicht von dieser Glücksrittermentalität anstecken zu lassen, weiterhin selbst zu bestimmen, wie weit wir gehen wollen und wie weit nicht, eigene Regeln zu haben und von uns selbst zu erwarten, daß wir uns daran halten.

8. *Arbeitswelt und Sport sind zweierlei.* Es untergräbt ohnehin das Verantwortungsgefühl, daß Autorität kaum noch von faßbaren, realen Menschen ausgeübt wird, sondern immer häufiger von mehr oder weniger anonymen Grup-

pen, Führungszirkeln, Cliquen und Kommissionen. Fatal ist daran, daß diese eher geisterhaften Autoritäten alle nur eines von uns verlangen, nämlich Konformität, Anpassung, Kompatibilität. Diesem Zweck scheint mir auch ein Verfahren zu dienen, das sich bei Führungskräften besonders großer Beliebtheit erfreut, nämlich Sport- und Arbeitswelt miteinander zu vermischen.

Vor allem das »Team« hat es modernen Managern angetan. Also die Vorstellung, alle, vom Vorstandsvorsitzenden bis zum Lagerarbeiter, würden einen von unerschütterlichem Siegeswillen erfüllten Haufen bilden, der aus gleichwertigen Mitspielern besteht, wobei einigen allerdings die Rolle von Trainern und Mannschaftskapitänen zukommt. Das ist natürlich irreführend. Erstens, weil die wenigsten wissen, nach welchen Regeln da gespielt wird. Zweitens, weil unternehmerische Entscheidungen keine hochbezahlten Profis oder Freizeitsportler treffen, sondern Menschen, deren Existenz irgendwie mit ihrem Arbeitsplatz zusammenhängt. Und drittens, weil sich Führungskräfte jeder Verantwortung entziehen können, wenn das erklärte Unternehmensziel der Sieg ist und alle ihre Maßnahmen mit der Notwendigkeit zu rechtfertigen sind, die Siegeschancen zu verbessern.

Ich will dabei gar nicht in Abrede stellen, daß sich bestimmte Aspekte von Mannschaftssportarten sinnvoll auf Unternehmen übertragen lassen. Ich habe aber den Verdacht, daß manche Manager sich in Wirklichkeit viel eher von Tugenden leiten lassen, wie sie Extremsportarten abverlangen, Selbstüberwindung etwa oder die Bereitschaft, bis an die Grenzen zu gehen – um am Ende den Erfolg ganz für sich verbuchen zu können. Von denen dürfte kaum einer wissen, welche Qualitäten siegreiche Teams tatsächlich auszeichnen, und ich vermute, der vielbeschworene Teamgeist bleibt oft den unteren Rängen vorbehalten.

Nein, es geht im wirklichen Leben nicht bloß um Platz oder Sieg, Klassenerhalt oder Abstieg. Lassen wir uns durch eine irreführende Sprache nicht den Blick für die wahren Machtverhältnisse vernebeln und dafür, wer welche Verantwortung trägt. Und wenn wir in einem Unternehmen selbst leitende Funktionen haben, sollten wir den Teamgeist nicht anderen überlassen.

9. Spielregel
Man kann für seinen Charakter nichts Besseres tun, als zu seiner Verantwortung zu stehen. Laß dich deshalb weder dazu verleiten, dich im ungünstigen Fall als Opfer zu fühlen, noch von der Selbstherrlichkeit fortreißen, wenn dir alles zu gelingen scheint!

»Das geht dich überhaupt nichts an!« – Über Toleranz

»Verleugne nicht Wahrheit, selbst die bittre Wahrheit nicht! Sei freimütig, aber ohne grob zu werden …«
Über den Umgang mit Menschen, III, 1, 9

»Wahrheit? Eine einzige Wahrheit gibt es heute nicht mehr«, sagte eine im übrigen durchaus ernst zu nehmende Dame im Gespräch. »Aber die braucht man auch nicht mehr. Heute hat jeder seine eigene Wahrheit.«

Natürlich ist das Unsinn. Wenn sie recht hätte, könnte man sich jede Diskussion sparen. Trotzdem erntete sie von ihren Zuhörern keinen Widerspruch. Offenbar war hier Schweigen geboten, wenn man den Anschein der Intoleranz vermeiden wollte. Vielleicht kam ihre Behauptung manchem auch gar nicht so unsinnig vor.

Und genau darin scheint mir die größte Gefahr zu liegen, die von der dogmatischen Toleranz ausgeht: daß wir unserer eigenen Kultur allmählich den Sinn austreiben. Sinn kann eine Kultur, wie gesagt, nur als zusammenhängendes Ganzes vermitteln. Wenn wir uns aber daran gewöhnen, auch die eigene Kultur in mundgerechte Häppchen zur Stillung individueller Bedürfnisse zu zerlegen und den Rest als unverdaulichen Kulturabfall zu entsorgen, entweicht er. Die Meinungsvielfalt schlägt dann in Wahrheitsvielfalt um, mit dem Erfolg, daß jeder jederzeit recht hat, ohne noch sagen zu können, warum – einfach, weil es keine Wahrheit und keine Gründe mehr gibt. Schon jetzt hat sich bei vielen das Gefühl, ohne Wahrheiten und Gründe auskommen zu müssen, dermaßen tief eingefressen, daß sie sich mit ihren Meinungen kaum noch an die Öffentlichkeit trauen und, sobald sie den Mund auftun, ängstlich in Wendungen flüchten wie »denk ich mal«, »sag ich jetzt einfach mal«, »ist auch nicht so wichtig«, »irgendwie halt schon« oder »kann man auch so sehen« – Floskeln wie Rauchkerzen, hinter denen sich ein Sprecher unsichtbar und aus dem Staub machen kann.

Ich fürchte, daß die falsch verstandene Toleranz in letzter Konsequenz zur Selbstaufgabe führt. Hüten wir uns deshalb davor, auf ihre Verlockungen hereinzufallen! Wir brauchen das gemeinsame Fundament einer Kultur, die die Bedingungen des Rechthabens für alle verbindlich klärt, sonst wird uns bald nichts mehr übrigbleiben, als mit den Meinungsforschern zu heulen – und unsere Streitigkeiten vor Gericht auszutragen. Schon heute wird in Politik und Gesellschaft immer weniger ausgehandelt und immer mehr den Gerichten überlassen. Wenn sich jeder auf seine individuelle Wahrheit verlegen darf, kann eben keiner mehr sicher sein, über dasselbe zu sprechen. Dann reden schließlich alle aneinander vorbei, und das geschriebene Recht wird zur einzigen und letzten Gewißheit.

Ich plädiere deshalb zunächst für etwas mehr Vertrauen zu unserer eigenen westlichen oder abendländischen Kultur. Nicht zuletzt deshalb, weil sie im Lauf der Zeit vortreffliche Methoden entwickelt hat, sich Gewißheit zu verschaffen. Zum Beispiel, lange zu prüfen und viel zu streiten, bevor wir etwas als Wahrheit durchgehen lassen. Wir kennen feste Kriterien für die Wahrheit und notwendige Bedingungen fürs Rechthaben, und solange die nicht erfüllt sind, darf uns keine Toleranz der Welt dazu verleiten, eine Meinung durchgehen zu lassen – zumindest nicht in unserem eigenen Urteil. Die Meinungsvielfalt ist nicht der Endzweck unserer intellektuellen Bemühungen, sondern lediglich eine gute Verhandlungsbasis; sie erspart uns nicht den Versuch, weiterhin hinter die Wahrheit zu kommen, ebensowenig wie die Toleranz uns abverlangt, auf den Meinungsstreit zu verzichten. Ideen müssen im Wettstreit miteinander bleiben, alles andere wäre Gleichgültigkeit oder Stumpfheit. Erst wenn wir unsere Verschiedenheiten austragen, kommt die Toleranz zum Einsatz.

Denn jetzt, in der Auseinandersetzung, heißt es, sich nicht auf die Palme bringen zu lassen, den anderen geduldig anzuhören und die Hoffnung auf Annäherung nie aufzugeben – aber auch die Erfahrung zu achten, daß der Verständigung Grenzen gesetzt sind, wenn man das Wesentliche nicht einem populären Kult des Unwesentlichen opfern will. Die Toleranz ist in diesem Fall kein Dogma, sondern ein Mittel der zivilisierten Konfliktbewältigung. Sie nimmt nicht alles hin, sie verträgt sich sogar mit dem Eifer, aber sie läßt jede begründete Meinung gelten, erträgt Spannungen und Gegensätze und findet sich zur Not auch damit ab, daß Überzeugungen allen Verständigungsbemühungen zum Trotz am Ende immer noch weit auseinanderklaffen können – dies alles aus Respekt vor der Ernsthaftigkeit, die der andere bei dem Versuch, zu seiner Ansicht zu kommen, aufgewendet hat.

Vergessen wir also nicht, daß alles, was unsere Kultur an Werten, Grundsätzen und Ideen ausmacht, daß diese ganze Welt von Vorstellungen erst durch Streit und Austausch zustande gekommen ist und nur durch Streit und Austausch aufrechterhalten wird. Und wundern wir uns nicht, wenn wir uns dann den Vorwurf der Intoleranz einhandeln.

Denn was uns heute als Toleranz verkauft wird, ist oft nichts anderes als ein Verbot, sich einzumischen. Die liberale Gesellschaft beachtet dieses Verbot in aller Regel peinlich genau. Schon einen Konzertbesucher, der seit geraumer Zeit vernehmlich mit seinem Nachbarn plaudert, um Schweigen zu bitten, kostet Überwindung und wird nicht selten mit jenem Blick der Verachtung bestraft, der seit den Tagen der Achtundsechziger für den Spießbürger reserviert ist. Dieses Nichteinmischungsgebot verpflichtet uns zu einer Liberalität, die im Gewährenlassen besteht und im Klima des Nicht-wissen-Wollens gedeiht. Da reden sich dann Behörden auf ihre Toleranz heraus, wenn sie vor den Problemen, die sich aus dem Zusammenleben von Menschen aus unterschiedlichen Kulturkreisen ergeben, die Augen verschließen. Da scheuen sich Polizisten, gegen afrikanische Drogendealer vorzugehen, weil sie sich nicht den Vorwurf des Rassismus einhandeln wollen. Und da riskiert jeder den Ruf der Intoleranz, der kulturell begründete

Anschauungen nicht generell für kompatibel hält und nach wie vor davon ausgeht, daß Auseinandersetzung sich lohnt, weil es nach wie vor um so etwas wie Wahrheit geht.

Das heißt: Wir kommen gar nicht mehr dazu, Toleranz zu üben, weil uns eine eingefleischte Gleichgültigkeit zuvorkommt. Toleranz wird immer schon vorausgesetzt, noch bevor sie sich bewähren kann, noch bevor das Fremde oder Anstößige überhaupt in Sicht ist. Mit dem Erfolg, daß wir ratlos reagieren, wenn uns dieses Fremde einmal nicht als kulinarisches Erlebnis oder als Konzertgenuß begegnet, sondern in Form von Verhaltensweisen, die unseren liberalen, individualistischen Auffassungen zuwiderlaufen. Oft erleben wir dann, daß diese voreilige Toleranz in Intoleranz umschlägt, nach der Devise: Wir sind liberal – und wehe, wenn nicht! Ganzen Kulturen, die sich gegen den Kult der Unwesentlichkeit verwahren, wird dann die Feindschaft erklärt, und jeder einzelne, der von Unterschieden noch Aufhebens macht, muß damit rechnen, daß ihn der Bannfluch der Intoleranz trifft.

Ich muß gestehen, daß auch ich kaum etwas schwieriger finde, als sich über die Erfordernisse der Toleranz klar zu werden. Wir müssen uns der Grundlagen unserer Kultur schon sehr sicher sein, um zwischen Toleranz, Gleichgültigkeit und liberalem Fundamentalismus unterscheiden zu können, und eine gewisse Vertrautheit mit fremden Milieus und Kulturen entwickelt haben, um im Umgang mit Menschen tatsächlich tolerant zu sein. Wie weit muß das Verständnis reichen? Wo ist die Grenze des Zumutbaren erreicht? Wann ist Toleranz fehl am Platz? Fragen, die von Fall zu Fall immer wieder neu entschieden werden müssen. Ich möchte deshalb an einigen Beispielen zeigen, was man vernünftigerweise unter Toleranz verstehen könnte.

1. *Toleranz gegenüber fremden Kulturen.* Jede Kultur ist ein Universum für sich. Gemeinsam stellen sie den Reichtum dieser Welt dar. Bilden wir uns nicht ein, fremden Kulturen mit unseren Maßstäben gerecht zu werden. Akzeptieren wir sie so, wie sie sind; nähern wir uns ihnen mit Neugier; versuchen wir, uns aus unseren eigenen Schablonen zu lösen! Und wenn wir nicht mehr weiter wissen: fragen! Der andere denkt anders als wir – und oft begreifen wir nicht einmal, was genau an seinem Denken so anders ist. Aber diese Erfahrung müssen wir wenigstens einmal gemacht haben: daß unsere Art des Denkens nicht die einzige und nicht die einzig vernünftige ist. Keine Regel ist universell!

2. *Ausländer und Außenseiter sind keine besseren Menschen.* Kulturelle Traditionen können so weit voneinander abweichen, daß das Zusammenleben – sei es in einer Ehe, sei es in einer Hausgemeinschaft – brisant oder gar unerträglich wird. In diesem Fall ist die bürgerliche Kultur des Gastlandes maßgebend. Keinen braucht der Vorwurf der Intoleranz zu schrecken, wenn er das, was gang und gäbe ist, von Menschen einfordert, die ansonsten von unserer Toleranz und Gastfreundlichkeit profitieren.

In solchen Fällen handeln wir uns besonders rasch die Mißbilligung der Multikulti-Verfechter ein. Denn deren Feindbild ist die »herrschende« Kultur, also die jeweils eigene, die innerhalb ihres Geltungsbereichs durch Traditionen und Normen Orientierung ermöglicht. Eine ihrer Strategien ist daher, gesellschaftliche Probleme strikt aus der Perspektive von Minderheiten zu betrachten und jeder Abweichung einen höheren moralischen Wert beizumessen als der Norm. Deshalb fordern sie, die Abweichung von Außenseitern und Randgruppen in den Rang des Normalen zu erheben, den Außenseitern selbst ihr Außenseitertum aber weiterhin zu gönnen. Dieser Trick erlaubt, die Unterscheidung zwischen Abweichung und Norm zur Diskriminierung zu erklären, ohne Außenseitern die Schmach zumuten zu müssen, unter die Normalen gerechnet zu werden.

Ich warne vor diesem Verfahren. Es wäre falsch, von Ausländern und Randgruppen keinerlei Integrationsanstrengungen zu verlangen. Und zwar deshalb, weil eine Kultur ihre sinn- und gemeinschaftstiftende Wirkung nur dann entfalten kann, wenn sie von allen als herrschende Kultur anerkannt wird. Toleranz heißt in diesem Fall: den anderen dieselben Bedingungen zuzugestehen wie uns selbst, dasselbe Maß an Freiheit, aber auch an Verantwortung. Mit anderen Worten: sie am selben Zivilisationsprojekt zu beteiligen.

3. *Die Auseinandersetzung pflegen.* Toleranz ist dieser Tage oft nur die Maske, hinter der sich völlige Gleichgültigkeit verbirgt. Toleranz bedeutet eben nicht, über alle Unterschiede hinwegsehen und den Blick starr auf tatsächliche oder eingebildete Gemeinsamkeiten richten. Wir sind alle ebenbürtig, aber wir sind nicht alle gleich! Wenn wir uns näherkommen wollen, müssen wir auch riskieren, uns ins Gehege zu kommen – und dann heißt es, unsere eigene Ansicht zur Diskussion zu stellen, offen und fair zu diskutieren und nicht um den Preis des besseren Verstehens von Anfang an Verständnis zu heucheln. Dafür brauchen wir eine Sprache, in der wir unsere Standpunkte entschieden vertreten können, ohne den anderen vor den Kopf zu stoßen, sowie Umgangsformen, die uns erlauben, auch tiefe Gegensätze zu ertragen. Wenn wir den anderen dann noch davon überzeugen, daß unser Motiv echtes, aufrichtiges Interesse ist, dann können wir sogar unsere Vorurteile zur Sprache bringen und trotzdem weiterhin im Gespräch bleiben.

4. *Sich gelegentlich einmischen.* »Das geht dich gar nichts an!« – diese Abfuhr ist nachgerade zur großen Freiheitsdevise geworden. Seit Jahrzehnten wird uns das Einmischungsverbot als Gebot der Toleranz verkauft. Mit dem Ergebnis, daß viele sich tatsächlich so verhalten, als ginge sie nichts etwas an. Und sich auch dann nicht einmischen, wenn Einmischung dringend geboten wäre – etwa, wenn sich in der Straßenbahn eine Afrikanerin beschimpfen lassen muß. Es ist ganz erstaunlich, wie die Blicke dann geistesabwesend aus dem Fenster wandern, und es ist ziemlich erschütternd, welche Faszination von der vorbeiziehenden Stadtkulisse auch dann noch ausgeht, wenn ein einzelner Fahrgast dem Beleidiger endlich Einhalt gebietet. Oft genug kommt es nach solchen Vorfällen noch nicht einmal zu einem solidarischen Blickwechsel zwischen den übrigen Fahrgästen und dem, der den Mut des Anständigen aufgebracht hat. Diesen Mut kann man trainieren. Mischen wir uns deshalb ruhig dann und wann ein, wenn unbedeutendere Vorfälle uns die Möglichkeit zu einem Kommentar bieten, damit wir uns nicht scheuen, die Stimme zu erheben, wenn viel auf dem Spiel steht.

5. *Toleranz gegenüber der eigenen Kultur.* Bisweilen habe ich den Eindruck, daß man den eigenen Traditionen mit weniger Toleranz begegnen zu dürfen glaubt als fremden. So gibt es zum Beispiel Menschen, die sich als Gast regelrecht vergewaltigt fühlen, wenn der Gastgeber vor dem Essen ein Tischgebet sprechen möchte, zu dem auch sie dann zumindest den Kopf senken müßten. Bei Moslems oder Juden würden dieselben Leute ein Gebet wahrscheinlich als respektable Folklore noch durchgehen lassen. Aber bei Christen? Regelrecht empörend!

Bei solchen Gelegenheiten zeigt sich, wie schnell die vorauseilende Toleranz in Intoleranz umschlagen kann, einfach, weil man gar nicht mehr gewöhnt ist, seine Toleranz auf die Probe zu stellen. Was sollte an einem Gebet unzumutbar sein? Das Eingeständnis, daß wir nicht alles unserer eigenen Kraft verdanken? Der Versuch, unsere Dankbarkeit einer Macht abzustatten, von der manche glauben, daß sie es gut mit uns meint? Es ist wohl das Quentchen Demut, das zum Beten gehört und die Empörten erbost. Aber auch das kann man – und sollte man – üben. Denn die Demut ist nicht der unerheblichste Bestandteil jener Haltung, die zu den großen Errungenschaften unserer abendländischen Kultur gehört: der Toleranz.

10. Spielregel
Die solideste Basis hat die Toleranz in der Menschenfreundlichkeit. Toleranz, die mit Verbissenheit betrieben wird, ist keine. Wer an der Überlegenheit seiner eigenen Kultur unbedingt festhalten möchte, kann sie am überzeugendsten dadurch beweisen, daß er anderen Kulturen grundsätzlich mit Respekt und Neugier begegnet.

Reden hilft fast immer – Über Verständigung

Die Affektbrücke

»Es geschieht dann, daß wir sehr böser Laune werden, wenn wir sehen, daß man uns vernachlässigt ... dahingegen unser Witz, unsre Laune unaufhaltsam und bezaubernd fortströmen, wo wir geehrt, geliebt und mit Aufmerksamkeit behandelt werden.«
Über den Umgang mit Menschen, III, 3, 3

Nach Ausbruch des deutsch-französischen Krieges 1870 reiste Theodor Fontane (1819–1898) mit dem Zug durch Frankreich. Die Abteile waren voller Soldaten aus allen deutschen Ländern, hauptsächlich Mannschaften und Unteroffiziere, es gab aber auch französische Mitreisende. Fontane, als eine Art Kriegsberichterstatter unterwegs, ging von Abteil zu Abteil, sprach die Soldaten an und mußte feststellen, daß es kaum möglich war, mit ihnen ins Gespräch zu kommen. Während in den französischen Abteilen munter geredet wurde, verharrten die deutschen Soldaten überwiegend in Schweigen. Man antwortete ihm allenfalls mit einem Halbsatz zwischen zwei Bissen in eine Wurststulle, und er gewann den Eindruck, daß seine Fragen eher als Störung denn als Einladung zum Gespräch aufgefaßt wurden. In einem Buch über seine Erlebnisse in Frankreich machte sich Fontane später das Vergnügen, eine Art Mürrischkeitsskala der deutschen Volksgruppen aufzustellen, in der, wenn ich mich recht entsinne, Pommern und Westfalen als Paradebeispiele für Verschlossenheit ganz oben rangieren und Rheinländer sowie Sachsen als halbwegs gesprächige Zeitgenossen noch am besten wegkommen.

Wer viel in Deutschland reist, wird bestätigen können, daß Fontanes Liste nicht völlig überholt ist. Wer außerdem gelegentlich in unseren westlichen oder südlichen Nachbarländern unterwegs ist, wird zugeben müssen, daß sich Fontanes Beobachtungen – mit Einschränkungen – auf heute übertragen lassen: Ein zufälliger Wortwechsel kommt dort immer noch häufiger zustande als bei uns, und die öffentliche Rede gerät in jenen Ländern nach wie vor sehr viel weniger umständlich und verkrampft. Und wer sich bisweilen mit Ausländern unterhält, muß zur Kenntnis nehmen, daß unsere Landsleute – mit regionalen Unterschieden,

s. o. – auf viele Fremde den Eindruck von Menschen machen, die sich am liebsten aus dem Weg gehen und nur geringes Interesse füreinander aufbringen, so angestrengt werden in der Öffentlichkeit Blicke und Worte vermieden.

Die freie, unbefangene Rede ist unsere Stärke wohl nicht. Das rechte Wort zur rechten Zeit fällt oft erstaunlich schwer. Da scheint es Barrieren zu geben, die für andere mit einer kurzen Bemerkung leicht einzureißen sind, uns hingegen sehr hoch erscheinen. Und um gleich einen weiteren Unterschied nachzuschieben: die Scheu vor großen Worten. Amerikaner schrecken nicht vor großen Worten, erhabenen Gefühlen und ewigen Wahrheiten zurück – man führe sich nur einmal die Inschriften auf den amerikanischen Soldatenfriedhöfen im Westen unseres Landes zu Gemüte und staune über die Selbstverständlichkeit, mit der dort ein sehr hoher Ton angeschlagen wird. Auch bei Franzosen und Engländern gehören solche Worte, Gefühle und Wahrheiten zum Repertoire. Bei uns hingegen haben sich Sprache und Gefühle auf einem Niveau eingependelt, das man getrost als banal bezeichnen darf. Jedes Pathos ist verpönt, und vor Ergriffenheit sind wir schon durch eine Sprache gefeit, die jede Regung von einiger Erhabenheit wie ein Schredder zerkleinert und zerstückelt. Aus der Liebe ist die Beziehung oder der Sex geworden, Geliebte haben sich in Partner verwandelt, der geschäftsmäßige Ton dominiert. Und die Sprache unserer Politiker ist nicht mehr allzuweit von jenem Anblaffen entfernt, wie es unter jungen Leuten eingerissen ist.

Nun ist der Umgang, den wir miteinander pflegen, weitgehend sprachlicher Natur. Blicke, Gesten und Berührungen kommen hinzu. Aber die soziale Kälte oder Wärme einer Gesellschaft hängt zunächst einmal weniger von der

Sozialgesetzgebung ab als von der Art, wie miteinander gesprochen wird – wie viel, wie freundlich und wie unbefangen. Und was das angeht, können wir noch einiges hinzulernen. Schließlich kann Verständigung nur bei einem gewissen Maß an Aufgeschlossenheit füreinander gelingen.

Jetzt will ich gern zugeben, daß die Entwicklung einem Klima, in dem Sprachkultur und Verständigungsbereitschaft gedeihen, nicht gerade günstig ist – die technische nicht, und die gesellschaftliche auch nicht. Was die gesellschaftliche Entwicklung angeht – das anschaulichste Beispiel dafür ist für mich die schrittweise Verwandlung eines Restaurants, in das ich schon als Kind gelegentlich mitgenommen wurde. Es gehörte einem Griechen, und bei meinen ersten Besuchen betrat man einen großen, offenen Raum, in dem lange Tische standen, an denen man in ebenso langen Reihen nebeneinander saß. Seine Speise mußte sich jeder in der Küche aussuchen. Das war die klassische Situation, wie sie in Wirtshäusern seit jeher gang und gäbe war (und heute noch in Brauhäusern üblich ist): Die Gäste bildeten Tischgemeinschaften und erlebten das, was Reisende zu allen Zeiten unter Geselligkeit verstanden hatten.

Dann wurde, Anfang der achtziger Jahre, renoviert. Die langen Tische verschwanden, und der Raum wurde entlang der Wände in Appartements aufgeteilt. Jetzt saß man, allenfalls noch zu sechst, an Tischen, die voneinander durch plastikweinlaubumrankte Lattengitter getrennt waren. Und Mitte der neunziger Jahre wurde noch einmal umgebaut. Die Appartements machten einer bistroartigen Einrichtung aus kleinen Tischen Platz, an denen man zu zweit bequemer sitzt als zu viert und auf jeden Fall mit dem Rücken zur Mehrzahl der anderen Gäste. Man geht auch nicht mehr in die Küche – was immer eine gute Gelegenheit war, mit dem Wirt zu plaudern –, man bestellt nun brav nach der Speisekarte bei einem Kellner. Wahrscheinlich hätte kein Weg an einer Anpassung an die neue und immer neuere Zeit vorbeigeführt, aber die Bedingungen für Geselligkeit sind nach und nach zerstört worden.

An anderen Orten sind auch die allerletzten Reste an Geselligkeit längst getilgt. Als ein Beispiel für viele fällt mir dazu eine Tankstelle am Stadtrand von München ein, wo der gesamte Vorgang des Tankens praktisch wortlos ablief. Man befüllte wie üblich eigenhändig seinen Tank, ging dann hinein, zwängte sich zwischen Warenständern hindurch Richtung Kasse und reihte sich als letzter in der Schlange auf, den Rücken des Vordermanns im Blick. Aus Lautsprechern dröhnte das Musikprogramm eines Spaßsenders, gleich neben der Kasse flimmerte Werbung über einen großen Informationsbildschirm. Man nannte – und das war der einzige Augenblick, in dem die menschliche Stimme zum Einsatz kam – die Nummer seiner Zapfsäule, reichte dann die Kreditkarte hinüber, bestätigte, unterschrieb und murmelte im Gehen vielleicht noch einen Abschiedsgruß, der jedenfalls ohne Erwiderung blieb. Dem Gesicht des Mannes hinter der Kasse war anzusehen, daß er gar nicht auf einen Wortwechsel eingestellt war. Es war das stumpfe, erloschene Gesicht eines Menschen, der keinen Grund zu der Annahme hatte, bei seiner Arbeit könnte er es womöglich mit Menschen zu tun haben.

Es ist wahr: Die technische Entwicklung bringt es mit sich, daß immer mehr Vorgänge, die sich zwischen Menschen abspielen, nach dem Prinzip des Abfertigens verlaufen. Wir sind daran gewöhnt, abgefertigt zu werden, und wir fertigen unsererseits ab. Abfertigen kann man mit einem

Satz, einem Wort, einem Blick – oder auch, ohne den anderen überhaupt zu bemerken. Das funktioniert in Familien genauso wie im Bereich der Öffentlichkeit. Um einer Gänsehaut vorzubeugen, wird fleißig akustisch untermalt und durch Musikkassetten, Radioprogramme oder laufende Fernseher die Illusion einer kommunikativen Atmosphäre erzeugt, in der man die Anwesenheit weiterer Artgenossen nun erst recht nicht mehr wahrzunehmen braucht. Von körperlicher Präsenz darf man daher auch immer seltener auf seelische Anwesenheit schließen.

Keine neue Einsicht, ich weiß. Aber es bleibt doch eine bemerkenswerte Ironie, daß sich im Kommunikationszeitalter ausgerechnet das zusehends erübrigt, was einmal Kommunikation ausgemacht hat: nämlich im Laufe eines Tages, eines Jahres, eines Lebens immer neue Verbindungen aufzunehmen und vorübergehend, vielleicht für Augenblicke nur, in persönliche Beziehung zu einer Vielzahl von Menschen zu treten, um jenes Geflecht aus Berührungspunkten herzustellen, durch das Gesellschaft erst als etwas Lebendiges, Wertvolles und Beglückendes erfahren wird. Ich hätte nicht die Hoffnung, daß sich die Menschlichkeit solcher sporadischen Beziehungen gegen die technische Entwicklung behaupten könnte, wenn ich nicht vor allem im Ausland die Erfahrung gemacht hätte, daß man auch mit Verkäufern oder Kassiererinnen weiterhin wie mit normalen Menschen sprechen kann – in ganzen Sätzen und dem Tonfall persönlichen Interesses.

Der größte Irrtum, den wir begehen können, ist zu glauben, daß es bei Kommunikation nur um Informationen und den Austausch von Informationen gehe. Darum geht es unter Umständen auch. Viel wichtiger aber ist, daß wir einander überhaupt des gesprochenen Wortes würdigen. Denn der vordringliche Zweck aller Verständigungsbemühungen ist es, Vertrauen herzustellen. Oder, wie es früher hieß, eine Affektbrücke vom einen zum anderen zu schlagen, also eine Art grundlegender Sympathie zwischen zwei Menschen herzustellen und aufrechtzuerhalten.

Das heißt: Durch Sprechen geben wir vor allem und zunächst einmal zu erkennen, daß wir uns als Menschen anerkennen. Wir bekunden so eine Grundhaltung der Geselligkeit, die die erste und notwendige Voraussetzung für den Austausch von – wenn man denn unbedingt will – Informationen ist. Und das erstaunliche ist, daß Sprechen auch dann nichts von seiner gemeinschaftstiftenden Wirkung einbüßt, wenn keiner ein Wort versteht. Diese Erfahrung jedenfalls hatte jemand gemacht, der viel durch Äthiopien gereist war und dort in abgelegenen Landesteilen zu tun hatte, wo man mit Englisch nicht mehr weiterkam. Wenn er in ein Dorf einfuhr, liefen die Leute zusammen, wie es vielerorts in Afrika geschieht, und dann waren fünfzig Augenpaare, oft auch mehr, erwartungsvoll und bisweilen mißtrauisch auf ihn gerichtet. Also hatte er sich zur Gewohnheit gemacht, zur Begrüßung eine kurze Ansprache auf Deutsch zu halten – und immer antwortete einer der umstehenden Äthiopier dann in seiner eigenen Sprache. So ging es wohl eine Weile hin und her, bis man miteinander warm geworden war und vielleicht gemeinsam ein Bier trinken ging. Daß keiner die Sprache des anderen verstand, spielte offenbar überhaupt keine Rolle – entscheidend war, daß man einander zu verstehen gegeben hatte: Ich erkenne dich als meinesgleichen an, egal, wie fremd du mir auf den ersten Blick bist. Einfach, indem ich das Wort an dich richte.

Gelungene Verständigung beginnt also damit, daß wir die Leute auf unsere Seite bringen. Daß wir sie, wie das

Fachwort heißt, für die Kommunikation erst einmal öffnen. Jedes Gespräch sollten wir deshalb so einleiten, daß unser Gegenüber etwas wie Anteilnahme verspürt. Eine Politesse, die gerade einen Strafzettel ausfüllt, mit den Worten zu überfallen: »Sagen Sie mal, was soll das denn werden?« oder: »Hey, was machen Sie denn da?«, ist nicht der Auftakt zu einem Gespräch, sondern zu einem Schlagabtausch. Wer dann auf taube Ohren stößt, braucht sich nicht zu wundern. Dabei gibt es ein einfaches Mittel, die Verständigungsbereitschaft zu wecken: das Grüßen.

Es kommt nicht von ungefähr, daß die Begrüßung bei vielen Völkern mit großem Aufwand betrieben wird. Selbst im Alltag kann es da zu regelrechten Begrüßungszeremonien kommen. Sie reichen von der förmlichen Verbeugung über wahrhaft zeitraubende Litaneien, die aus Erkundigungen nach dem Befinden auch der entferntesten Familienmitglieder bestehen, bis hin zu körperbetonten Prozeduren, in deren Verlauf unter wortreichen Beteuerungen Hälse umeinandergeschlungen oder Nasen aneinander gerieben werden oder Umarmungen und Küsse ausgetauscht werden. Alle diese Formen und Riten zeugen davon, daß man um die Bedeutung des ersten Kontaktes weiß, und alle erfüllen auf jeden Fall einen Zweck: sich als erstes seiner Anteilnahme und seines Respekts voreinander zu versichern. Damit beginnt jede Verständigung – und deshalb sollten wir das Grüßen nicht als Zeitverschwendung oder leeren Floskelkram abtun und auf ein Minimum reduzieren. Denn das, was uns vielleicht als das Unverbindliche erscheint, ist in Wirklichkeit das Verbindende.

Selbst wenn wir nichts weiter von anderen wollen – grüßen heißt beachten, und beachten heißt Achtung erweisen, weshalb ich nicht nur entgegenkommende Spaziergänger auf einsamen Waldwegen grüße, sondern auch Menschen, zu denen ich in einen Aufzug steige, oder Obdachlose, bevor ich ihnen ihre Zeitung abkaufe, oder Bettler, denen ich etwas in ihren Hut werfe.

Manche mögen einwenden, daß unter dem amerikanischen Einfluß auch bei uns eben ein informeller Umgangston eingezogen sei. Das halte ich weder für eine Entschuldigung noch für eine Erklärung des rüden Tons, der bei uns mancherorts herrscht. Gerade in den USA versteht man es nämlich sehr wohl, eine wenig förmliche mit einer freundlichen, aufmerksamen Art zu verbinden. Wir sollten uns eher fragen, ob es klug gewesen ist, im Zuge der überschwenglichen Gesellschaftskritik vergangener Tage eine sprachliche Säuberung zu betreiben, der so zentrale Begriffe wie der der persönlichen Ehre zum Opfer gefallen sind. Jetzt fehlt sie uns. Denn die Notwendigkeit von Respekt läßt sich kaum begründen ohne die Vorstellung, daß es im Umgang mit Menschen grundsätzlich darum geht, die Ehre des anderen nicht anzutasten. Die Menschenwürde oder die Menschenrechte, die den Platz der Ehre eingenommen haben, taugen im Alltag nicht, sie sind viel zu abstrakt.

Geben wir also der Ehre noch eine Chance, nehmen wir sie wieder »in Ehren« in unsere Sprache auf! Gewöhnen wir uns wieder an den Gedanken, daß man jemanden um seiner Ehre willen respektiert – und nicht, weil er besonders sympathisch oder unser Vorgesetzter oder reich oder schlau ist. Ein Schritt dahin wäre, zu grüßen, so oft sich die Gelegenheit ergibt. Denn mit jedem Gruß erweisen wir einander eine Ehre, auf die jeder von uns einen Anspruch hat, gleichgültig, ob er Bettler ist oder Chef.

11. Spielregel
Verständigung kann nur gelingen, wenn man den wichtigsten Zweck der Sprache nicht verfehlt, nämlich: sich gegenseitig seiner Ebenbürtigkeit zu versichern. Um den Inhalt einer Mitteilung geht es immer erst in zweiter Linie – in erster aber darum, auf welche Art man etwas sagt. Sprich deshalb immer so, daß du die Ehre des anderen nicht antastest!

Smalltalk, Plauderei und Schwätzchen

»Vor allen Dingen aber vergesse man nie, daß die Leute unterhalten sein wollen; daß selbst der unterrichtendste Umgang ihnen in der Länge ermüdend vorkommt, wenn er nicht zuweilen durch einen Witz und gute Laune gewürzt wird …«
Über den Umgang mit Menschen, 1, 1, 26

Wenn es eine Klage gibt, in die alle beherzt einstimmen können – Lehrer, Eltern, Arbeitgeber –, ist es die über den Verlust der Sprache bei jungen Leuten. In der Schule, so hört man, stoßen anspruchsvollere Texte auf Widerstand, Schiller ist aus dem Rennen, und für den Alltag reicht eine auf einfache Grundformen reduzierte Umgangssprache.

Dieser Sprachverlust trifft in der Tat den zentralen Nerv unserer Gesellschaft, weil das Gelingen von Verständigung eine leistungsfähige Sprache voraussetzt. Er läßt sich aber nicht der Jugend anlasten. Das gesprochene Deutsch seiner Schärfe, seiner Feinheit und aller Festlichkeit zu berauben, diese Arbeit hat bereits die vorangegangene Generation geleistet. Die gleichzeitige Anreicherung mit Anglizismen macht den Verlust nur noch schmerzlicher, denn sie entstammen einer leblosen Kunstsprache, die nie als Beitrag zu ernsthafter Verständigung gedacht war. Es sind Blähwörter, die größtenteils dem Glückskult der Werbung, des Konsums und der Unterhaltung entnommen sind. Chiffren für eine Gegenwart ohne Vergangenheit.

Ich meine, wir brauchen eine lebendige, mit geschichtlicher Erfahrung gesättigte Sprache – eine Sprache, die nicht auf das Format eines reinen Kommunikationsinstruments zurechtgestutzt ist. So einzigartig, so neu und anders ist unsere Zeit nämlich gar nicht, daß wir uns erlauben könnten, den Kontakt zur Vergangenheit kurzerhand abzubrechen. Es ist vielmehr ganz erstaunlich, wie viele Stimmen man bei einem Streifzug durch die Jahrhunderte vernimmt, die sich zu ihrer jeweiligen Zeit ganz ähnlich äußern wie wir zu unserer eigenen. Wer könnte wohl gemeint sein, wenn sich da einer über seine Zeitgenossen folgendermaßen äußert: »Die Menschen meiner Zeit haben nicht genug Herz, jemanden zurechtzuweisen, weil sie nicht genug Herz haben, sich zurechtweisen zu lassen, und jeder hält in Gegenwart anderer mit seiner Meinung hinterm Berg.«? Wir? Mitnichten. Das sagt der französische Essayist Michel de Montaigne, und der lebte 1533 bis 1596. Und welche Vertreter des Mainstream hat der Staatstheoretiker Adam Müller im Auge, wenn er die Bemerkung macht: »Indes finde ich besonders die heutige Generation so einförmig, so gleichartig ...«? Wiederum nicht uns, sondern seine Mitmenschen zu Beginn des 19. Jahrhunderts.

Lassen wir die Technik einmal beiseite, hat sich so viel offenbar nicht geändert, und im Licht älterer Texte schmilzt der Stolz auf die Einmaligkeit unserer Zeit schnell dahin. Erkaufen wir also nicht den Anschein einer besonderen Zuständigkeit für die Gegenwart mit dem Vergessen unserer Vergangenheit – besser, wir wissen, in welchen Traditionen wir stehen. Wer geschichtliche Zusammenhänge vor Augen hat, kann sich selbst und seine Zeit realistischer einschätzen als jemand, der allein seiner augenblicklichen Realität verhaftet ist. Schon um des besseren Selbstverständnisses willen brauchen wir also eine Sprache, die nicht bereits vor den anspruchsvolleren Autoren des 20. Jahrhunderts kapituliert.

Ganz abgesehen davon, daß Sprechen um so mehr Vergnügen bereitet, je besser wir uns in unserer Sprache auskennen. Wir genießen die Gesellschaft von Menschen, die sich ausdrücken können; es ergötzt uns, wenn jemand die Fähigkeit hat, die Dinge auf den Punkt zu bringen, es macht uns Spaß, wenn wir selbst sie besitzen. Und wir freuen uns auf jede Gelegenheit, nur zum Vergnügen zu reden. Bisweilen werden wir enttäuscht, haben beim Zuhören Qualen gelitten oder müssen uns selbst unsere Einfallslosigkeit eingestehen. Bei solchen Gelegenheiten merkt man, daß das Vergnügen nicht allein von der Sprachbeherrschung abhängt, sondern von dem gesamten Verhalten, das die Beteiligten im Lauf eines Gesprächs an den Tag legen.

Sicher, wir lieben es zwanglos und lassen gerade im alltäglichen Gespräch keine Regeln mehr gelten. Die Zeiten der Konversationstheorien sind vorbei, jener ausführlichen Anleitungen zur eleganten oder gefälligen oder pointierten Rede, die in der Renaissance aus den Lehrbüchern über Tischsitten hervorgegangen waren, mit denen im Mittelalter der Prozeß allmählicher Zivilisierung der Umgangsformen begonnen hatte. Diese Konversationstheorien sind mittlerweile wieder von Lehrbüchern über Tischsitten verdrängt worden, die sich fälschlicherweise als »Knigges« ausgeben. Ich finde, daß es sich dennoch lohnt, sich mit verschiedenen Gesprächsformen und Gesprächsstrategien zu beschäftigen und vor Fehlern zu warnen, die die Verständigung erschweren. Und die meisten Fehler können einem vielleicht beim Smalltalk unterlaufen.

Der Smalltalk gehört zu den heikelsten Kommunikationsformen. Einigen liegt er, vielen ist er verhaßt. Zahlreiche Briefe aus den 40er und 50er Jahren belegen, welches Grauen Cocktailpartys mit ihrem Zwang zum Smalltalk anfangs unter europäischen Auswanderern in den USA ausgelöst haben. Eine derart seichte Form der Unterhaltung war seinerzeit in Europa offenbar noch unbekannt – genauso wie der Zwang, ausschließlich über Dinge zu reden, die einen in keiner Weise interessieren. Inzwischen kommt auch bei uns fast jeder mal in die Verlegenheit, sich an Smalltalk beteiligen zu müssen. Deshalb einige Empfehlungen:

Die härteste Bewährungsprobe ist der Smalltalk, der zum Vorspann jeder Konferenz und zu geschäftlichen Empfängen gehört. Dabei gibt es eine sehr einfache Regel dafür: An der Oberfläche bleiben – unbeirrbar und unerbittlich! Einziger Sinn der Unterhaltung ist in diesem Fall uneingeschränkte Harmonie. Deshalb lautet das oberste Gebot: Keinen Mißklang erzeugen! Jeder muß allem jederzeit zustimmen können! Perfekte Smalltalker sind daher immer freundlich, immer verbindlich und dabei völlig unverbindlich. Aber nicht nur das. Sie verfügen über ein breites Spektrum an Themen, haben ein Repertoire von Anekdoten, nehmen eine Bemerkung im Zweifelsfall von der scherzhaften Seite und geben ihrem Gesprächspartner in jedem Augenblick das Gefühl, ein besonders geschätzter Teilnehmer der gerade laufenden Veranstaltung zu sein. Vielleicht werden wir nie zu diesen Experten gehören, aber wir werden unsere Sache jedenfalls nicht schlecht machen, wenn wir folgendes bedenken: 1. Jedes ehrlich gemeinte, persönliche Wort wäre fehl am Platz. Daß man Verärgerung und dergleichen Gemütszustände nicht zeigen darf, ist selbstverständlich. 2. Den Eindruck von Überheblichkeit sollte man auf jeden Fall vermeiden – also nicht sein Wissen herauskehren, keine lateinischen Zitate verwenden, den anderen auf keinen Fall durch Wissensfragen in Verlegenheit bringen! 3. Diskretion ist ein eisernes Gebot – also nicht über andere Personen aus dem gemeinsamen Umfeld sprechen, egal ob anwesend oder abwesend, und schon gar keine Namen fallen lassen! 4. Ironie wirkt überheblich und ist deshalb unangebracht; Selbstironie hingegen kommt gut an, weil sie als Zeichen von Souveränität gewertet wird.

Die Auswahl der Themen ist unter diesen Umständen begrenzt. Bilder und Kunstwerke eigenen sich als Anknüpfungspunkte, da kann man auf niedrigem Niveau ein wenig fachsimpeln; Autos sind ein unverwüstlicher Gesprächsgegenstand, zumindest unter Männern; Urlaub und Reisen sind beliebte Themen, wobei ein Vielgereister seinen Gesprächspartner nicht als Stubenhocker dastehen lassen darf. Angeber, die von ihren Designermöbeln oder ihrer Yacht reden, gibt es unter Smalltalkern zuhauf, machen hier aber eine genauso lächerliche Figur wie sonst auch. Und wer die Sprache auf Politik bringen will, sollte eine gute Nase für die politische Einstellung seines Gegenübers haben – sind wir in Fragen der Steuerpolitik anderer Meinung, sollten wir lieber das Thema wechseln als zu widersprechen. Kurzum: Beim Smalltalk muß man auf alles mögliche eingehen können, ohne etwas von sich preiszugeben.

Anders ist es auf Partys, wo uns die Gäste fremd sind. Hier darf, hier sollte man die Oberfläche ankratzen. Wer ein guter Beobachter ist, hat schon halb gewonnen. In der vertraulicheren Atmosphäre einer Party eignet sich nämlich praktisch alles zum Anknüpfungspunkt, solange man dem anderen nicht zu nahe tritt. Irgendeine Besonderheit des Raums zum Beispiel, ein Bild, ein Buch, eine Art-déco-Stehlampe. Oder das, was uns an einzelnen Gästen auffällt: ein ungewöhliches Kleidungsstück, eine ausgefallene Brille, ein besonders schönes Schmuckstück, das Abzeichen des Lions Club oder die Anstecknadel des Teckelvereins von Oer-Erkenschwik am Revers. Viele Menschen senden Signale aus, auf die sie angesprochen werden möchten, und jeder hat verschiedene Leidenschaften, über die er sich nur allzugern verbreitet. Spielen wir also auf die kleinen Dingen an, um ins Gespräch zu kommen – gehen wir mit einem Kompliment auf ein Kleid, mit dezenter Neugicr auf einen Armreif ein. Wir werden dann die Erfahrung machen, daß sich aus einer Anstecknadel eine ganze Lebensgeschichte ergeben kann, wenn man geschickt genug fragt.

Diese Regel trifft auf jede Form der Unterhaltung zu: Gespräche kommen durch Fragen in Gang und werden durch Fragen in Gang gehalten. Deshalb: Ein Thema anreißen und schauen, wie der andere reagiert! Herausfinden, wovon jemand etwas versteht! Auf vielversprechende Details einer Geschichte näher eingehen! Einhaken und es genauer wissen wollen – und auf jeden Fall ernsthaft zuhören! Es gibt praktisch keinen Gesprächsgegenstand, dem man nicht etwas abgewinnen könnte, wenn man die Oberfläche verläßt und ins Detail geht. Wie der Appetit manchmal beim Essen kommt, so stellt sich in der Unterhaltung irgendwann echtes Interesse ein, wenn man nur lange genug Neugier geheuchelt hat. Und wie löst man sich dann wieder voneinander? Jede glaubhafte Erklärung erfüllt ihren Zweck: daß man sich etwas zu essen besorgen möchte oder einen Bekannten unter den Gästen entdeckt hat, den man lange nicht gesehen hat; wenn man seine Entschuldigung dann noch mit der Frage verbindet, ob man später wiederkommen darf, um das Gespräch fortzusetzen, wird sich niemand zurückgesetzt fühlen. Grundsätzlich gilt: Initiative ergreifen, das Gespräch in die eigene Hand nehmen und steuern! Das Gelingen der Party nicht den Gastgebern oder dem Zufall überlassen! Langweilig sind nur solche Partys, bei denen wir die Unterhaltung lediglich über uns ergehen lassen und höchstens lustlos kommentieren, was gerade gesagt worden ist.

Die Plauderei könnte man für die europäische Variante des Smalltalk halten – aber der Unterschied könnte nicht größer sein! Smalltalk wird oft als Zwang empfunden, weil er keine Eigendynamik entwickelt und jeder Gesprächsbeitrag eine erneute Anstrengung erfordert. Die Plauderei hingegen entwickelt sich völlig zwanglos: Man überläßt sich seinen Assoziationen, streift ein Thema, wechselt zu einem anderen und überläßt sich fast willenlos dem plätschernden Fluß des Gesprächs. Seine Zeit verplaudern – das geht nur mit Menschen, die uns vertraut sind, und verlangt nach der Atmosphäre eines Kamin- oder Raucherzimmers, eines Cafés vielleicht noch. Hier wird der höchste Zweck des Gesprächs erreicht, nämlich reines Vergnügen zu bereiten. Weshalb sich für die Plauderei keine Regel aufstellen läßt, außer: Sich nicht ereifern und einander gelassen zu Wort kommen lassen.

Der Plauderei ist das Schwätzchen verwandt – also der mehr oder weniger kurze Wortwechsel mit Menschen, die der Zufall uns über den Weg führt. Wie kommt es dann aber, daß manche dem Schwätzchen aus dem Weg gehen, als ob Smalltalk drohen würde? Da wartet man hinter der Wohnungstür, bis die letzten Schritte im Treppenhaus verhallt sind, bevor man selbst hinaustritt; da wechselt man die Straßenseite, nur um jemanden nicht grüßen und womöglich ein Schwätzchen halten zu müssen; da läßt man sich in der Stadt auch von einem Bekannten nicht aufhalten und speist ihn mit einem kurzen Gruß ab; da herrscht in Läden und Kaufhäusern ein kurz angebundener, geschäftsmäßiger Ton; da nutzt man die Gelegenheit eines unvermuteten Zusammentreffens mit Fremden – sei es, daß man in der Straßenbahn aneinandergestoßen ist, sei es, daß einer Kundin neben uns ein Mißgeschick unterlaufen ist – nicht zu einer freundlichen Bemerkung, sondern behandelt diese Person wie Luft.

Das sind die Situationen, in denen wir Ausländern besonders deutlich den Eindruck vermitteln, daß wir uns lieber aus dem Weg gehen und nur geringes Interesse füreinander aufbringen. Zu viele Gelegenheiten, mehr als nur einen Hauch von Menschlichkeit ins öffentliche Leben zu bringen, lassen wir uns entgehen. Sind wir kontaktscheuer, befangener als andere? Glauben wir ernsthaft, es könnte sich jemand durch einen Blick, ein Lächeln, eine anteilnehmende Bemerkung belästigt fühlen? Ich jedenfalls glaube das nicht. Ich bin sicher, daß wir unserem Alltag mehr abgewinnen könnten, wenn wir den Menschen mehr abgewinnen könnten, die uns über den Weg laufen. Wenn wir außerhalb unserer eigenen vier Wände mehr Worte machen würden als unbedingt nötig. Wenn wir einen Verkäufer, eine Ärztin, einen Handwerker nicht nur in ihrer Funktion wahrnehmen würden, sondern als Menschen. Denn jeder läßt sich gern aus seiner Anonymität reißen. Jeder empfindet selbst kurze Augenblicke der Beachtung als wohltuend. Jede Verkäuferin fühlt sich als Mensch ernster genommen, wenn sie vollständiger Sätze gewürdigt wird, statt mit einer Kurzform unserer Wünsche abgespeist zu werden. Und jeder wohnt lieber mit aufgeschlossenen Hausbewohnern unter einem Dach, die sich grüßen und im Treppenhaus bisweilen auf ein Schwätzchen einlassen – ganz abgesehen davon, daß man so eine Vertrauensbasis herstellt, auf der sich die gelegentlichen Querelen unter Nachbarn leichter aus der Welt schaffen lassen.

Ich weiß, daß diese Form der spontanen Verständigung auf dem Land noch eher anzutreffen ist als in den Großstädten und daß es erhebliche Unterschiede zwischen, sagen wir, Westfalen und Sachsen, Pommern und Rheinländern gibt. Aber selbst in den Hochburgen der unbefangenen Rede laufen die meisten mit gesenkten Blicken aneinander vorbei. Der Zeitdruck! heißt es – und da ist sicher etwas dran. Aber der Zeitdruck ist bei manchem längst zu einer inneren Haltung geworden, die sein Verhalten auch ohne äußeren Druck prägt. Gewöhnen wir uns daran, nicht ununterbrochen an uns und unsere Verpflichtungen zu denken. Das kann man lernen. Schließlich tun wir uns selbst damit einen Gefallen. Wer mehr Worte als nötig macht, fühlt sich selbst besser, und angesprochen zu werden hinterläßt ein gutes Gefühl.

Wenden wir uns also aneinander – und wenn es nur darum geht, einen Rat, eine Auskunft, eine Information zu erbitten. Die meisten Menschen lassen sich gerne aufs Gespräch ein – um so lieber, wenn sie ihren Beitrag als Hilfe oder Gefälligkeit verstehen können. Und über weniges freuen sich Menschen mehr als über eine Gelegenheit, etwas von ihrem Wissen aufschimmern lassen zu dürfen. Warum nutzen wir dann unsere Sprache nicht häufiger dazu, Affektbrücken zwischen uns und anderen zu schlagen?

Also – mehr Mut zum Schwätzchen, bitte schön!

12. Spielregel
Lege Wert auf eine gute und reiche Sprache – und tu dir den Gefallen, sie häufiger einzusetzen. Jedes spontane, zweckfreie Gespräch hinterläßt ein gutes Gefühl. Gehe getrost davon aus, daß jeder Mensch gern angesprochen wird. Und keine Scheu vor Einladungen in Häuser, wo du vielleicht niemanden kennst – es kann nicht so schwer sein, mit anderen ins Gespräch zu kommen, wenn so viele Menschen finden, daß man zu wenig von ihnen weiß.

Die Macht der Blicke

»Wenn zwei Personen, die vor mir hergehen, leise miteinander reden, ohne meiner gewahr zu werden, so pflege ich einiges Geräusch zu machen, um mich von allem Verdachte, wie wenn ich sie beschleichen wollte, und sie von aller Verlegenheit zu befreien. So klein dergleichen Aufmerksamkeiten scheinen, so machen sie doch den Umgang angenehm und leicht.«
Über den Umgang mit Menschen, 1, 1, 50

Ist es nicht sonderbar, daß Menschen sich an bestimmten Orten ignorieren, an anderen aber zu erkennen geben, daß sie einander bemerkt haben? Daß sie sich in Aufzügen und Straßenbahnen oder auf wenig begangenen Waldwegen nicht zur Kenntnis nehmen – oder so tun, als ob –, in Kneipen oder Wartezimmern hingegen auf die Anwesenheit anderer reagieren, sei es durch Blicke oder durch Worte? Offenbar beurteilen wir jede Sphäre, in der wir uns bewegen, instinktiv nach ihrem Grad an Anonymität oder Intimität und verhalten uns entsprechend. Je anonymer, desto eher vermeiden wir Blicke und weichen ihnen aus, je intimer, desto eher lassen wir uns auf einen Blick- oder Wortwechsel ein. Das heißt aber auch: Je anonymer der Ort, desto eher neigen wir dazu, einen anderen Menschen nur als Körper wahrzunehmen, dem man ausweichen muß, gewissermaßen als Hindernis. Und je intimer der Ort, desto eher gestehen wir einem anderen ein Recht darauf zu, als denkendes und fühlendes Wesen beachtet werden zu wollen.

Aber wonach richten wir uns, wenn wir Orte nach ihrer Anonymität oder Intimität einstufen? Je offener, weitläufiger und bevölkerter, desto anonymer? Demnach wären ein Aufzug, ein U-Bahn-Waggon oder ein einsamer Waldweg also eher intime Orte? Trotzdem weichen wir Blicken dort besonders angestrengt aus. Vielleicht stört uns, daß diese Orte beides sind, öffentlich, also anonym, und zugleich vertraulich, also intim. Das irritiert. Was das angeht, haben wir offenbar gern klare Verhältnisse und tun alles, um die unbehagliche Intimität solcher Zwitterorte zurückzuschrauben. Umgekehrt verspürt allerdings kaum jemand das Bedürfnis, die Anonymität öffentlicher Orte ebenfalls zu reduzieren, etwa, indem er die Duschen eines städtischen Schwimmbads mit einem munteren »Guten Tag, allerseits!« auf den Lippen betritt oder »Grüß Gott« murmelt, wenn er neben jemandem in der Straßenbahn Platz nimmt. Man könnte daraus den Schluß ziehen, daß den allermeisten ein hoher Anonymitätspegel durchaus recht ist. Daß es vielen also lieb ist, andere Menschen möglichst lange nur als Körper wahrnehmen zu müssen und nicht als Personen.

Der Vorteil der Anonymität liegt offenbar in dem, was Fachleute den Präsenzvorbehalt nennen. Das ist der Wunsch, in der Öffentlichkeit die Illusion aufrechtzuerhalten, daß man genausogut nicht da sein könnte, wo man gerade ist. Wer durch andere hindurchsieht, möchte auch selbst nicht wahrgenommen werden, wer andere behandelt, als wären sie Luft, möchte selbst wie Luft behandelt werden. Der Vorteil? Wer eigentlich nicht da ist, braucht sich um nichts zu kümmern. Aus dessen Anwesenheit ist nichts weiter abzuleiten. Mit anderen Worten: Anonymität schützt, und zwar vor der Verpflichtung zur Stellungnahme. Wenn wir Blikken ausweichen und Worte vermeiden, geben wir allen anderen mithin zu verstehen: Komme, was da wolle, ich tue so, als wäre ich nicht da. Mit mir könnt ihr nicht rechnen. Laßt mich in Ruhe.

Gut, wir sind daran gewöhnt, daß jemand die U-Bahn-Türen aufreißt und blindlings hinausstürzt, haarscharf an allen Wartenden vorbei, niemanden eines Blickes würdigt und mit dem Schritt eines Menschen, der sich durch nichts aufhalten läßt, ohne nach links und rechts zu schauen davoneilt – das ist die Regel; und schließlich ist der Wunsch, an belebten Orten nicht von allen möglichen Leuten mit allem möglichen behelligt zu werden, ja nachvollziehbar. Wie kommt es dann aber, daß sich wildfremde Menschen nach dem Konzert einer lateinamerikanischen Sängerin beispielsweise beim Hinausgehen Blicke zuwerfen, auch längere Blicke, und plötzlich gar nichts mehr dabei finden, sich in die Augen zu sehen, im Gegenteil: Man kostet den Augenblick aus, in dem eine Barriere gefallen ist!? Liegt es daran, daß mit einem Mal ein seltenes Einverständnis unter diesen Konzertbesuchern herrscht – das Einverständnis, sich als seinesgleichen anzuerkennen? Daß man für diesmal das Gefühl hat, sich in Freundesland zu bewegen, während man sich gewöhnlich, auf U-Bahnhöfen zum Beispiel, auf Feindesland bewegt, in einer Atmosphäre versteckter Feindseligkeit?

Denn etwas Feindseliges hat es doch, dieses Ignorieren, dieses grußlose Aneinandervorbeirauschen, diese ausweichenden, abgewendeten Blicke – angesichts der unbestreitbaren Tatsache, daß wir gesehen, beachtet und zur Kenntnis genommen werden möchten, und zwar wohlwollend. Schon der Säugling versteht den Blick der Mutter als Bestätigung seiner Existenz: Sie blickt mich an, also bin ich. Und alte Menschen haben bisweilen das Gefühl, nicht mehr zu existieren, weil sie es nie mehr erleben, auf der Straße von Blicken getroffen zu werden. Während jeder von uns schon einmal erlebt hat, wie es einen erbost, wenn man übersehen wird, und sei es nur in der Bäckerei von der Verkäuferin. Wie schmeichelhaft dagegen festzustellen: Dieser Blick gilt mir. Ich bin gemeint.

Nein, es hat etwas Feindseliges, Verächtliches, wenn wir in der Öffentlichkeit nur noch auf Beachtung hoffen dürfen, solange wir möglichst viel nackte Haut zeigen, gepiercte Bauchnabel vorführen und Tattoos präsentieren. Eine Gesellschaft, die mit ihren Blicken freigebig umgeht, wird jedenfalls schon deshalb als menschlicher empfunden als eine, die mit Blicken geizt. Im kleinen Kreis empfinden wir diesen Gewinn an Menschlichkeit oft genug selbst – etwa in einer Runde am Kneipentisch: Wir sind angenehm berührt, wenn uns mitten im Gespräch immer wieder der Blick desjenigen trifft, der gerade spricht, und wir sind äußerst unangenehm berührt, wenn der Sprecher nur die anderen anschaut. Dann fühlen wir uns ausgeschlossen und herabgesetzt, lauern die ganze Zeit auf einen Blick und empfinden es als Demütigung, wenn er nie kommt. Bei jedem Gespräch in einer Gruppe sollten wir deshalb darauf achten, nicht nur einen Zuhörer oder immer dieselben anzuschauen, sondern unsere Blicke gerecht auf alle Teilnehmer verteilen. Wer vom Blick des Sprechers ausgeschlossen wird, fühlt sich irgendwann auch nicht mehr angesprochen – das gilt für Gespräche mit Kunden und bei Konferenzen oder Vorträgen genauso wie für private Unterhaltungen. Wenden wir uns also mit den Augen an alle Anwesenden, denn mit Blicken stellt man Gemeinschaft her! Daß man demjenigen, mit dem man gerade spricht, in die Augen schaut, versteht sich von selbst.

Das heißt, es versteht sich nicht von selbst. In anderen Kulturen kann der Blick in die Augen als ausgesprochen unhöflich empfunden werden. Unter Japanern beispielsweise ist es nicht üblich, sich beim Gespräch anzusehen, und japanische Geschäftsleute haben sich erst darauf einstellen müssen, bei Verhandlungen mit europäischen Geschäftspartnern den direkten Blick zu ertragen und zu erwidern. Und Chinesen deuten einen längeren Blickkontakt in der Öffentlichkeit als Einleitung von Feindseligkeiten; wenn sie aufmerksam erscheinen wollen, schauen sie aneinander vorbei. Tatsächlich haben Blicke eine beunruhigende Macht – ich erinnere mich da eines ganz unspektakulären, aber bezeichnenden Vorfalls. Ich stand mit einem Freund auf der Straße einer Großstadt, wir unterhielten uns, und ganz in der Nähe hatten sich Jugendliche auf Betonpollern niedergelassen. Wir schauten hinüber, als einer von ihnen eine leere Bierdose nahm und mit lässiger Geste auf die Fahrbahn warf. Mein Freund sah den Werfer daraufhin an, direkt in die Augen, ohne ein Wort zu sagen – ihre Blicke trafen sich, und wenige Sekunden später kapitulierte der junge Mann. Er erhob sich, las die Bierdose von der Straße auf und warf sie in den nächsten Abfallkorb.

Blicke muß man aushalten können. Ein Blick kann tief gehen und tief sitzen. Man kann über die Augen Macht ausüben, man kann mit Blicken zum Schweigen bringen oder bannen und entwaffnen – wie das Beispiel zeigt. Pädagogen empfehlen deshalb den Eltern schwieriger Kinder, nicht pausenlos auf sie einzureden, sondern sie eher schweigend, durch Blicke und Berührungen zu leiten. Und wer vor einem überschaubaren Publikum einen Vortrag zu halten hat, tut gut daran, seine Zuhörer am besten schon vor Beginn und dann immer wieder mal einzeln kurz ins Auge zu fassen und so aus ihrer Anonymität zu reißen – das erhöht die Aufmerksamkeit ganz wesentlich. Auch Machtverhältnisse werden über Blicke geklärt – wer in der Öffentlichkeit seine Blicke frei schweifen läßt, kann damit rechnen, daß die anderen zurückzucken und ihre Augen abwenden, und wer sich nicht vorschreiben läßt, wohin er blickt, strahlt Überlegenheit aus. In Filmen kommt es gelegentlich zum Blickduell, und derjenige, der dem Blick des anderen standhält, hat seine überlegene Willenskraft bewiesen.

Sich längere Zeit in die Augen zu sehen ist erfahrungsgemäß sehr anstrengend. Erwachsene, sagt man, halten keinen Blick länger als zehn Sekunden aus, wenn dabei geschwiegen wird – es sei denn, sie sind verliebt. Der unverwandte Blick kann als aufdringlich und schließlich unverschämt empfunden werden, wenn er ohne das Einverständnis des anderen geschieht – jemanden anzustarren sollten wir uns unter keinen Umständen erlauben. Ganz geheuer sind Blicke aber nie, weil sie stets die gewohnte Distanz zwischen Menschen aufheben. Wenn ein Blick jemanden unvorbereitet trifft, können im Augenblick des Blickkontakts womöglich Informationen privatester Natur übertragen werden. Jede Kultur muß sich deshalb darauf einigen, welche Bedeutung sie dem direkten Blick grundsätzlich beilegen will.

Bei uns ist es wohl so, daß man durch Hinsehen und Anschauen ein Einverständnis darüber herstellt, in irgendeiner Form in Beziehung treten zu wollen. Man signalisiert seine Kommunikationsbereitschaft und stellt, auf die denkbar ökonomischste Art, ganz ohne Worte, eine vorläufige Vertrauensbasis her. Das heißt: Durch Blicke – und vielleicht ein Lächeln – geschieht in kürzester Zeit ziemlich viel. Zunächst einmal versichern wir einem anderen so, daß wir ihn in den Kreis derer aufgenommen haben, die uns gerade wichtig sind. Wir stellen also eine gewisse Exklusivität der Beziehungen her, die beide Seiten sowohl in ihrem Selbstwertgefühl bestärkt als auch in dem Gefühl der Sicherheit, auf derselben Grundlage miteinander zu verkehren. Und gleichzeitig verleihen wir so unserer Erwartung Ausdruck, daß die Begegnung erfreulich verlaufen wird. Wir gewähren dem anderen also einen Kredit, kränzen ihn gewissermaßen mit Vorschußlorbeeren.

Manch einer scheint davon auszugehen, dies alles sei klar und selbstverständlich – weshalb sich Blicke und Lächeln auch erübrigen können. Aber es ist nicht klar und selbstverständlich. Nach Jahrtausenden der Erfahrung miteinander geht der Mensch nicht automatisch davon aus, daß der andere unbedingt und immer die freundlichsten Absichten hegt. Freund oder Feind? Das ist nach wie vor die Frage, auch wenn sie sich bei uns nicht mehr in derselben Schärfe stellt wie in anderen Gegenden dieser Welt. Im Süden Äthiopiens zum Beispiel schlägt sich diese Unsicherheit in der Bauweise traditioneller Häuser nieder. Es sind Rundhütten, die durch einen schlauchartigen Vorraum, eine Art Schleuse, betreten werden, wo der Hausherr zunächst einmal klärt, in welcher Absicht ein Besucher gekommen ist, bevor er ihn gegebenenfalls in den eigentlichen Wohnraum durchläßt. Wir klären das mit einem Blick, einem Lächeln, einem Gruß. Aber geklärt werden muß, dort wie hier.

Aus allen diesen Gründen sollten wir, wie ich meine, die Vorzüge der Anonymität, die eine gleichgültige Öffentlichkeit bietet, gegen die Nachteile abwägen. Die Verweigerung von Blicken bedeutet zweifellos einen Schutz vor Belästigung, und in einem Menschengedränge verliert der offene Blick jeden Sinn. Doch je nachdem, wie konsequent wir Blicke vermeiden, erzeugen wir eine Atmosphäre unterschwelligen Mißtrauens. Nicht nur, weil der stur gesenkte Blick zu verstehen gibt, daß man anderen von der Kontaktaufnahme abrät, weil man seinerseits keinerlei Wert darauf legt. Die finstere Entschlossenheit, fremd bleiben zu wollen, entzieht dem öffentlichen Leben auch all jene Zeichen der Achtung und Beachtung, nach denen wir uns im allgemeinen sehnen. Und gleichzeitig bringt uns diese Gleichgültigkeit um den Resonanzboden einer Gesellschaft, in deren Blicken wir uns wiedererkennen könnten – mit dem Ergebnis, daß jeder einzelne sich wie in einem isolierten Raum bewegt, sobald er auf die Straße tritt.

Jeder Blick aber, jedes Lächeln, jeder Gruß ist ein Bekenntnis zur eigenen Anwesenheit, mit allen Konsequenzen, die sich daraus ergeben, nämlich der Bereitschaft, Interesse für das aufzubringen, was um uns her geschieht, und gegebenenfalls auch Stellung zu beziehen. Schauen wir uns also an, grüßen wir auch, wenn wir an einem Wirtshaustisch neben anderen Leuten Platz nehmen, jemandem auf einem ansonsten menschenleeren Gang begegnen oder ein Zugabteil betreten. Tauschen wir die uralten Signale aus, mit denen man zu erkennen gibt, daß man sich wahrgenommen hat und respektiert. In manchen Fällen kann das sogar ein Hüsteln sein – wie das Zitat von Adolph Freiherr Knigge über diesem Abschnitt wohl verstanden werden darf.

13. Spielregel
Der Mensch will nicht nur selbst sehen, sondern auch von anderen gesehen und beachtet werden. Deshalb sollte man nicht mit heruntergelassenem Visier durch die Welt laufen, sondern durch Blicke, Lächeln und Grüßen zum Ausdruck bringen, daß man den anderen wohlwollend zur Kentnis nimmt.

Einer muss in Führung gehen? – Über Konkurrenz und Konflikte

Freie Bahn dem Eigennutz?

»Ich möchte gern, daß man Stolz für eine edle Eigenschaft der Seele ansähe; für ein Bewußtsein wahrer innrer Erhabenheit und Würde; für ein Gefühl der Unfähigkeit, niederträchtig zu handeln … Hochmut hingegen brüstet sich mit Vorzügen, die er nicht hat, bildet sich auf Dinge etwas ein, die gar keinen Wert haben.«
Über den Umgang mit Menschen, 1, 3, 5

Gibt es Menschen, denen völlig gleichgültig ist, was man von ihnen hält? Ich jedenfalls frage mich manchmal, was die Gefährten meines Lebens nach meinem Tod über mich sagen werden, wenn sie gelegentlich zusammensitzen. Woran werden sie sich erinnern? Für wen werden sie mich im nachhinein halten? Wie wird ihr Urteil über mich ausfallen? Wenn ich dann weiterphantasiere, wird mir klar, welches Urteil mir selbst am liebsten wäre, was ich selbst gern über mich hören würde, könnte ich noch dabeisitzen.

Vermutlich bin ich nicht der einzige, der dieses Gedankenspiel betreibt. Wahrscheinlich haben die meisten eine

Vorstellung davon, wer sie im Leben sein oder gewesen sein möchten – zumindest in den Augen der anderen. Wird für die, die uns überleben, wirklich noch eine Rolle spielen, wie ungeheuer erfolgreich wir gewesen sind? Wie raffiniert, energisch und konsequent wir unsere Karrierepläne verfolgt haben? Oder werden sie über ganz andere Dinge sprechen, die sie, im Guten wie im Schlechten, an uns bemerkenswert gefunden haben?

Wenn wir uns an die Todesanzeigen halten, stellen wir fest, daß Erfolge schnell verblassen. Selbst bei denen, deren Todesanzeigen zwei ganze Seiten in der Tageszeitung einnehmen, werden fast ausschließlich Charaktereigenschaften wie Großzügigkeit, Integrität, Aufgeschlossenheit, Ausstrahlungskraft und Warmherzigkeit gewürdigt. Offenbar sind wir uns nach wie vor darüber einig, daß es die menschlichen Qualitäten sind, die über den Tod hinaus erwähnenswert bleiben – doch wohl deshalb, weil sie einen Menschen mehr als alles andere ausgemacht haben, weil er durch diese Eigenschaften am stärksten auf seine Mitmenschen gewirkt hat. Das könnte sich in Zukunft ändern. Wahrscheinlich brauchen wir nicht mehr lange auf Todesanzeigen etwa folgenden Inhalts zu warten: »Seine Konkurrenten hat er mit einer Gerissenheit aus dem Weg geräumt, die ihm von allen Seiten Hochachtung eingetragen hat. Sein Kalkül ist immer aufgegangen. Wenn es sein mußte, konnte er jede moralische Qualität vortäuschen. Bis zuletzt hat er sich zu den Siegern zählen dürfen.«

Nur Geduld, wir werden es erleben. Denn sie ist längst gesellschaftsfähig, die neue Vorstellung vom gelungenen Leben. Ihre Prediger füllen die größten Säle. Ihre Bücher vermodern nicht in den Lagern des Großhandels. Ihre Anhängerschaft wächst unaufhaltsam. Und ihre Botschaft lautet: Das Leben ist ein mitleidloser Machtkampf! In diesem Spiel gibt es nur Sieger und Verlierer, Überlebende und Gescheiterte! Dein Nebenmann ist dein Konkurrent – serviere ihn ab, deklassiere ihn, buttere ihn unter! Höflichkeit und Respekt sind nichts als Kriegslisten. Nur wer Macht besitzt, ist glücklich! Nur Sieger genießen das Leben! Also keine falsche Pietät. So läuft das in der Wirtschaft, so muß es auch in der Gesellschaft laufen. Ihr wollt doch glücklich werden? Na, bitte!

Und das verfängt. Dafür gibt es einen augenfälligen Beweis. Nein, ich meine nicht die zahllosen Fernsehshows und Gewinnspiele, die ohne Unterlaß Sieger und Verlierer produzieren, ich meine nicht die Werbung, die uns verschwitzte, staubverklebte oder lässig zurückgelehnte Sieger ohne Ende beschert. Wer eine Vorstellung davon bekommen will, wie populär das Konkurrenzprinzip inzwischen ist, wie selbstverständlich, der schaue sich die Farben der Autos auf unseren Straßen an. Erinnern wir uns noch, wie bunt das Straßenbild in den siebziger Jahren war, wie groß das Spektrum der Lackfarben? Und heute sind unsere Autos zumeist schwarz oder silbern – kalte, seelenlose Farben mit einer unmißverständlichen Aussage. Schwarz heißt: Ich bin bedeutender als du. Silbern heißt: Ich bin schneller als du. Da hat sich der Geschmack dem Denken angepaßt, und das Denken kreist offensichtlich vor allem um die eine Sorge: mithalten können, und wenn möglich übertreffen, übertrumpfen. Unser erster Sieg mag immer noch auf sich warten lassen. Ein Quentchen Siegerimage hätten wir schon.

Nun verdanken wir unseren Wohlstand einem Wirtschaftssystem, das auf dem freien Spiel der Marktkräfte, also auf Wettbewerb beruht. Konkurrenz belebt nicht nur das Geschäft, sie ist das Grundgesetz unseres wirtschaftlichen Handelns. Und es hat sich bewährt. Etwas ganz anderes sind die neoliberalen Trompetenstöße, mit denen freie Bahn für den entfesselten Eigennutz gefordert wird, jene Lehre von den Selbstheilungskräften des Marktes, die uns von allen traditionellen Beziehungen und Verpflichtungen entbinden will und den nackten Egoismus heiligt. Und wieder etwas anderes ist eine Erfolgsstrategie, die die niedrigsten Instinkte anspricht, Gier und Geiz gesellschaftsfähig macht und nur eine Glücksgarantie kennt: das rücksichtslose Anstreben von Machtpositionen. Demnach wären wir füreinander stets und überall Konkurrenten und um so glücklicher, je mehr von diesen Konkurrenten wir aus dem Rennen geworfen hätten. Falsches Spiel, Verstellung, Kriegslisten – all dies wäre nicht nur erlaubt, sondern unumgänglich, wenn wir zu den Erfolgsmenschen, den Gewinnern gehören wollen.

Fast könnte man ein gewisses Verständnis für Leute aufbringen, die der Faszination solcher Verheißungen erliegen. Denn dieser schrankenlose Kapitalismus fordert etwas. Er fordert den ganzen Menschen. Er verlangt Einsatz. Er verbindet Askese mit der Aussicht auf außerordentliche Belohnung und Selbstdisziplin mit der Hoffnung auf Erlösung aus der Normalität der Sozialversicherten. Eine solche Perspektive muß den Tatendrang von Menschen wecken, die in anderen Lebensbereichen kaum noch die Erfahrung machen, daß Forderungen an sie gestellt werden, und es furchtbar leid sind, jede Schwierigkeit aus dem Weg geräumt zu bekommen. Endlich bietet sich hier ein Betätigungsfeld, auf dem sich Lebensenergie und Optimismus entladen können!

Das Problem ist nur: Sollte sich diese Art Erfolgsmensch weiter vermehren, wird sich die Gesellschaft in ein Haifischbecken verwandeln (wobei wir den Haifischen mit diesem Vergleich unrecht tun). Der neoliberale Erfolgsmensch muß vor seinesgleichen ständig auf der Hut sein. Höflichkeit und Respekt sind für ihn nur besonders raffinierte Formen des Machtstrebens. Im Grunde existieren für ihn weder Tugenden noch Charakter – es gibt nur Strategien, List und Kalkül. Aus seiner Sicht sind alle gleichermaßen charakterlos, und alle verfolgen – eingestandener- oder uneingestandenermaßen – dasselbe Ziel: sich gegenseitig auszuschalten.

So sei die Welt, so sei das Leben, heißt es. Ein Bürgerkrieg. Das ist schlicht und ergreifend falsch. Dergleichen können nur Menschen behaupten, die mit ihrem Latein am Ende sind und sich keinen anderen Rat mehr wissen, als mit den Wölfen zu heulen. Die Wirklichkeit des Lebens besteht nicht nur aus Gehaltspoker, Vertragsabschlüssen und Übernahmeabwehrschlachten. Und selbst wenn das Geschäftsleben bisweilen bürgerkriegsähnliche Züge annimmt – ein Grund mehr, uns nicht in einen Macht- und Karriererausch versetzen zu lassen. Realitäten anzuerkennen heißt nicht, vor ihnen zu kapitulieren! Niemand kann uns zwingen, eine Glücksrittermentalität anzunehmen und zu glauben, der Hauptgewinn rechtfertige jeden Einsatz, auch den der eigenen Menschlichkeit. Und niemand sollte so töricht sein, sich von den Machtmenschenmethoden tatsächlich Erfolg zu versprechen.

So unterschlagen die Machtprediger zum Beispiel, daß wir mit Unaufrichtigkeit und Arglist über kurz oder lang unser Ansehen verspielen und uns privat wie gesellschaftlich unmöglich machen. Wird ein Täuschungsmanöver entdeckt, bringen wir Kollegen und Vorgesetzte gegen uns auf und können einpacken. Aber schon kleine Tricks und Finten können uns in den Ruf eines Ehrgeizlings bringen, und solchen Leuten mißtraut man. Die werden von Informationen ausgeschlossen, die dürfen nicht auf Entgegenkommen rechnen und stehen, wenn es hart auf hart kommt, ohne Verbündete da. Wer ein unverkrampftes Verhältnis zum Erfolg an den Tag legt, wer seine beruflichen Aufgaben eher als sportliche Herausforderung versteht, kommt leichter zum Ziel – einmal, weil ihm der Erfolg eher gegönnt wird, und zum anderen, weil er als Konkurrent weniger ernst genommen wird. Niemand verkörpert in meinen Augen diese entspannte Einstellung zum Erfolg überzeugender als der erfolgreichste Langstreckenläufer der letzten Jahre, der Äthiopier Gebre Haile Selassi. Wenn man sieht, wie er mit einem strahlenden Lächeln an den Start geht, als erwarte ihn ein harmloses, kleines Vergnügen, während die Mienen seiner Konkurrenten sich zusehends verfinstern, dann gibt es keinen Zweifel, wem man den Sieg wünscht. Und wenn man erlebt, mit welcher souveränen Herzlichkeit er nach einer Niederlage dem Sieger gratuliert, dann ist keine Frage, wem man den Sieg gegönnt hätte. Wer so viel menschliche Größe besitzt, hat die Sympathien auf seiner Seite und bleibt von Neid verschont.

Sodann ist es bedeutend klüger, andere unter dem Blickwinkel ihrer Nützlichkeit als ihrer Schädlichkeit zu betrachten. Nützen können uns andere aber nur, wenn sie im Rennen bleiben, wenn wir uns ihnen auch selbst nützlich machen. Mit anderen Worten: In den meisten Fällen profitieren wir mehr von einer ersprießlichen Zusammenarbeit als davon, Konkurrenten auszuschalten. Hier liegt überhaupt einer der gravierendsten Irrtümer der Machtprediger: Sie tun so, als ginge es stets um die eigene Person und ihren unmittelbaren Vorteil. Oft geht es aber um die Sache.

Um ein Projekt, das uns am Herzen liegt, ein Produkt, von dem wir uns etwas versprechen, eine Unternehmung, von der viel abhängt. Da muß man dann andere für sich und die Sache gewinnen, einfach, weil man sie braucht. In dem Augenblick aber, in dem unsere Mitarbeiter Anlaß haben, sich ausgenutzt zu fühlen, ist es um ihre Bereitschaft zur Zusammenarbeit geschehen.

Kaum etwas verpestet unser Denken im übrigen mehr als die Vorstellung, es gehe im Leben unaufhörlich um Sieg oder Niederlage. Da hat sich die Wirtschaft ein Bild aus der Welt des Sports ausgeliehen, um hochmotivierte Einzelkämpfer ins Rennen schicken zu können, bereit, bis an die Grenzen ihrer physischen Leistungsfähigkeit zu gehen. Inzwischen dient dieses Bild dazu, jedes Gefühl von Solidarität zu ersticken und wirtschaftliche Kategorien wie Konkurrenz und Effizienz auf alle Lebensbereiche auszudehnen. Doch davon abgesehen – ist es wirklich ein so erhebendes Gefühl, als einziger Sieger von lauter Jammergestalten umgeben zu sein, die das Nachsehen haben? Und muß man sich wirklich elend fühlen, wenn man mal eine Niederlage einstecken mußte? Was wir tatsächlich als Erfolg verbuchen können, das zeigt sich ohnehin oft erst nach einer Weile. Das Infame am Erfolg ist nämlich, daß er uns über kurz oder lang ins Verderben stürzen kann – dann nämlich, wenn er uns zu Kopf steigt. Denn Erfolge muß man wie Niederlagen wegstecken können, sonst machen sie leichtsinnig und überheblich. Auf Dauer Erfolg haben, das können nur die wenigsten.

Nichtsdestoweniger sind viele davon überzeugt, nur als ausgekochte Schlawiner oder eiskalte Machtstrategen vorankommen zu können. Wie jener Freund, der mir kürzlich sagte: »Wenn ich an diesem Punkt meiner Karriere weiterkommen will, dann muß ich auch mal Schwein sein.« Und so falsch ist das ja gar nicht. Schließlich erleben wir immer wieder, daß unverfrorene Zeitgenossen mit ihrer Ellenbogentaktik durchkommen – und niemand sich ihnen entgegenstellt. Da heißt es dann: Der Klügere gibt nach; man läßt den Kerl gewähren und sieht ihm nur fassungslos nach. Niemand läßt ihn spüren, was man von ihm hält, eingeschüchtert überläßt jeder dem Platzhirsch das Feld. Meiner Erfahrung nach machen die meisten einen Rückzieher, sobald man ihnen ihre Dreistigkeiten nicht durchgehen läßt. Bisweilen reicht es schon, auf ein Ansinnen mit der knappen Frage »Meinst du das wirklich ernst?« oder »Habe ich dich richtig verstanden?« zu reagieren, und dem Platzhirsch ist das Geweih gestutzt. Wir müssen nur den Mut dazu aufbringen.

Damit plädiere ich nicht dafür, Betriebe in konkurrenzfreie Komfortzonen zu verwandeln. Wer mithalten will, muß sich auf Wettbewerb einlassen, muß konkurrenzfähig sein. Ich habe nur den Verdacht, daß genau dies auf die Machtprediger und ihre Anhängerschaft nicht zutrifft. Konkurrieren und Konkurrenten ausbooten ist nämlich zweierlei. Wenn es einem vordringlich darum geht, Mitbewerber aus dem Weg zu räumen, dann kann man sich jedenfalls nicht auf ein Wirtschaftssystem berufen, das auf dem Konkurrenzprinzip beruht. Wer den Kapitalismus ernst nimmt, müßte sich dem Wettbewerb stellen – und, wenn er Erfolg haben will, Eigenschaften mitbringen, die in Todesanzeigen Erwähnung finden könnten.

14. Spielregel

Wer überall Konkurrenten sieht, der macht sich überall Feinde – und findet sein düsteres Weltbild bestätigt. Konkurrenzfähigkeit hat min-

destens ebensoviel mit Fairneß, Vertrauenswürdigkeit und der Bereitschaft zur Zusammenarbeit zu tun wie mit Raffinesse und Durchsetzungsvermögen. Der nackte Eigennutz macht blind und dumm.

Einer darf gewinnen

»Es ist unmöglich, sich von gewissen Leuten geliebt zu machen, und da kann es nicht schaden, wenn diese uns wenigstens fürchten.«

Über den Umgang mit Menschen, 1, 3, 19

Darf man so kompromißlos gewinnen wollen? Den anderen haushoch besiegen – und dann womöglich seinen Sieg noch bejubeln? Erlebe ich nicht soeben einen unschönen Ausbruch von Aggressivität? Derlei Gedanken werden ihr durch den Kopf gegangen sein, jener Sportlehrerin, die mir erzählte, sie habe das Basketballspiel zweier Schülermannschaften beim Stand von 31 zu 6 abgebrochen. Sie habe es nicht mehr mitansehen können. Die bessere Mannschaft hatte ihren Ehrgeiz nämlich trotz des Vorsprungs keineswegs gezügelt, es sah ganz danach aus, als wollte sie noch höher gewinnen, und da war sie eingeschritten und hatte den atemlosen Kämpfern erklärt, daß der Sieg nicht das Wichtigste sei, daß es mehr auf die Schönheit des Spiels ankomme und daß man Verlierer nicht demütigen dürfe.

Man könnte den Vorfall als die Geschichte eines rührenden Mißverständnisses verbuchen, wäre diese Sportlehrerin nicht eine von vielen. Eine von vielen – nicht nur Lehrerinnen –, die eine sanftere Gesellschaft auf ihre Fahnen geschrieben haben und gegen die tausendfältigen Erscheinungsformen stets männlicher Aggressivität zu Felde ziehen. Den Streitbarsten unter ihnen entgeht schon bei den

Kleinsten kein Anzeichen einer künftigen Gewaltkarriere. Jede Rempelei auf dem Schulhof muß da als Beweis für die Gewaltbereitschaft der Knaben herhalten, jede Hänselei gilt als Ausdruck einer angeborenen Unterdrückermentalität, und jedes Konkurrenzgebaren wird mit äußerster Mißbilligung quittiert. Die Vorkämpferinnen einer gewaltlosen Gesellschaft machen keinen Hehl daraus, daß ihnen »männlicher« Siegeswille nicht geheuer ist, und manche halten es – wie man gelegentlich hört – für ihre Aufgabe, Jungen einer regelrechten Zähmung zu unterwerfen, einer Art Umerziehung, die deren Sozialverträglichkeit auf weibliches Niveau anheben soll.

Ich überlasse es den Frauen selbst, sich gegen das verniedlichende Frauenbild zu verwahren, von dem sich die Propagandistinnen einer sanfteren Welt leiten lassen. Ich möchte aber vor dem Versuch warnen, die Gesellschaft zu verbessern, indem man ihr Harmonie verordnet. Zum einen, weil sich der Mensch – nicht nur der männliche – gelegentlich austoben muß, am besten natürlich in zivilisierter Form, wie sie der sportliche Wettkampf darstellt. Hier darf dann aber auch ein unbedingter Siegeswille zum Zuge kommen, solange sich jeder an die Regeln hält. Man versteht den Sport falsch, wenn man ihn nicht als Wettkampf, sondern als Zeitvertreib aus reiner Spielfreude ansieht. Gewinnen wollen, kämpfen wollen, den Gegner wenn möglich vorführen wollen, ist Sinn der Sache. Ganz zu schweigen von der beglückenden Erfahrung, sich als einzelner im Team zu behaupten und gemeinsam mit seinen Mannschaftskollegen die ganze Gefühlsskala von der Ekstase bis zur Depression zu durchlaufen. Wer da nicht mit vollem Einsatz spielt, begeht nicht nur an seiner Mannschaft Verrat, sondern auch am Gegner und am Zuschauer.

Ich jedenfalls spiele ungern gegen jemanden, der nicht gewinnen will. Wer freut sich schon über einen geschenkten Sieg? Ich finde aber auch das Spiel gegen überlegene Gegner nicht entmutigend – ein glücklicher Sieg nach vielen Niederlagen hat dann das zehnfache Gewicht. Dieser Stolz auf die eigene Leistung, diese Freude über die Anerkennung durch andere ist in keiner Weise anrüchig. Lassen wir uns also von den Harmoniebeschwörern und -beschwörerinnen nicht einreden, unsere Siegesfreude würde in Wirklichkeit einen bösartigen Vernichtungswillen verraten. Und lassen wir uns von ihnen nicht den Wunsch ausreden, besser sein zu wollen, im Sport wie im Leben. Vor allem aber: Versuchen wir, klüger zu sein! Denn ihr Widerwille richtet sich nicht allein gegen jegliche Form von Wettbewerb oder die sündige Lust am Siegen, sondern gegen offen und womöglich scharf ausgetragene Konflikte ganz allgemein. Und an dieser Stelle wird die um sich greifende Harmoniesucht regelrecht bedrohlich, weil sie eine in Jahrhunderten gewachsene, unverzichtbare Kultur des Streitens gefährdet.

Wer Konkurrenz verwerflich findet, wird Konflikte natürlich erst recht zu unterbinden trachten. Ein sinnloser Versuch? Weil Konflikte dann einfach weiterschwelen? Wohl wahr – und dennoch beängstigend erfolgreich. Ein Klima unbeirrbaren Einverstandenseins hat sich breitgemacht, und das nächste Beispiel ist deshalb ebenso beängstigend wie alltäglich. Ein Mann, streitlustiger Atheist, an religiösen Fragen gleichwohl interessiert, hatte ein polemisches Buch über die Anfänge des Christentums gelesen, das Jesus Christus als billigen Magier entlarvt. Bei nächster Gelegenheit trug er diese These in einem größeren Kreis vor – zuversichtlich, daß der eine oder andere der Anwesenden sich zur Verteidigung der Gründergestalt des Christentums herausgefordert fühlen würde. Aber nichts da – alle waren derselben Meinung! Der Mann formulierte schärfer, spitzte seine These zu – vergeblich. Jeder, erzählte er mir mit einem ungläubigen Lächeln, jeder hatte es schon gewußt oder zumindest geahnt.

Man sagt lieber nichts. Man könnte einander ja weh tun. Irgend jemand könnte auf die Idee kommen, Widerspruch als Feindseligkeit zu mißdeuten. Lieber alles ungerührt hinnehmen, solange keine Tabus verletzt werden. Wundert es da, daß unsere Politiker ihr Volk wie schlafende Hunde behandeln? Kaum stellt sich ein Problem von brennendem Interesse, konfliktträchtig, Zündstoff für heiße Diskussionen, überläuft sie eine Gänsehaut, und geradezu flehentlich heißt es dann: Nur ja aus der Diskussion heraushalten! Bloß keine Emotionen schüren! Kontroversen? Warum nicht? Aber bitte nur über Themen, die das Volk kaltlassen!

Warum eigentlich wird von uns ewig dieselbe Gemütsruhe erwartet? Weil wir explosiv sind, kühl gelagert gehören und auf keinen Fall gerüttelt werden dürfen? Gilt es ständig, Schlimmeres zu verhüten? In diesem Fall hätten die unablässigen Mäßigungsappelle ihr Ziel längst verfehlt, denn die trügerische Harmonie, die sich auf unser Land gesenkt hat, gehört selbst zum Schlimmsten, was eintreten konnte. Mit der Streitlust ist uns nämlich auch die Fähigkeit zum Streiten vergangen – mit dem Erfolg, daß harmlose Konflikte immer häufiger eskalieren und in unkontrollierte, mörderische Gewalt ausarten, daß die Gerichte mit Streitfällen eingedeckt werden, die man eigentlich unter sich ausmachen könnte, und Mobbing zu einer Art Volkssport geworden zu sein scheint. Wer verhindern will, daß Konflikte eskalieren, der müßte streiten können, der müßte sich also genauso in der Kunst des Streitens üben, wie sich Sporttreibende in der Fähigkeit üben, siegen und verlieren zu können. Schwelende Konflikte brechen unvermeidlich irgendwann aus, und dann wissen wir Harmoniegeschädigten uns nicht anders mehr zu helfen, als uns hilfesuchend an die nächste väterliche oder mütterliche Instanz zu wenden – und auf der nächsten Betriebsratssitzung heißt es dann wieder im Tonfall tiefer Besorgnis: »Wir haben da einen Mobbing-Fall.«

Das Mobbing, scheint mir, eignet sich besonders gut dazu, die Auswirkungen unserer gesellschaftlichen Harmonielehre zu illustrieren. Niemand bezweifelt, daß es unter Kollegen und Vorgesetzten tatsächlich unangenehme Zeitgenossen gibt. Doch längst ist das Mobbing zum Druckmittel gegen unliebsame Mitarbeiter geworden, gegen Kollegen, die von einem Recht auf Ungestörtbleiben nichts wissen wollen, das offene Wort der Intrige vorziehen und unverdrossen darauf beharren, daß es bei der Arbeit auch um die Sache gehen kann. Wie das funktioniert? Nur zwei Beispiele. E., eine junge Frau mit besten Zeugnissen, ist neu in der Presseabteilung einer großen Behörde. Von Beginn an setzt sie alles daran, andere für sich arbeiten zu lassen. E. will Zeit sparen und gleichzeitig blendend dastehen. Sie schaltet die ganze Abteilung und ihren großen Bekanntenkreis ein und verteilt Aufgaben. Sie wittert, wo sie Informationen abzweigen kann. Sie klaut Ideen. Den Rest holt sie sich aus dem Internet, gibt keine Quellen an und verkauft alles, was auf diese Weise zustande gekommen ist, als eigene Arbeit. Nichts, was sie abliefert, ist von ihr. Wiederholt wird sie darauf aufmerksam gemacht, daß derart unseriös recherchiertes Material die Abteilung nicht verlassen darf. Zunächst weint sich E. bei Kolleginnen aus, die neutral zu bleiben versuchen, beklagt sich, schlecht behandelt zu werden, weil andere nicht ertrügen, wie gut sie ist. Als es ihr so nicht gelingt, Verbündete zu gewinnen, erhebt sie gegen ihre lästigste Kritikerin den Vorwurf, sie zu mobben.

Im nächsten Fall teilen sich zwei Kolleginnen ein Büro. F., die neu hinzugekommen ist, stellt der anderen Bedingungen, die unakzeptabel sind: Das Büro muß verdunkelt werden, kein Tageslicht darf hereinfallen, Telefonate sollen nur im Flüsterton geführt werden und dergleichen mehr. Nicht einmal einen Apfel darf die Kollegin in ihrer Gegenwart essen, weil sie das widerlich findet. Ganz offenbar will F. auf diese Weise ihren Anspruch auf ein eigenes Büro durchsetzen. Als die Kollegin sich ihren Bedingungen nicht unterwirft, wird sie von F. wegen Mobbings angezeigt.

Der Tag, an dem Sozialpsychologen das Mobbing erfanden, mag für die Harmonisierer ein guter Tag gewesen sein. Für alle, die daran glauben, daß man Konflikte untereinander offen und gegebenenfalls unnachgiebig auf die Regeln pochend austragen sollte, war es ein schlechter Tag. Wie in allen anderen Lebensbereichen hat das Harmoniebedürfnis auch am Arbeitsplatz vor allem Konfliktscheu und Duckmäusertum gefördert. Sosehr also die Klugheit gebietet, bei diesem großen Kleinbeigeben nicht mitzumachen, sosehr verlangt sie aber auch, sich die eigene Strategie von Fall zu Fall genau zu überlegen. Steht etwa zu befürchten, daß man uns Mobbing anhängen könnte, sollten wir mit der betreffenden Person wenn möglich nicht mehr unter vier Augen sprechen – nur wenn wir Zeugen haben, sind wir einigermaßen davor sicher, daß uns das Wort nicht im Mund herumgedreht wird. Bisweilen kann es erforderlich sein, nur noch schriftlich, per E-Mail mit ihr zu verkehren, um jederzeit beweisen zu können, daß unser Ton korrekt und keine böse Absicht im Spiel gewesen ist. Im übrigen müssen wir Leuten, die der Ehrgeiz oder der Eigennutz skrupellos macht, von Anfang an Grenzen ziehen. Je eher sie merken, daß sie bei uns auf Granit beißen, desto besser.

Wo man aber selbst nicht unmittelbar betroffen ist, verhalte man sich so lange wie möglich neutral! Auf keinen Fall sollten wir in Klagen über Chefs oder Kollegen einstimmen, mit denen man sich vertraulich an uns wendet. Geben wir in diesem Fall, ohne unhöflich zu werden, zu verstehen, daß wir uns heraushalten möchten, oder flüchten wir uns zur Not in Einsilbigkeit. Wer auf der Suche nach Verbündeten ist, sollte bei uns so lange kein offenes Ohr finden, wie wir mit der Sachlage nicht bestens vertraut sind, und wer mit seiner hochentwickelten Sensibilität argumentiert, müßte bei uns an der falschen Adresse sein. Ansonsten aber empfehle ich, vor Konflikten nicht zurückzuschrecken – selbstverständlich immer mit dem Ziel, sich gütlich zu einigen.

Dieser Rat gilt in allen Lebensbereichen. Da war eines Tages ein neuer Nachbar über mir eingezogen, und von Stund an hallte meine Wohnung von Heavy-Metal-Musik wider. Ich gab ihm zwei Tage Zeit – vielleicht weihte er auf diese Weise ja nur seine neue Bleibe ein. Am dritten Tag klingelte ich an seiner Tür. Er öffnete, und vor mir stand ein Typ, einen halben Kopf größer und doppelt so breit wie ich. »Ich bin ein großer Fan Ihrer Musik«, habe ich ihm gesagt. »Hätten Sie Verständnis dafür, daß ich sie trotzdem nicht alle Tage hören will?«

Man hätte den Fall natürlich auch anders angehen können. Man hätte sich an den Hausmeister wenden oder es schriftlich machen oder mit einer Mieterdelegation bei ihm auftauchen können. Meiner Erfahrung nach ist jedoch nichts überzeugender als Unerschrockenheit. Ich hatte jedenfalls Glück. Mein neuer Nachbar verstand. Er bot mir einen Schnaps an und respektierte meinen Wunsch hinfort. Die meiste Zeit jedenfalls.

15. Spielregel
Siegen wollen ist normal und muß, solange die Regeln eingehalten werden, erlaubt sein. Siegen und verlieren können will gelernt sein – genauso, wie es geübt werden muß, Konflikte offen auszutragen. Mißtraue deshalb dem Harmoniegebot – es führt nur dazu, daß sich Kontrahenten unterschwellig befehden. Die berühmtesten Vertreter der Gewaltlosigkeit, wie Jesus oder Gandhi, waren konflikterfahrene Menschen!

Mehr als lecker italienisch essen gehen – Über Glück und Lebenskunst

Glücksverkäufer

»Überhaupt rate ich, um glücklich zu leben und andere glücklich zu machen, in dieser Welt so wenig wie möglich zu erwarten und zu fordern.«
Über den Umgang mit Menschen, 1, 1, 53

Was ist Glück? Würde man diese Frage einem Bolivianer stellen, er würde vielleicht auf ein bunt bemaltes und mit allen möglichen Dingen behängtes Figürchen zeigen, das in seinem Land »Glücksverkäufer« genannt wird. Mit seiner indianischen Strickmütze und seinem weit aufgerissenen Mund ähnelt so ein Glücksverkäufer einem gewöhnlichen Straßenverkäufer, nur daß er statt Besen oder Zigaretten das Glück mit sich herumträgt, und zwar in Form von einem Säckchen mit Reis, einem weiteren mit Nüssen, einer Dollarnote, einer Sandale, einem Beutel Konfetti, einem Spielzeugauto, einem Häuschen und einem Korb, um alles heimzutragen. So einfach ist das also mit dem Glück: Es stellt sich ein, wenn das Leben behaglicher und sorgloser verläuft als zuvor und womöglich ein paar große Momente bereithält, in denen es Konfetti regnet. Ein kleines Glück für kleine Leute, gewiß. Aber offenbar genau das, was sich ein bolivianischer Bauer oder einer, der in La Paz eine Familie mit Gelegenheitsjobs ernähren muß, als Glück erträumt.

Natürlich, wir sind klüger. Wir wissen, daß das nicht das Glück ist. Denn alles, was der Glücksverkäufer in seinem Angebot hat, besitzen wir längst und sind trotzdem weit davon entfernt, glücklich zu sein. Sollten wir jetzt aber hergehen und versuchen, einen bolivianischen Tagelöhner davon zu überzeugen, daß er auf eine Illusion hereingefallen ist – er würde uns kein Wort glauben. Und zu Recht. Denn erstens müssen wir ganz einfach glücklich sein, so reich, wie wir in seinen Augen sind. Und zweitens sind wir schon deshalb unglaubwürdig, weil unser Wohlstand hinlänglich beweist, daß wir in Wahrheit genau dasselbe Glück verfolgen wie er. Alles, was uns von ihm unterscheidet, ist die Dimension, die sein eigenes kleines Glück bei uns angenommen hat. Für uns müßte es schon ein Millionengewinn an der Börse oder die volle Ausbeute bei einem Fernsehquiz oder eine Karriere sein, die uns auf den Gipfel des Ruhms oder des Wohllebens führt, damit wir es als Glück bezeichnen würden.

Wie es aussieht, verfügen Menschen über ein unfehlbares Verfahren, Enttäuschungen zu verwinden, die sie mit ihren Glückserwartungen gemacht haben, ohne diese

Glücksvorstellungen selbst korrigieren zu müssen: Sie setzen einfach noch einen drauf. Wenn also das Glück, das sich erfüllt hat, doch nicht reicht, um glücklich zu machen, schraubt man die Erwartungen einfach höher. Aus der Entfernung ist der Unterschied zwischen Illusion und Glück dann kaum noch auszumachen, mit dem Erfolg, daß wir weiterhin genauso fest an unser spektakuläres Glück glauben können wie der bolivianische Tagelöhner an sein Arme-Leute-Glück.

Ein unfehlbares Verfahren, wie gesagt. Seitdem es Umfragen gibt, rangiert die materielle Sicherheit auf der Liste der ersehnten Glücksgüter weit oben. Und die Glückserwartung, die sich mit einer minutiös geplanten Karriere verbindet, ist auch keine Erfindung der Gegenwart. Ich stand auf einem englischen Friedhof einmal vor einem Sarkophag aus dem Jahr 1778, in den ein fürsorglicher Vater den Karriereplan für seinen Sohn Charles hatte einmeißeln lassen, inklusive Bildungsreise durch Frankreich, Italien und Deutschland sowie Studium an einer renommierten englischen Universität. Nur daß dieser Charles es gerade noch geschafft hatte, »fließend« Französisch zu lernen, bevor er im Alter von sieben Jahren an Typhus verstarb...

Alles wie gehabt. Aber ganz so groß, wie es scheint, ist die Geduld mit dem Glück dann doch nicht. Zumindest nicht bei uns. Wir Europäer nämlich haben, wohl aus abgrundtiefer Enttäuschung, immer wieder mal das ausgewechselt, was ich das »Glücksorgan« nennen möchte – also jenen Teil des Individuums, der als Auslöser des größten Glücks fungiert. Lange Zeit war dies die erlösungsfähige Seele mit ihrer Aussicht auf ewige Glückseligkeit gewesen. Irgendwann wurde es mit dem Glück dringlicher, man wollte es noch zu Lebzeiten erfahren, und so wurde zur Zeit der Aufklärung die Seele gegen die Vernunft ausgetauscht. Von der versprach man sich nun, nicht weniger bescheiden, die Befreiung von Krieg, Ungerechtigkeit, Ausbeutung und all den anderen Geißeln der Menschheit – aber statt dessen handelte man sich nur noch mehr von diesen Plagen ein. Und deshalb wurde, wie es aussieht, auch die Vernunft von ihrer Aufgabe entbunden. Seither ist es der Körper, mit dem sich die größten Glückserwartungen verbinden.

Mir scheint, daß sich dieser Wechsel schon vor einem halben Jahrhundert ankündigte, mit dem Rock 'n' Roll der 50er Jahre. Was damals einsetzte – und von der Elterngeneration mit äußerstem Mißtrauen verfolgt wurde –, war die Befreiung des Körpers aus der Kontrolle der Vernunft. Im Tanz schüttelte man im wahrsten Sinne des Wortes die Zivilisation mit ihren Vernunftgeboten ab. Dieses Befreiungserlebnis wurde als Glück erfahren und bald schon mit dem Glück gleichgesetzt. Ob jemand frei war, darüber entschied in der Folgezeit immer mehr das Lebensgefühl und immer weniger die Möglichkeit, von seinem Verstand, seiner Meinungsfreiheit oder seinen übrigen Rechten ungehinderten Gebrauch zu machen. In den siebziger Jahren war es dann weitgehend üblich geworden, sich über sein Lebensgefühl seines Glücks zu versichern, und seither entscheiden die Signale, die der Bauch aussendet, über Glücklich- oder Unglücklichsein.

Inzwischen haben wir unsere Erfahrungen mit dem Körper als Glücksorgan gemacht; inzwischen wissen wir, was es heißt, das Lebensgefühl zum Gradmesser für das Lebensglück zu machen. Wieder einmal sind wir klüger geworden – und müssen zugeben: Immer noch ist ein glücklicher Mensch eine Seltenheit, ein unglücklicher hingegen keine. Geändert hat sich gleichwohl einiges. So scheint mir etwa die Leichtgläubigkeit in Sachen Glück ein phänomenales Ausmaß erreicht zu haben. Wenn man sich anschaut, was sich an Glückstrainern herumtreibt, was sie als Glück verkaufen, wieviel Zulauf sie haben, welchen Absatz alle Sorten von Glücksliteratur finden und auf welche Zustimmung der Versuch von Unterhaltungsindustrie und Medien trifft, die ganze Welt mit »fun« zu überziehen und in eine einzige, große Eventfläche zu verwandeln, dann muß man annehmen, daß der Glücksbedarf so grenzenlos ist wie die Gutgläubigkeit. Und offenbar hat auch die Werbung Erfolg, wenn sie uns einzureden versucht, daß unser Glücksverlangen bei diesem oder jenem Hersteller bestens aufgehoben ist, daß wir unser Glück diesem oder jenem Unternehmen beruhigt anvertrauen dürfen. Die Ausschaltung der Vernunft ist eben nachgerade zur Voraussetzung des neuen Glücks geworden. Auf jeden Fall entzieht es sich mit aller Macht der Überprüfung durch den Verstand.

Doch nicht nur, daß das Körperglück durch und durch irrational ist. Es beschert uns auch ein neues Ideal: das Ideal der Schmerzfreiheit. Mit der Körperära ist also auch ein Wohlfühl- oder Wellneßzeitalter angebrochen. Wenn sich alles um die glückliche Empfindung dreht, muß Harmonie herrschen, damit der Körper die erhofften Glückshormone absondern kann. Differenzen oder Spannungen beeinträchtigen das Lebensgefühl. Kritik vergiftet die Atmosphäre. Auseinandersetzungen sind aus Wohlfühlgründen verpönt. Und von der Beschäftigung mit existentiellen Problemen ist Unwohlsein und Verdruß zu befürchten. Kein Wunder, daß die Fixierung auf das Lebensgefühl aus der Suche nach dem Lebenssinn eine atemlose Jagd nach Beglückungsfaktoren gemacht hat. Seine höchste Steigerung erfährt dieses Lebensgefühl im Sex, so wie der Körper seine Weihen in der

Verklärung zum Lustobjekt erhält. Deshalb reden alle Bilder, denen wir in der Öffentlichkeit begegnen, nur noch von Glück, von ewiger Party – und eben von Sex.

Nun kann man seiner Zeit ihr Glück natürlich genausowenig ausreden wie einem bolivianischen Tagelöhner seine Träume. Aber man darf vielleicht darauf hinweisen, daß die Befreiung des Körpers, mit der alles angefangen hat, inzwischen in eine allgemeine Versklavung des Körpers umgeschlagen ist. Denn als Glücksorgan kommt selbstverständlich nur der jugendliche Körper in Frage, und wer an dem neuen Glück teilhaben will, muß seinen Körper unentwegt kontrollieren und trainieren, hegen, pflegen, stylen, verjüngen, modellieren, an Vorbilder anpassen und im Endeffekt anonymisieren. Der ideale Körper ist der unpersönliche, der erfahrungslose Körper, der keine Geschichte erzählt, der noch nichts erlebt haben darf, der in jedem Augenblick wie neu wirken muß, wie frisch aus der Retorte, und sich mit dem schwerelosen Gang von Models auf einem Laufsteg durchs Leben bewegt. Das ist das alte Dilemma der Glücksorgane: Sie werden besonders in die Mangel genommen, sie müssen sich die massivsten Manipulationen gefallen lassen – das ist der Seele in christlicher Zeit so ergangen, das ist der in Ideologien gezwungenen Vernunft so ergangen, und jetzt ergeht es dem Körper so. Die Folge dieser Körperversklavung ist jedenfalls eine geradezu panische Angst vor dem Älterwerden, ein Horror vor dem Erwachsensein, und es ist wohl nicht zu weit hergeholt, Schönheitskliniken und -farmen, Fitneßstudios und Sonnenbänke als die Klöster, Kirchen und Kapellen eines modernen Glückskults zu verstehen.

Vielleicht liegt es an dem Zeitdruck, unter den uns der Körper mit seiner fatalen Tendenz zum Verfall setzt, daß das Glück in diesen Tagen zu einer wahren Besessenheit geworden ist. Oder wie soll man es sonst verstehen, wenn Jugendliche auf die Frage nach dem Lebenssinn die ergreifend schlichte Antwort geben: Glücklich werden!?

Mir scheint hier ein maßloser Wille zum Glück zu walten. Soll man sein Leben jetzt also danach ausrichten, ob einen das, was man gerade betreibt – sei es in der Arbeit, der Liebe oder der Freundschaft –, glücklich macht? Soll man jedesmal abbrechen, aufgeben und etwas Neues versuchen, wenn sich das Glück dann doch nicht – oder nicht sofort – einstellt? Soll das Lebensgefühl darüber entscheiden, wie nah man dem Glück schon gekommen ist? Und darf man im übrigen einfach darauf vertrauen, daß jedem eine ordentliche Portion Glück zusteht? Dann wäre unser gegenwärtiges Glück eine feste Größe und völlig unabhängig davon, ob wir zuvor etwas richtig gemacht haben. Jeder Gedanke an eine eigene Leistung ist aus dieser Vorstellung von Lebenssinn verbannt. Nun soll also das Leben etwas richtig machen, während wir ungeduldig vom einen Bein aufs andere treten. Glück auf Bestellung, würde ich das nennen. Ein Glück aus heiterem Himmel – aber just in time.

Ich befürchte: Wer es sich so leicht macht, scheidet aus dem Kreis der Glücksanwärter gleich aus. Das Leben schuldet uns gar nichts. Wenn schon Einigkeit darüber besteht, daß der Mensch noch glücklicher werden muß, damit er endlich glücklich wird, sollten wir beides, das Leben wie das Glück, ein wenig ernster nehmen und uns die Frage stellen: Was hindert uns eigentlich, glücklich zu sein? Nicht glücklich zu werden irgendwann, sondern hier und heute glücklich zu sein?

Im Laufe unserer Geschichte haben sich kluge Leute

diese Frage immer wieder gestellt und immer wieder sehr ähnlich beantwortet. Erstens, sagen sie, hindert uns unsere Überheblichkeit, mit der wir zu wissen behaupten, was das Glück ist. Das Glück als solches gibt es nämlich gar nicht. Was Glück ist, läßt sich in keiner Weise bestimmen. Das, was wir so unbeirrbar als Glück bezeichnen, stellt sich genausooft als Unglück heraus, wie sich umgekehrt ein vermeintliches Unglück als Glück erweist. Und zweitens, sagen sie, hindert uns unsere Unersättlichkeit. Solange wir uns von unseren Wünschen vorschreiben lassen, was wir unter Glück zu verstehen haben, solange kommt im Grunde immer dasselbe dabei heraus, nämlich eine mehr oder weniger aufgeblasene Variante des Arme-Leute-Glücks eines bolivianischen Tagelöhners. Jeder erfüllte Wunsch aber zieht den nächsten, unerfüllten nach sich, so daß wir uns zeitlebens in einem Teufelskreis von Wünschen bewegen.

Zu allen Zeiten hat man deshalb das ungehemmte Wünschen als Unfreiheit verstanden, als Abhängigkeit nicht unähnlich der Sucht. Die erste Voraussetzung für das Glück wäre demnach das, was der römische Philosoph Seneca (4 v. Chr. – 65 n. Chr.), wie viele andere vor und nach ihm, als Unabhängigkeit bezeichnet hat, also die Fähigkeit, zu seinen Erwartungen und Ansprüchen auf Abstand zu gehen und sich ebensowenig von dem beeinflussen zu lassen, was sich von außen an Wünschbarem aufdrängt, wie von dem, was wir selbst an Wünschen produzieren. Mit anderen Worten: den Teufelskreis des Wünschens zu durchbrechen, dem unablässigen Begehren Einhalt zu gebieten und das schätzen zu lernen, was wir haben, sind und besitzen.

Sodann müßten wir uns selbst zum Glücklichsein befähigen. Dafür müßten wir uns von der Vorstellung lösen, das Glück sei etwas Konkretes, Bestimmbares, das man sich aneignen könnte wie Wissen oder Besitz. Denn das Glück hat wenig mit äußeren Bedingungen zu tun, um so mehr aber mit einer inneren Verfassung, die uns für das Beglückende eines Augenblicks, einer Situation, eines Erlebnisses empfänglich macht und uns die Möglichkeit eröffnet, daß fast alles, was uns widerfährt, zu unserem Glück ausschlagen kann. Auch im Reichtum, auch im Ruhm, auch in der Gesundheit ist das Glück nur als Chance enthalten, die wir erst dann nutzen können, wenn wir zuvor Aufnahmebereitschaft, Erlebnisfähigkeit, Vorurteilslosigkeit und Genußfähigkeit entwickelt haben. Auf all dies haben wir Einfluß. Wir vermögen uns selbst dazu zu bringen, für das Glückspotential jeder Begebenheit, jeder Begegnung empfänglich zu werden.

Die Erfahrung bestätigt, daß sich die Momente des größten Glücks, jene Stunden, in denen das Herz vor Glück schier zerspringt, in aller Regel weder einer besonderen Leistung verdanken noch all den äußeren Umständen, die unsere Bilder vom Glück gemeinhin prägen. Wenn wir Menschen nach ihren glücklichsten Erfahrungen befragen, so waren es Stimmungen, ein besonderes Licht, ein leichter Wind auf der Haut, ein unerwarteter Duft von Meer und Hafen, der Anblick einer sommerlichen Landschaft oder einer Küste bei Sonnenuntergang, das plötzliche Gefühl der Freiheit oder eines Neuanfangs, die Geburt eines Kindes, Tage in der Gesellschaft guter Freunde oder auch ekstatische Momente auf einem Fest, bei einem Konzert – Gelegenheiten, bei denen man sich seiner ganzen Empfindungsfähigkeit bewußt wurde. Wenn wir uns diese Augenblicke vergegenwärtigen, müssen wir zugeben: Wir waren am glücklichsten, als wir am bedürfnislosesten waren.

Und noch etwas. Ich glaube, daß uns das Glücklichsein

um so leichter fällt, je besser es uns gelingt, das, was das Leben an Schönem und Bereicherndem zu bieten hat, als Geschenk zu betrachten. Wir tun uns keinen Gefallen damit, alles für verdientes Glück halten – erstens, weil es nicht stimmt, und zweitens, weil mit dem unverdienten Glück das Hochgefühl verbunden ist, ein Liebling der Götter zu sein. Kaum etwas schmeichelt und beglückt uns mehr. Voraussetzung dafür wäre allerdings, unsere Ansprüche ans Leben herunterzuschrauben und auf feste Vorstellungen davon zu verzichten, was dem einzelnen an Glück zusteht. Weder verdanken wir alles uns selbst, noch muß sich die Welt zu unserer Verfügung halten. Allein, daß wir einander Glück wünschen, zum Geburtstag etwa, ist ein Eingeständnis, daß niemand sich das Leben vollständig unterwerfen kann und vieles immer noch vom Schicksal oder dem Zufall zugeteilt wird. Es wäre ein Zeichen von Realismus, den Einfluß glücklicher Umstände anzuerkennen, und ein Beweis für die Verfeinerung unserer Fähigkeit zum Glücklichsein, Erfreuliches und Gelungenes – vielleicht sogar dankbar – als Geschenk zu betrachten.

Nun besteht ein glückliches Leben, wenn es denn so etwas gibt, nicht aus einer ununterbrochenen Folge von Stunden oder Tagen solch schwerelosen Glücks. Ein glückliches Leben ist ein geglücktes Leben, und dazu gehört sehr viel – nicht zuletzt Glück. Aber auch hier liegt es wieder an uns, die Voraussetzungen zu schaffen, unter denen das Leben gelingen kann. Von der Lebensklugheit abgesehen kommt hier die Lebenskunst zum Zuge, und davon soll im nächsten Abschnitt die Rede sein. Eines allerdings trifft meiner Meinung nach auf jede Erscheinungsform des Glücks zu: Wir kommen ihr näher, wenn wir unseren Glücksvorstellungen wieder etwas mehr Vernunft einhauchen.

16. Spielregel
In äußeren Lebensumständen ist das Glück nur dann zu finden, wenn wir die Fähigkeit zum Glücklichsein mitbringen. Dazu gehören Empfänglichkeit, Aufnahmebereitschaft und Genußfähigkeit, aber auch die Kunst, das zu schätzen, was man hat. Erzwingen läßt sich das Glück jedenfalls nicht. Und was sich erzwingen läßt, ist kein Glück.

Der erfüllte Augenblick

»Echte muntere Laune aber pflegt ansteckend zu sein, und diese Epidemie hat etwas so Wohltätiges, es ist ein so wahres Seelenglück, einmal alle Sorgen und Plagen dieser Welt weglachen zu dürfen, daß ich dringend anrate, sich zur Munterkeit anzufeuern ...«
Über den Umgang mit Menschen, 1, 3, 24

Daß es anderswo wirklich glückliche Menschen gab, wird zumindest berichtet. Von Südseeinseln zum Beispiel. Wie aber sieht es mit unserem Kontinent aus? Hat es jemals ähnliche Oasen des Glücks auch in Europa gegeben? Nun, von einer zumindest wissen wir aus zahllosen Reisebeschreibungen. Es ist Venedig.

Allem Anschein nach haben die Venezianer die zweite Hälfte des 18. Jahrhunderts im Glückstaumel rauschender Maskenfeste verbracht. Sechs Monate im Jahr war Karneval, die restliche Zeit wurde gefeiert. Sonne für alle, Musik für alle, Küsse für alle, Heilige für alle! – so lautete das Motto, und Besucher aus aller Herren Länder ließen sich von den Wogen des Unernstes davonreißen, die Tag und Nacht Europas Glücksinsel durchfluteten. Das Leben, ein Fest. Die Venezianer verausgabten sich im Vergnügen – und brachen erschöpft zusammen, als Napoleons Soldaten 1797 die Stadt besetzten. Danach war es mit der Herrlichkeit Venedigs aus und vorbei.

Wenn wir das Geheimnis des glücklichen Venedig zu lüften versuchen, stoßen wir auf eine besondere Kultur der Zeit. Oder besser: der Zeitlosigkeit. Im Venedig der Rokokozeit spielte Zeit offenbar keine Rolle, weil man nichts Bestimmtes mehr mit ihr vorhatte. Man ließ sich im Schoß einer großen, alten Kultur gehen, man genoß ihre letzte Blüte nach allen Regeln der Lebenskunst, aber ansonsten hatte man keine Verwendung mehr für die Zeit. Der erfüllte Augenblick, dem sich die maskierte Menge auf dem Markusplatz hingab, war der sinnentleerte Augenblick, dem man sich plan- und willenlos überlassen konnte.

Es gibt auch heute noch solche Inseln eines Glücks, das sich im erfüllten Augenblick verwirklicht. In Madrid, an der Fassade eines Hauses am Rande einer kleinen Plaza, entdeckte ich ein Transparent. Es war über ein Balkongitter im dritten Stock gespannt und trug in großen, roten Buchstaben die Aufschrift »Zona contaminada de felicidad« – glückverseuchtes Gebiet. Nichts Spektakuläres spielte sich hier ab; Menschen saßen an kleinen Metalltischen draußen und plauderten miteinander. Keine Heiligen, keine Musik, nicht einmal Küsse, soviel ich sah, aber immerhin Sonne, auch Schatten, auch Wein, und vor allem: Zeit. Wer sich dazusetzte, erfuhr am eigenen Leib, daß der erfüllte Augenblick der nicht-ausgefüllte Augenblick ist, in dem die Zeit scheinbar zum Stillstand kommt. Aus solchen Augenblikken ist alles Leben herausgelassen, bis nichts mehr übriggeblieben ist als das Behagen, sich wieder seiner Zeit bemächtigt und zum eigenen Rhythmus gefunden zu haben. Hier, im glückverseuchten Gebiet der kleinen Plaza, kam das strampelnde, zappelnde, sich unter allen möglichen Kränkungen windende Ich endlich einmal zur Ruhe.

Die Stimmung einer solchen Plaza kann das wachrufen, was in der Antike als Inbegriff der Lebenskunst verstanden wurde: das Gastmahl mit Vertrauten als ungezwungener Anlaß gemeinsamer Entspannung. Das Schönste an diesen Gastmahlen war vielleicht ein tiefes Einverständnis – das Einverständnis untereinander, das Einverständnis mit seinem Geschick, das Einverständnis, seine Existenz durch keine Anstrengung rechtfertigen zu müssen. Ganz offenbar wird es als höchste Lust empfunden, wenn das in ständiger Selbstbehauptung erigierte Ego einmal für Stunden auf Normalmaß schrumpfen darf und der innere Aufruhr, die Empörung gegen den einen oder anderen Menschen, gegen die eine oder andere als ungerecht empfundene Wendung des Schicksals sich in Wohlgefallen auflöst. Seitdem wir überhaupt eine genauere Vorstellung von Lebenskunst haben, scheint der erfüllte Augenblick also der zu sein, der von allem, was uns sonst umtreibt, entleert ist.

Meine Mutter pflegt die Tradition des antiken Gastmahls bis heute, wenn sie einmal im Jahr ein großes Essen für acht bis zehn Personen gibt. Sie ist eine hervorragende Köchin, und sie verlegt sich bei diesen Gelegenheiten ganz auf ihre Rolle als Küchenchefin, setzt sich allenfalls später zum Nachtisch zu ihren Gästen. Das Merkwürdige ist, daß sie zu ihren Gastmahlen seit jeher ausschließlich Männer lädt. Männer seien genußfähiger als Frauen, sagt sie. Wenn das so ist, könnte es einen einleuchtenden Grund dafür geben: Männer haben im Lauf der Zeit eine Kultur der Sorglosigkeit entwickelt, Frauen sind eher in einer Kultur des Sorgens und Umsorgens verwurzelt. Mit dem, was man die Clubkultur nennen könnte, blickt das männliche

Geschlecht jedenfalls auf eine lange Erfahrung im rituellen Entspannen zurück, also in der Fähigkeit, sich für Stunden den Alltag vom Hals zu halten und der Zeit einfach ihren Lauf zu lassen – eine Freiheit, die Frauen zumindest in der Vergangenheit selten vergönnt war. Diese Befähigung zur Sorglosigkeit aber ist eine Voraussetzung des Genusses. Allerdings – solange sich nicht ein Mann entschließt, für eine reine Frauenrunde zu kochen, wird sich die Frage, welches Geschlecht es zu höherer Genußfähigkeit gebracht hat, kaum abschließend beantworten lassen.

Wie dem auch sei, zum Glück wie zum Genuß gehört die Fähigkeit, die Zeit vergessen zu können und sie gerade dadurch auszuschöpfen. Und genau das ist der Grund, weshalb wir westlichen Wohlstandsmenschen des 21. Jahrhunderts uns von den Bedingungen jeder Lebenskunst immer weiter entfernen. Denn wir sind uns der Zeit pausenlos bewußt. Und diese zwanghafte Wahrnehmung der Zeit ist ungeheuer beängstigend, da sie vergeht, die Zeit, unaufhaltsam vergeht. Zwar rinnt die Zeit allen Menschen durch die Finger, aber wir beobachten sie dabei, wir sehen ihr wie gebannt dabei zu. Das kann einen nervös machen. Warum tun wir es dann?

Das ist eine Frage für Philosophen, Soziologen und Psychologen. Mit anderen Worten: eine schwierige, gleichwohl von vielen klugen Leuten immer wieder behandelte Frage. Es würde zu weit führen, ihre Antworten hier wiederzugeben. Meine schlichte Antwort lautet: Weil wir, im Unterschied zu den Venezianern des 18. Jahrhunderts, zu den Leuten auf der Plaza in Madrid und zu der Männerrunde, die es sich einmal im Jahr bei meiner Mutter wohlsein läßt, für die Zeit Verwendung haben. So viel Verwendung, daß die Zeit gar nicht reicht, weshalb wir sie genau einteilen und soviel wie möglich davon sparen müssen. Nur um dann festzustellen, daß der gewünschte Effekt ausbleibt. Denn wenn wir Zeit sparen, verkürzen wir nur den Zeitraum, den wir für ein bestimmtes Vorhaben brauchen – bloß um immer weitere, neue Vorhaben in die stets gleichbleibende, unaufhaltsam weiterfließende Zeit hineinzustopfen. Jede Stunde aber, die wir auf diese Weise sparen, setzt uns unter Druck, weil wir in Wirklichkeit mit jeder Zeitersparnis Zeit sinnlos verschwenden – jene Zeit nämlich, die wir für das erste Vorhaben, bei dem wir Zeit gespart haben, gut hätten gebrauchen können, wenn uns wirklich daran gelegen gewesen wäre, die Zeit auszuschöpfen.

Tatsache ist: Wir wollen sie gar nicht ausschöpfen. Wir wollen sie abschöpfen, sie gewissermaßen absahnen. Ökonomisch mag das sinnvoll sein, nur – etwas anderes als Wohlstand dürfen wir uns von diesem Verfahren nicht versprechen. Man kann nämlich Zeit nicht sparen und gleichzeitig nutzen. Wer Zeit spart, nutzt sie nicht, und wer sie nutzt, spart sie nicht. Wir versuchen mithin etwas, das logisch unmöglich ist. Wenn man Zeit nutzen wollte, müßte man sie sich nehmen. Wenn man Zeit sparen wollte, müßte man sie vergessen. Und was machen wir? Wir stauen Zeit – mit dem Ergebnis, daß unter dem Druck der aufgestauten Zeit die Dämme, die wir gegen die verfließende Zeit errichtet haben, immer wieder mal brechen, die Zeit sich mit einem Schwall über uns ergießt und wir endgültig das Gefühl haben, daß uns alles über den Kopf wächst. Woraufhin wir die Zeit dann noch genauer beobachten und noch genauer einteilen, um noch mehr davon zu sparen.

Unter dem Gesichtspunkt der Lebenskunst ist unser Umgang mit der Zeit also im höchsten Maße töricht. Und weil wir einen Anfängerfehler nach dem anderen begehen, handeln wir uns statt Zeit etwas ganz anderes ein, nämlich Zeitdruck. Streß. Streß, wohin man blickt. Unser älter und immer älter werdender Körper setzt uns unter Druck. Unsere Angst, etwas zu verpassen, setzt uns unter Druck. Die Glückserwartungen, mit denen wir an jeden Tag herangehen und jede Minute befrachten, setzen uns unter Druck. Und dann setzt sich, wie geschehen, ein Dreizehnjähriger hin und schreibt einen Brief an das Kummerkastenteam einer Jugendzeitschrift, in dem er seiner ganzen Verzweiflung darüber freien Lauf läßt, daß er immer noch keine Freundin hat – und wohl auch keine Aussicht mehr besteht, je eine zu bekommen …

Selbstverständlich weiß ich, daß dieser allgegenwärtige Druck auch objektive Ursachen hat. In einem Wirtschafts- und Gesellschaftssystem, das auf der Konkurrenz aller gegen alle beruht, ist jeder, der mithalten will, gezwungen, sich selbst anzutreiben; und gegen den Termindruck in der Arbeitswelt ist oft genug kein Kraut gewachsen. Dennoch bin ich der Meinung, daß wir es zu einem souveräneren Umgang mit der Zeit bringen können – und müssen, wenn wir uns wenigstens ansehnliche Reste von Lebenskunst erhalten wollen.

Der erste Schritt dazu wäre, zur Besinnung zu kommen – wie es eine ehemalige Kommilitonin geschafft hat, die lange Zeit unter Magersucht litt. »Ich fühlte mich stets unter Druck«, sagte sie. »Dem Druck, erfolgreich zu sein, dem Druck, mich zu verwirklichen, dem Druck, akzeptiert zu werden. Diesem Druck versuchte ich dadurch zu entkommen, daß ich mich auf das einzige konzentrierte, auf das ich Macht ausüben konnte: meinen Körper. Erst als ich sah, daß ich selbst diejenige war, die mich unter Druck setzte, war ich in der Lage, mich aus meinem Käfig zu befreien.«

Und genau darum geht es. Bevor wir überhaupt daran denken können, Lebenskünstler zu werden, stehen wir vor der ebenso großartigen wie schwierigen Aufgabe, uns zu befreien. Zum Beispiel von Irrtümern wie dem, der uns bei unserem Verständnis des erfüllten Augenblicks immer wieder unterläuft.

Auf den ersten Blick könnte es so aussehen, als hätten wir mit den glücklichen Venezianern wenigstens die Sehnsucht nach diesem erfüllten Augenblick gemeinsam. Bei näherem Hinsehen aber zeigt sich, daß wir üblicherweise etwas völlig anderes darunter verstehen. Erfüllt sind, wie wir gesehen haben, jene Augenblicke oder Stunden, in denen wir die Zeit eben nicht nutzen wollen, in denen wir keine bestimmte Verwendung für sie haben, uns der Zeit widerstandslos überlassen und gerade deshalb nicht bemerken, wie sie verfließt. Unseren mißtrauischen Augen aber käme diese entleerte Zeit wie vergeudete Zeit vor, weshalb wir sie unentwegt auszufüllen, vollzustopfen und mit Erwartungen, Vorhaben und Aktivitäten befrachten zu müssen meinen. Kaum etwas beunruhigt uns inzwischen stärker als die Sorge, etwas zu verpassen. Als Verkörperung dieser Sorge erscheinen mir all jene Menschen, die ihr Handy gar nicht mehr aus der Hand legen, weil sie die Pausen zwischen zwei Anrufen nicht ertragen – in der Annahme, ein erfülltes Leben bestehe aus einer nicht abreißenden Kette vollgestopfter Augenblicke. Manche Menschen können längere Zeiträume gar nicht mehr ins Auge fassen; alle ihre Anstrengungen zielen darauf ab, ihr Gefühl für die Zeit auszulöschen, indem sie sich in einer atemlosen und besinnungslosen Gegenwart verschanzen. Ihre Hoffnungen gelten nur noch dem jeweils bevorstehenden Glücksmoment – der dann unter dem Druck der Erwartung gewöhnlich zerplatzt. Ihnen ist es schon zur Gewohnheit geworden, die fließende Zeit mit allen Mitteln zum Stillstand zu bringen, sie buchstäblich totzuschlagen, damit nur noch eine Folge zusammenhangloser Augenblicke übrigbleibt. Doch sowenig ein vollgestopfter ein erfüllter Augenblick ist, sowenig addieren sich Tausende davon zu einem erfüllten Leben.

Ein weiterer Irrtum besteht in dem Glauben, wer glücklich werden wolle, der müsse zu den Gewinnern gehören. Das ist schlicht Unfug. Dergleichen wächst auf dem Mist von Glückstrainern, die die Verhältnisse unter den Menschen als notdürftig verschleierten Kriegszustand interpretieren, nur Sieger und Besiegte kennen und Sieg mit Macht und Reichtum gleichsetzen. Wenn dem so wäre – der allergrößte Teil der Menschheit wäre vom Glück ausgeschlossen, und man muß schon sehr wenig in der Welt herumgekommen sein, man darf nie mit Menschen gefeiert haben, die deutlich weniger als wir besaßen, um das zu glauben. Nein, das Gewinnerglück ist ein Popanz, mit dem eine heißgelaufene Konkurrenzgesellschaft ihr Ideal des lebenslangen Abstrampelns schmackhaft machen will. Kein Zweifel – ein Siegesrausch ist etwas Schönes. Aber er verfliegt bald. Nur das Abstrampeln geht weiter.

Der vierte Irrtum schließlich besteht darin, das Lebensglück in einem Zustand der Schmerzfreiheit zu suchen. Den Schmerz aus der Welt zu vertreiben ist der moderne Traum vom Glück – und genauso unmenschlich wie viele andere Träume von einem Dasein, das sich im perfekten Funktionieren erschöpft. Schmerz, als eigene und fremde Erfahrung, ist für ein geglücktes Leben unabdingbar, weil er unsere besten Eigenschaften zum Vorschein bringt: Mitleid, Mitgefühl und herzliche Anteilnahme. Der »auf Dauer gestellte« Lebensgenuß stumpft ab, der Schmerz hingegen vertieft unsere Empfindungsfähigkeit und macht uns für das Glück erst empfänglich. Überstandenes Leiden erlaubt uns im übrigen, dem Leben mit größerer Gelassenheit und Selbstsicherheit entgegenzutreten. Unternehmen bevorzugen deshalb nicht selten Bewerber, deren Biographien Brüche aufweisen, die Scheitern und Rückschläge erlitten und verkraftet haben und dadurch nicht nur an Erfahrungen, sondern auch an Reife gewonnen haben.

Alle diese Irrtümer bewirken vor allem eins: Sie erhöhen nur immer weiter den Druck, dem wir ohnehin schon ausgesetzt sind. Uns von diesem selbsterzeugten Druck zu befreien, das wäre der erste Schritt auf dem Weg zu einer Lebenskunst, von der wir uns dann auch Lebensgenuß versprechen dürfen.

17. Spielregel
Führe über dein Glück nicht Buch! Fasse längere Zeiträume ins Auge und glaube nicht, daß der nächste Augenblick schon deine Erwartungen erfüllen müßte! Entscheide dich, ob du Zeit sparen oder nutzen willst. Bisweilen nutzt man seine Zeit am besten, wenn man sie verschwendet.

Kurzes Glück kann jeder

(Kurt Tucholsky)

»Zeige, so viel Du kannst, eine immer gleiche, heitre Stirne! Nichts ist reizender und liebenswürdiger, als eine gewisse frohe, muntre Gemütsart, die aus der Quelle eines schuldlosen, nicht von heftigen Leidenschaften in Tumult gesetzten Herzens hervorströmt.«

Über den Umgang mit Menschen, 1, 1, 26

Für die Parteigänger des Fünf-Minuten-Glücks ist es kaum vorstellbar, daß man nicht ständig mit seinen Erwartungen, Ansprüchen und Wünschen an seine Arbeit, an andere Menschen, an all die Gegebenheiten herantritt, die man zum Beispiel auf Reisen antrifft. Aus ihrer Perspektive dürfte es ziemlich antiquiert erscheinen, daß Lebenskunst mit Selbstbeherrschung und bewußter Lebensgestaltung zu tun haben könnte. Aber – hat es das überhaupt? Warum sollte man sich denn eingehender mit Lust und Genuß beschäftigen und womöglich planvoll zu Werke gehen bei dem Versuch, dem Leben Glück abzugewinnen?

Die älteste und plausibelste Antwort auf diese Frage, die ich kenne, lautet: Weil das Leben kurz ist. Weil es endet. Wenn wir in diesem relativ knapp bemessenen Zeitraum das erreichen wollen, was wir uns erhoffen, dann sind wir gezwungen, uns über die Mittel und Wege Gedanken zu machen und überlegt und zielstrebig vorzugehen, also das Leben zu gestalten. Deswegen müssen wir dieses Leben von Zeit zu Zeit als Ganzes ins Auge fassen, Abstand nehmen und Überblick gewinnen. Deswegen brauchen wir einen langen Atem und die Ausdauer, Ziele über längere Zeit zu verfolgen, nicht verbissen, aber unbeirrbar. Und deswegen müssen wir unseren Wünschen immer mal wieder Einhalt gebieten, um beim Erreichten und Vorhandenen verweilen zu können, denn darin liegt der Lebensgenuß in allererster Linie. Im Verweilen.

Verweilen, damit die Dinge auf uns wirken können. Damit sie sich uns einprägen und uns ausfüllen können. Damit wir Situationen auskosten können. Das lange Leben, das wir einander immer wieder wünschen, ist ganz unabhängig von seiner Dauer dann tatsächlich lang, wenn es reich ist an Erfahrungen, die sich tief eingeprägt haben. Mit anderen

Worten: Wir können die kurz bemessene Zeit des Lebens beliebig dehnen, indem wir uns Zeit lassen. Ein langes Leben ist kein schnelles Leben. Ein langes Leben ist ein gleichsam verzögertes und eben deshalb um so intensiveres Leben.

Man hat von allem mehr, wenn man sich Zeit läßt. Nicht nur für die Erotik gilt: Nicht dem ersten Impuls nachgeben! Aufschieben, sich etwas vorbehalten – damit ist dem Lustgewinn fast immer mehr gedient. Das ist eine Frage der Dramaturgie. Vorsätzliche Zügelung der Lust hält die Sehnsucht nach ihrem Genuß wach. Diese wunderbare Spannung der Seele gilt ja immer nur einem Vergnügen, das nicht beliebig verfügbar ist. Bisweilen sollte man sich also bewußt etwas versagen, um den Augenblick, in dem man es sich dann gönnt, um so intensiver zu genießen. Diese Kunst läßt sich im Alltag mit den kleinsten Dingen praktizieren, wenn man seinen Tag gewissermaßen rhythmisch strukturiert, Zäsuren vornimmt, kleine Rituale einbaut und sich die zweite Tasse Kaffee für eine bestimmte Nachmittagsstunde aufhebt oder ein Musikstück auflegt, nachdem man ein bestimmtes Arbeitspensum erledigt hat, anstatt gleich zum nächsten Auftrag überzugehen.

Muße ist im übrigen für die eigene Produktivität nicht weniger wichtig als für die Liebe. Nur Maschinen sind unter Hochdruck effizient. Die besten Einfälle hat man nebenbei, und zu den genialen Lösungen findet man in aller Regel auf Umwegen und Abwegen. Deshalb: Die Schnellstraßen gelegentlich verlassen, um dem Zufall auf die Sprünge zu helfen! Oder überhaupt mal faul sein – wenn das nicht das schwierigste von allem wäre. Nicht nur, weil uns meist die Zeit dazu fehlt. Vor allem, weil es bedeuten würde, vorübergehend ohne Funktion zu sein. Das ist heikel – was bleibt denn dann noch von uns übrig? Für viele ist ja nicht weniger als die Rechtfertigung ihrer Existenz damit verbunden, daß sie unentwegt an der Veränderung der Welt arbeiten, in irgendein Getriebe eingreifen und sich nützlich machen dürfen. Ohne Funktion verlieren sie ihre Daseinsberechtigung, zumindest in ihren eigenen Augen. Aber gerade deshalb sollte man sich hin und wieder jene Zeit nehmen, in der einen nichts von der eigenen Person ablenkt und man sich mit der Welt ganz aus der eigenen Perspektive befassen kann.

Sicher, das kann ungemütlich werden. Zum Beispiel, weil die Frage nach dem Sinn des Lebens ins Blickfeld geraten könnte. Da man diese Frage nie abschließend und wirklich befriedigend beantworten kann, halte ich es für einen nicht unberechtigten Wunsch, sie gelegentlich zu überhören. Keineswegs jedoch, indem man sie, durch welche Zerstreuungsmaßnahmen auch immer, überdröhnt, sondern indem man sie für die Lebenskunst nutzbar macht. Das setzt sowohl eine gesteigerte Empfänglichkeit für Genüsse und eine besondere Wachheit der Sinne als auch ein Bewußtsein der Tragik des Lebens voraus. Ist dies gegeben, verdankt sich der Genuß eines wirklich guten Essens und eines wirklich guten Weins in der Gesellschaft wirklich guter Freunde nicht allein der Qualität der Speisen und Anwesenden, sondern auch dem Erlebnis, wie unerheblich in solchen Stunden die Frage nach dem Lebenssinn erscheint. Selbstverständlich bleibt sie auch jetzt unbeantwortet, aber für eine Weile kann man sich in der süßen Illusion wiegen, daß sie gegenstandslos ist. Seine letzte Steigerung erfährt der Genuß in diesen Augenblicken also durch das glückliche Vergessen von etwas, das einem sonst durchaus bewußt ist: der Abgründe der Existenz und des letztendlichen Scheiterns aller Lebenskunst.

Ein Hauch von Selbstbetrug gehört also zur Lebenskunst wie zum Leben. Bisweilen reicht aber schon ein wenig Selbstüberredungskunst, etwa dann, wenn die Schwankungen unseres Gemüts nach unten ausschlagen. Man sollte solche Phasen unerklärlicher Mutlosigkeit oder plötzlicher Verstimmung nicht allzu ernst nehmen. Das Lebensgefühl ist keine höhere Gewalt, der wir uns demütig unterwerfen müßten. Machen wir kein Aufhebens davon – meist kann man seine Niedergeschlagenheit aussitzen, und oft gibt sie sich in Augenblicken, deren Zauber wir erst im nachhinein bemerken, wenn unsere Verstimmung wie weggeblasen und das alte Selbstbewußtsein zurückgekehrt ist, ohne daß sich die äußeren Umstände spürbar geändert hätten. Manche beherrschen die Kunst, ihrem Trübsinn erst gar keinen Schwung zu lassen und sich selbst »zur Munterkeit zu befeuern«, wie Adolph Freiherr Knigge sagt. Der englische Romanautor John Cowper Powys (1872–1963) verstand sich offenbar darauf, jedenfalls berichtet er, daß er sich unter widrigen wie weniger widrigen Bedingungen zwingen konnte, gleichermaßen glücklich zu sein – ein Verfahren, das man zäh und beharrlich üben müsse, wie er sagt, und das ein Element des Glaubens enthalte, nämlich an die eigene Willensstärke und an die Selbstheilungskräfte, die von ihr ausgehen.

Alles in allem ist der Lebenskünstler ein heiterer Realist, illusionslos und eher skeptisch. Ich schließe mich dieser Skepsis vor allem da an, wo es um die Glücksverheißungen unserer Tage geht. Bevor man der Aufforderung folgt, seine Träume zu leben, sollte man sich, wie ich meine, erst einmal in der Wirklichkeit bewähren. Insbesondere hüte man sich davor, das Leben zu etwas zu verfälschen, das man sich unterwerfen könnte oder das sich den eigenen

Ansprüchen zu fügen hätte. Noch nie hat es eine Verheißung gegeben, die nicht an eigene Anstrengungen moralischer, intellektueller oder körperlicher Art geknüpft gewesen wäre, und nicht einmal auf eine Lehrstelle darf man hoffen, wenn man sich, wie es zunehmend geschieht, im Bewerbungsgespräch bereits als »Nicht-Auszubildender« erweist, weil man weder Grundzüge einer Allgemeinbildung noch Mindeststandards des Umgangs noch so etwas wie einen Lebensplan vorweisen kann. Offenbar greift die Illusion eines Lebensglücks um sich, das gar nicht mehr auf Leistung beruht und Beruf mit Berufung, Kindheitsträume mit Lebenschancen und Lebenskunst mit süßem Nichtstun verwechselt.

Denselben Mangel an Realismus beweisen die, die sich gegen Zufälle empören und sich vom Schicksal diskriminiert fühlen, wenn es ihre Pläne durchkreuzt. Der versteht viel von Lebenskunst, der hinnehmen kann, was sich nicht ändern läßt, und sein läßt, was nicht in seiner Macht steht – aber genug Geistesgegenwart für Improvisationen aufbringt und ohne zu jammern aus unvorhergesehenen Situationen das Beste zu machen versucht. Auf keinen Fall sich gleich finsteren Mächten ausgeliefert fühlen, kaum daß einem etwas mißlingt! Gelassenheit und Verzagtheit sind zweierlei, und unter Lebenskunst verstehe ich auch, in schwierigen Situationen nicht aufzugeben, bevor man nicht alles versucht hat, bevor nicht alle Möglichkeiten erwogen und geprüft sind. Schicksalsverschwörungen, gegen die wir vollständig machtlos wären, sind selten. Fast immer gibt es einen Ausweg, wenn wir unseren Ehrgeiz darein setzen, doch noch eine Lösung zu finden. Man kommt erstaunlich weit mit Hartnäckigkeit, Spürsinn und Phantasie, wenn man Lösungen nicht immer in derselben Richtung sucht, aber auch die nächstliegende Möglichkeit vor lauter Gewieftheit nicht außer acht läßt.

Und schließlich scheint mir das Vermögen, dem Leben eine dramatische Dimension abzugewinnen, ebenfalls unter die Lebenskunst zu fallen. Das Wagnis, das Abenteuer, das Experiment gehört dazu, ob in Gedanken oder in Wirklichkeit. Größtmögliche Sicherheit ist keine Bedingung für Glück, und alle Risiken ausschließen zu wollen erscheint mir wie eine Form von Geiz, als wollte man mit einem kleinen Erfahrungsschatz durchs ganze Leben kommen. Wer sich abschottet, wird niemals zum Bewußtsein seiner Kraft und seiner Grenzen kommen, und wer nichts aufs Spiel setzt, läuft Gefahr, irgendwann vor der Banalität des Lebens zu kapitulieren. Wer aber Herausforderungen annimmt, schärft seine Sinne – jene Instrumente also, die uns die Welt als einen Ort der Lust erschließen.

18. Spielregel
Verwechsle Lebenskunst nicht mit süßem Nichtstun oder einem Glück, daß nicht auf Anstrengungen beruht. Die Lebenskunst erfordert eine bewußte Lebensgestaltung. Dazu gehört, sich nicht in sinnlosem Widerstand gegen Zufälle und höhere Gewalt zu verausgaben. Wir haben nicht alles im Griff – die Einsicht in die Unwägbarkeit des Lebens befreit uns von dem Zwang, unermüdlich an unserem Glück zu hämmern und zu feilen.

Teil II
Lebensklugheit in unterschiedlichen Situationen

Wie wir uns erlauben können, fremd zu bleiben – Über Höflichkeit

Sterben die Höflichen aus?

»Enthülle niemals auf unedle Art die Schwächen Deiner Nebenmenschen, um Dich zu erheben! Ziehe nicht ihre Fehler und Verirrungen an das Tageslicht, um auf ihre Unkosten zu schimmern!«

Über den Umgang mit Menschen, 1, 1, 8

Ich habe mit vielen Menschen gesprochen, bevor ich an dieses Buch ging – kein einziger war dabei, der Höflichkeit entbehrlich gefunden hätte. Im Gegenteil.

»Höflichkeit ist enorm wichtig«, sagte ein Lehrer, als das Stichwort fiel. Was er unter Höflichkeit verstehe, wollte ich wissen. Nach kurzer Überlegung zählte er auf: »›Bitte‹ und ›danke‹ sagen. Einem bepackten Menschen die Tür aufhalten. Als Autofahrer anderen signalisieren, was man will, und sich für Entgegenkommen mit einem Handzeichen bedanken. Keinem am Tisch oder in einer Runde für längere Zeit den Rücken zukehren. Leute, die einander nicht kennen, vorstellen. Nicht rauchen, wenn andere essen. Sich mit einer Karte oder einem Anruf am nächsten Tag für einen schönen Abend bedanken … Ich habe einen Schüler«, fuhr er fort, »den ich als höflich bezeichnen würde. Als einzigen in seiner Klasse. Sein Vater kommt aus Ghana, seine Mutter ist Deutsche. Der Junge ist aufgeschlossen und sympathisch und vor allem: Er wird niemals aufdringlich. Überaus angenehm.«

Eine merkwürdige Sache: Jeder rühmt die Höflichkeit – die höflichen Menschen aber scheinen auszusterben. Zumindest wurde in den Gesprächen, die ich geführt habe, nichts häufiger beklagt als der Verlust der Höflichkeit. Einbildung? War womöglich schon immer nur eine Minderheit der Menschheit höflich? Ich glaube nicht. Mein Vorfahr jedenfalls konnte davon ausgehen, daß jeder, der überhaupt Erziehung genossen hatte, mit den Regeln der Höflichkeit so vertraut war, daß er in seinem 1788 erschienenen Buch nicht auf sie einzugehen brauchte. Ganz anders die Erfahrung des französischen Staatsdenkers Alexis de Tocqueville (1805–1859), der vierzig Jahre später die Vereinigten Staaten bereiste. Dort hatte sich so ziemlich alles, was er unter Umgangsformen verstand, verflüchtigt, ja, es gab vielerorts nicht einmal mehr eine Erinnerung daran.

In seinem Buch »Über die Demokratie in Amerika« macht Tocqueville später die Demokratie als Ursache aus. Denn Höflichkeit ist die Kunst, Unterschiede auszugleichen, ohne sie anzutasten, Distanz zu überbrücken, ohne sie aufzuheben, sich näherzukommen, ohne sich anzubiedern – die bürgerliche Demokratie aber macht die Gleichheit aller Bürger zur Grundlage für das menschliche Miteinander und entzieht der Höflichkeit damit gewissermaßen ihren Mutterboden. Gleichheit und Formlosigkeit sind nun zwei Seiten einer Medaille: Durch Formlosigkeit wird der Anspruch auf Gleichheit erhoben, durch Formlosigkeit wird die Gleichheit betont. Wenn Rang- und Standesunterschiede wegfallen und jeder mit jedem von gleich zu gleich verkehrt, so die Erfahrung Tocquevilles in Amerika, dann erliegt der Mensch der Versuchung, sich überall wie unter Freunden oder Kollegen zu bewegen und Umgangsformen aufs Nötigste zu reduzieren.

In Europa waren die Überlebenschancen der Höflichkeit zunächst größer. Es gab weiterhin Traditionen, Eliten und Vorbilder, es gab weiterhin Unterschiede auszugleichen und Distanz zu überbrücken – bis die Protestbewegung des 20. Jahrhunderts die Höflichkeit (zumindest in Westdeutschland) erneut unter Beschuß nahm, und diesmal gleich von mehreren Seiten. Einmal von der Seite der Freiheit her, mit dem Argument, daß alle Umgangsformen der Selbstentfaltung des Individuums im Wege stünden. Zum anderen von der Seite der Gleichheit her, mit dem Argument, ein provokantes, respektloses Auftreten sei das Kennzeichen einer untadeligen proletarischen Haltung, womit schlechte Manieren nachgerade zum Ausweis einer korrekten, antielitären Gesinnung avancierten. Und schließlich galten höfliche Menschen seinerzeit nicht nur als altmodisch, sie zogen auch den weit schlimmeren Verdacht auf sich, mit der deutschen Vergangenheit zu sympathisieren, weil sie nicht dazu bereit waren, sich von Konventionen zu lösen, die die Verbrechen der Nazizeit nicht verhindert hatten. Das amerikanische Vorbild tat ein übriges. Kurz: Wer nicht unangenehm auffallen wollte, gab sich von nun an ungezwungen bis ungehemmt – freundlich, wenn ihm der Sinn danach stand, und grob, wenn ihm nicht nach Freundlichkeit zumute war. Zur selben Zeit war die Höflichkeit im Osten unseres Landes als verlogene bürgerliche Konvention verfemt und praktisch abgeschafft worden. Es galt der proletarisch-kräftige Händedruck und der in der Arbeiterklasse übliche Umgang; alle waren gleich und deshalb per »du«. Genauso verpönt war die Ritterlichkeit. Die Frau war gleichberechtigt; da kam es nicht mehr in Frage, sie als schutzbedürftiges Wesen anzusehen und ihr womöglich in den Mantel zu helfen – hätte ein Mann es versucht, sie hätte diese Dreistigkeit empört zurückgewiesen.

Würde uns heute die Höflichkeit in menschlicher Gestalt begegnen, als Dame in mittleren Jahren vielleicht, sie würde wohl einen arg ramponierten Eindruck machen. Nach alledem wäre das nicht zu verwundern. Ist ihr überhaupt noch zu helfen, der Dame Höflichkeit? Ich glaube schon – zum Beispiel, indem man sie vor dem Verdacht in Schutz nimmt, sich nicht mit dem ungezwungenen Ton, den unverkrampfteren Umgangsformen unserer Tage zu vertragen. So prüde ist sie nämlich gar nicht. In Wirklichkeit beruht dieser Verdacht auf populären Mißverständnissen – der Verwechslung von Höflichkeit mit Etikette etwa oder dem Mißbrauch von Manieren zum Zweck elitärer Abgrenzung von ungeschliffeneren Zeitgenossen –, und diesen Mißverständnissen müßte doch beizukommen sein.

Zunächst einmal: Höflichkeit und Etikette sind zweierlei. Die Etikette ist starr und zwingend, und sie muß es auch sein, weil sie Verständigung angesichts großer Differenzen oder fundamentaler Interessengegensätze gewährleisten soll. Nur ein Beispiel: Am Ende des Dreißigjährigen Krieges hatten sich die Verteter der heillos zerstrittenen europäischen Mächte 1648 in Münster zu Friedensverhandlungen versammelt, um endlich mit diplomatischen Mitteln zu erreichen, was auf den Schlachtfeldern nicht durchzusetzen gewesen war. Es wurde um Länder und Titel und Einfluß gefeilscht, und bisweilen war die Feindseligkeit so groß, daß die Unterhändler einander anschrien, auf die Tische schlugen und Gespräche im Tumult endeten.

In dieser Situation blieb nichts anderes übrig, als die Leidenschaften in ein Korsett aus haargenau definierten, bis ins kleinste festgelegten Verhaltensregeln zu zwingen und die Gespräche gewissermaßen zu ritualisieren – anders war ein halbwegs gesitteter Meinungsaustausch nicht herbeizuführen. Das starre Schema der Etikette hatte also den

Sinn, Verständigung überhaupt erst zu ermöglichen und selbst tiefgreifende Gegensätze erträglich zu machen. Und diese Funktion hatte die Etikette zu allen Zeiten: Sie ist ein Rahmen, keine Brücke. Sie verbindet nicht – sie schafft eine Klammer für Menschen, die nichts miteinander verbindet, indem sie alles Persönliche als Störfaktor ausschaltet. So gesehen ist Höflichkeit tatsächlich das Gegenteil von Etikette. Die Höflichkeit nämlich schafft ein persönliches Klima, noch bevor sich persönliche Beziehungen entwickelt haben, sie stellt ein Entgegenkommen dar, das es allen Beteiligten erleichtert, ihre Befangenheit abzulegen, sich in ihrer Haut wohl und obendrein sicher zu fühlen – vor Grobheit, Zumutungen oder allzu persönlicher Neugier zum Beispiel – und Vertrauen zueinander zu fassen. Mit einem Wort: Die Etikette ist zwingend, die Höflichkeit befreiend.

Zum zweiten Irrtum, dem dünkelhaften Mißbrauch guter Manieren zur Abgrenzung von weniger manierlichen Zeitgenossen, fällt mir eine Radiosendung ein. Da wurde eine der führenden Benimmkapazitäten unseres Landes vom Moderator gefragt, wie er denn reagieren würde, wenn jemand, mit dem er sich im Restaurant verabredet hat, beim Verzehr seiner Spaghetti nicht nur die Gabel benutzen, sondern auch einen Löffel zu Hilfe nehmen würde. »Nun, ich würde diesen Menschen freundlich auf sein Fehlverhalten hinweisen«, lautete die Antwort. »Und wenn er dann trotzdem auf seinen Löffel nicht verzichten mag, würde ich wohl davon absehen, noch einmal mit ihm zu speisen.« Ich fürchte: So viel dieser Mensch von Benimm verstehen mag, so wenig versteht er von gutem Benehmen. Seine Antwort jedenfalls zeugt von allem möglichen, von Förmlichkeit, Geringschätzung, Nörgelei und Überheblichkeit, aber nicht von Höflichkeit. Der höfliche Mensch hat das größtmögliche Wohlbefinden aller im Auge und würde deshalb die Wahl des Bestecks als technische Frage betrachten – schließlich ist allen gedient, wenn jemand seine Spaghetti unter Zuhilfenahme eines Löffels eleganter bewältigt als ohne. Nein, hier hatte offenbar jemand einen Vorbehalt gegen Leute, die nicht zur gleichen Manieren-Elite gehören wie er selbst. So bringt man Umgangsformen in Verruf.

Einer Höflichkeit, die lediglich eitler Selbstbestätigung Vorschub leistet, würde wohl kein Mensch nachtrauern. Wenn man sie schmerzlich vermißt, dann deshalb, weil sie eine Übereinkunft darüber darstellt, was im Umgang miteinander als liebenswürdig und respektvoll gelten soll, um Mißverständnisse oder die unabsichtliche Verletzung der Gefühle anderer zuverlässig auszuschließen, vor allem aber, um den einzelnen nicht den wechselnden Launen seiner Mitmenschen auszuliefern. Denn die Höflichkeit ist nicht spontan wie die Freundlichkeit, sie wird nicht je nach Stimmung gewährt oder vorenthalten, sie nimmt keine Rücksicht darauf, wie einer gerade »drauf ist«. Um so mehr Rücksicht nimmt sie auf Unterschiede – und trägt damit den tatsächlichen Gegebenheiten Rechnung. Die Menschen sind eben nicht alle gut Freund und schon gar nicht alle gleich, sie können sich fremd sein oder unterschiedlichen hierarchischen Ebenen, verschiedenen Generationen, dem einen oder anderen Geschlecht und unterschiedlichen sozialen Milieus oder Kulturen angehören oder einfach sehr gegensätzlicher Auffassung sein. Der höfliche Mensch leugnet diese Unterschiede nicht, er respektiert die Ungleichheit – und erklärt sie im selben Moment als unerheblich für die Verständigung. Die Höflichkeit ist die einzige gemeinsame Sprache, die über alle sozialen und kulturellen Gräben und Grenzen hinweg verstanden wird.

Eines der schönsten Beispiele für Höflichkeit wird uns vom spanischen König Alfons XIII. berichtet. Die Anekdote erzählt, daß ein Bürger aus kleinen Verhältnissen seiner Verdienste wegen zu einem Bankett am Hof von Madrid geladen war. Neben seinem Teller stand eine Schale mit Waschwasser für die Hände, und da er sich nicht auskannte, setzte er die Schale an den Mund und trank. Der König hatte das bemerkt, genauso wie ihm die spöttische Mißbilligung auf den Gesichtern der anderen Gäste nicht entgangen war, nahm seine eigene Wasserschale, setzte sie ebenfalls an den Mund und trank auch – woraufhin alle Anwesenden, nach einem Augenblick des Zögerns, seinem Beispiel folgten.

Das ist wahre Höflichkeit: alle Etikette in den Wind schlagen, wenn man einem Menschen dadurch eine Blamage ersparen kann. Man sieht – die Unterschiede bleiben. Aber sie lassen sich verwischen.

19. Spielregel
Die Höflichkeit braucht sich weder dem Zwang zur Gleichheit noch dem Zwang zum Individualismus zu beugen. Sie balanciert alle Arten von Ungleichgewicht aus und hält sie für die Dauer der Begegnung in der Schwebe. Wer höflich ist, der gibt dem anderen zu verstehen: Ich weiß um den Unterschied zwischen uns, aber ich will nicht, daß er unserer Verständigung im Wege steht.

Das verbindende Element

»Überhaupt muß man so wenig wie möglich die Leute in Verlegenheit setzen, vielmehr sich bemühn, wenn auch jemand im Begriff ist, eine Unvorsichtigkeit zu begehen (zum Beispiel schlecht von einem Buche zu reden, dessen

Verfasser gegenwärtig ist) oder sonst beschämt zu werden, ihm diese Verlegenheit zu ersparen, oder die Sache auf irgend eine Weise wieder ins Feine zu bringen.«
Über den Umgang mit Menschen, 1, 1, 25

Was ist Höflichkeit? Gefälligkeit erweisen, Aufmerksamkeit schenken und kleine Abstriche an der eigenen Bequemlichkeit vornehmen – sagt der Schriftsteller Alexander von Gleichen-Rußwurm (1865–1947), ein Urenkel Friedrich Schillers, dem wir als Kenner der höfischen Sitten glauben dürfen, wenn er darüber hinaus versichert, die wahre Höflichkeit sei leicht, angenehm und natürlich. Nur kommen mir diese Beschreibungen allzu schaumig vor, und ich befürchte, es ist nicht damit getan, bloß treuherzig mehr Höflichkeit anzumahnen, und wenig damit gewonnen, Schulklassen Unterricht in Manieren zu erteilen – angesichts der Tatsache, daß der Höflichkeit in unseren Tagen mehr entgegensteht als nur eine vorübergehende Tendenz zum Saloppen. Mir scheint es daher sinnvoll, die Höflichkeit einmal in ihre Elemente zu zerlegen und jedes als Stichwort für die folgenden Gedanken und Empfehlungen zu nehmen.

1. *Freiheit.* Ist Höflichkeit Verstellung? Ein altbekannter Vorwurf. Die Frage läßt sich nur beantworten, wenn wir zwischen zwei Formen der Freiheit unterscheiden. Die erste Form ist die Befreiung, also die Freiheit von Unterdrückung, Fesseln und allem, was einen beengt oder behindert. Diese Freiheit läßt offen, was ich mit meiner Freiheit eigentlich anstellen will, sie ist gewissermaßen leer – ein bloßes Aufatmen, nachdem mir meine Möglichkeiten bewußt geworden sind. Die zweite Form der Freiheit ist die Gestaltungsfreiheit; jetzt geht es um die Fragen: Was fange ich mit meiner Freiheit an? Wozu nutze ich meine Möglichkeiten?

Diese Freiheit ist der Grund dafür, weshalb ich für die Folgen meines Handelns verantwortlich bin.

Betrachten wir die Höflichkeit aus diesen beiden Perspektiven, stellen wir fest: Aus der Perspektive der ersten Freiheitsform hat Höflichkeit allerdings mit Verstellung zu tun, weil mein Verhalten als höflicher Mensch nicht unbedingt meine Gemütsverfassung spiegelt, das heißt: Ich muß meine Launen zügeln, mich verstellen. Aus der Perspektive der zweiten Freiheitsform ist Höflichkeit jedoch keine Verstellung, weil sie mit meinen Absichten übereinstimmt – und insofern ist sie Ausdruck meiner Freiheit, mein Verhalten unabhängig von meinen Gemütszuständen oder spontanen Empfindungen nach vernünftigen Zwecken auszurichten. Wer etwas erreichen will, wer etwas bewirken will, für den bedeutet Höflichkeit also vor allem eines: Handlungsfreiheit.

2. *Ehrerbietung.* Alle Höflichkeit enthält ein Element der Ehrerbietung, weil jeder Mensch Ehre hat. Das eben ist der große Erkenntnisfortschritt, den wir der Demokratie verdanken: daß Ehre kein Privileg hoher Herrschaften ist. Die Ehre markiert die Grenze, über die ich mich nicht hinauswagen sollte, sie ist ein Tabu – und nichts bewahrt mich sicherer davor, es zu verletzen, als die Höflichkeit. Je größer der Unterschied zwischen zwei Menschen ist, desto stärker tritt dieses Element der Ehrerbietung hervor; in der Ritterlichkeit zum Beispiel, wo es um den größten denkbaren Unterschied überhaupt geht, den Geschlechterunterschied, oder wenn ich als jüngerer Mensch einem alten Menschen meinen Platz anbiete. Das sind klassische Beispiele, leicht nachvollziehbar, aber selbst in den alltäglichsten Situationen hat die Ehrerbietung ihren Platz, aus dem einfachen Grund, weil auch die Verkäuferin hinter der Käsetheke im Supermarkt Ehre hat.

In diesem Fall würde die Ehrerbietung darin bestehen, daß man höflich und in ganzen Sätzen mit ihr spricht, ein paar Worte mehr als nötig macht und dem üblicherweise rudimentären Verkaufsgespräch den Anstrich einer kleinen Unterhaltung gibt – auch und gerade dann, wenn man an eine unwirsche Person geraten ist. Wer unbeirrt höflich bleibt, wird erleben, daß sich das Gesicht der ungeduldigsten Verkäuferin in kürzester Zeit aufhellt. Und schließlich haben auch Kinder Ehre. Ich rate deshalb dazu, es bei Kindern, eigenen wie fremden, nicht bei der üblichen, oftmals anbiedernden oder herablassenden Freundlichkeit zu belassen, sondern ihnen mit derselben höflichen Aufmerksamkeit zu begegnen wie Erwachsenen, sie mit einem gewissen Aufwand zu begrüßen und, wenn es sich anbietet, ins Gespräch einzubeziehen, als wäre ihr Beitrag genauso wertvoll wie jeder andere. Er ist es. Wie ansteckend Höflichkeit wirkt, diese Erfahrung kann man am leichtesten bei Kindern machen: Mit einem Mal fühlen sie sich respektiert und ernst genommen und halten sich plötzlich bereitwillig an Spielregeln, von denen sie bis dahin womöglich nichts wissen wollten.

3. *Aufmerksamkeit und Rücksicht.* Seine Mitmenschen anschauen, wahrnehmen und beachten – das ist das A und O der Höflichkeit. Wer aufmerksam und rücksichtsvoll ist, hat das Wesen der Höflichkeit verstanden, selbst wenn ihm das Grundgesetz der Manieren, Konventionen und Etikette vollkommen unbekannt sein sollte. Im übrigen haben viele Konventionen ihren Grund in jener erhöhten Wachsamkeit, die den praktischen Kern der Höflichkeit ausmacht. Wenn der Mann zum Beispiel beim Betreten einer Kneipe heute immer noch vorangeht, gibt es dafür eine simple historische Erklärung: In den alten Zeiten mußte er sich zunächst ver-

gewissern, ob drinnen dicke Luft herrschte, womöglich eine zünftige Wirtshausschlägerei im Gang war, bevor er mit seiner weiblichen Begleitung eintrat. Andere Gebote der Höflichkeit leuchten unmittelbar ein, wenn wir den Maßstab der Aufmerksamkeit und Rücksicht anlegen: daß wir uns mit einem Bekannten, den wir zufällig in einer Kneipe treffen, erst dann auf eine Unterhaltung einlassen, wenn wir die Leute, die mit ihm am Tisch sitzen, zuvor begrüßt haben; daß wir anderen in einer Runde nicht demonstrativ den Rücken zuwenden; daß wir, wenn wir uns verabredet haben, pünktlich sind, ja, uns vorsichtshalber etwas früher am vereinbarten Treffpunkt einfinden; daß wir im Kino, im Konzert oder bei einem Vortrag alles vermeiden, was die Konzentration der anderen stören könnte oder von den auftretenden Künstlern als Mißachtung verstanden werden müßte; daß wir schließlich anderen jede Peinlichkeit ersparen, indem wir einfach über ein Mißgeschick hinwegsehen oder jedenfalls kein Aufhebens davon machen oder aber, wenn sich jemand unbeobachtet glaubt, uns durch kräftigeres Auftreten oder ein Hüsteln bemerkbar machen.

Was wohl am stärksten zum Eindruck allgemeiner Unhöflichkeit beiträgt, ist eine gewisse Sturheit in alltäglichen Situationen, bei all den zufälligen Begegnungen mit Menschen, die im Lauf des Tages unseren Weg kreuzen und denen man mit einem Wort, einem Blick, einem Lächeln zu verstehen geben könnte, daß man sie durchaus zur Kenntnis genommen hat. Wie selten wird bei uns eine kleine Rempelei, ein Mißverständnis, ein komischer Zwischenfall zum Anlaß für einen kurzen Wortwechsel genommen, wie es in anderen Ländern üblich ist, wie oft gehen wir wortlos darüber hinweg und zu unserer Tagesordnung über, als hätten wir nichts bemerkt. Es mag banal klingen, ist aber ein offenes Geheimnis der Höflichkeit: Vielfach besteht sie einfach darin, ein paar Worte mehr als unbedingt nötig zu machen.

4. *Dankbarkeit.* Ich kannte einen sehr reichen Mann, Bauunternehmer und Eigentümer mehrerer Schlösser und Burgen, der nahm seine Kinder einmal im Jahr mit nach Kolumbien und fuhr mit ihnen durch die Straßen von Bogotá, damit sie sich mit eigenen Augen davon überzeugten, daß Überfluß nichts Selbstverständliches ist. Auf diese Weise wollte er seine Kinder Dankbarkeit lehren. Ob dieses Mittel geholfen hat, weiß ich nicht, aber daß die Selbstverständlichkeit des Wohlstands die Dankbarkeit untergräbt, das scheint mir plausibel. Und ich bin sicher, daß der Verlust der Dankbarkeit ein Grund für den Verlust der Höflichkeit ist, denn Dankbarkeit macht einen wesentlichen Teil der Höflichkeit aus. Die Unhöflichkeit eines Menschen, der sich nicht bedankt, wirkt immer besonders ärgerlich, sie fällt auch am schnellsten auf, weil die tausenderlei Vergünstigungen und Wohltaten, in deren Genuß wir durch unseren Wohlstand kommen, tausenderlei Anlässe für Dankbarkeit darstellen. Bedanken wir uns lieber einmal zu viel als einmal zu wenig, für die Einladung, das Essen, die Unterhaltung, das Kompliment, die Mitfahrgelegenheit, den Brief, den Zeitungsartikel, den uns jemand zugeschickt hat, weil uns das Thema interessieren könnte. Und revanchieren wir uns bei Gelegenheit! Ein dankbarer Mensch gilt nicht nur als höflich, sondern als kultiviert.

5. *Distanz.* An diesem Punkt gehen Zeitgeist und Höflichkeit am weitesten auseinander. Nähe ist die Obsession unserer Tage; intensiver Körperkontakt, private Enthüllungen und jegliche Ausstülpung der Intimsphäre gelten als Ausweis unverfälschter Menschlichkeit. Die Nähe und die Launen, beides ist dem Zeitgeist heilig – und der Höflichkeit

eher suspekt. Denn die Höflichkeit respektiert das Menschenrecht auf Unterschiedlichkeit, sie kalkuliert die Möglichkeit großer Fremdheit ein und achtet das, was Menschen trennt, nicht weniger als das, was sie verbindet. Der vertraulich-vereinnahmende Ton vom ersten Augenblick an ist ihre Sache nicht.

Die Höflichkeit ist also auf jeden Fall diskret. Sie läßt dem anderen seinen Spielraum, seine Bewegungsfreiheit, sie drängt sich nicht auf und biedert sich nicht an. Tragen wir deshalb nicht jedem Kellner im Restaurant als erstes unsere Freundschaft an, erwarten wir nicht von jeder Verkäuferin, daß sie uns mit einem strahlenden Lächeln empfängt – mehr, als daß jeder seine Arbeit ordentlich macht, kann man nicht verlangen. Begehen wir auch nicht den Irrtum, zu glauben, der schnelle Wechsel vom »Sie« zum »du« würde die Beziehung zu einem anderen Menschen zwangsläufig unkomplizierter machen – nicht selten ist das Gegenteil der Fall. Und beteiligen wir uns nicht an dem Terror der Intimität, den dieser Tage all jene verbreiten, denen es beim Telefonieren in der Öffentlichkeit um einen möglichst großen Zuhörerkreis geht.

6. *Gefälligkeit.* Geradezu allergisch reagieren manche auf die Forderung, gefällig zu sein. Der moderne Mensch mag nicht gefällig sein, lieber beansprucht er, lieber erklärt er sich für unzuständig, lieber beruft er sich auf sein Recht und spart sich die Höflichkeit. »Das habe ich nicht nötig …«, heißt es dann, und gemeint sind Schleimerei und Anbiederung. Die Höflichkeit ist das genaue Gegenteil davon – völlig richtig hingegen ist, daß es dabei um Gefallen und Gefälligkeit geht.

Bisweilen ist es nicht klug, als erstes auf seine Rechte zu pochen, bisweilen brauchen sich andere von uns auch nichts sagen zu lassen – da ist Höflichkeit dann die sicherste Methode, jemanden für uns einzunehmen und Gehör zu finden. Gefälligkeit und Entgegenkommen machen den strategischen Aspekt der Höflichkeit aus, denn Gefälligkeiten haben ihren Preis, sie verpflichten den Empfänger zu Gefälligkeiten bei anderer Gelegenheit und zahlen sich daher im Privatleben wie im Geschäftsleben aus. Im übrigen sind es die kleinen Gefälligkeiten, die eine angenehme Atmosphäre schaffen, wie zum Beispiel: den Nachfolgenden die Tür aufhalten, jemandem in den Mantel und wieder heraushelfen oder auch kleine Komplimente verteilen, wenn uns etwas gefällt, die neue Brille oder die Frisur zum Beispiel. Und manchmal ist eine Gefälligkeit auch ein Zeichen von Souveränität, etwa dann, wenn wir Papiere vom Boden auflesen, die ein Windstoß vom Tisch gefegt hat, obwohl das von uns gar nicht erwartet wird. Wir werden dann übrigens erleben, daß sich andere sehr schnell und ganz unaufgefordert ein Beispiel an uns nehmen.

7. *Geduld.* Höflichkeit ist zeitaufwendig. Jemandem die Tür aufhalten kann uns drei Sekunden kosten – in einer Welt, die die Zeit nach hundertstel Sekunden mißt, eine halbe Ewigkeit. Vor allem im Straßenverkehr macht sich die wachsende Ungeduld als Unhöflichkeit bemerkbar. Im Gehäuse seines Autos ist der Drängler vor empörten Kommentaren und wütenden Blicken sicher, da darf er sich Unmanierlichkeiten erlauben, die er sich sonst gut überlegen würde, da darf er auch durch Hupen seinen Vordermann abstrafen, der sich erdreistet anzuhalten, um ein Auto aus einer Seitenstraße einbiegen zu lassen. Wer im Straßenverkehr höflich bleiben will, braucht also zusätzlich ein dickes Fell. Grundsätzlich gilt: Der Höfliche verhält sich stets so, als hätte er Zeit. Alles kurze Abfertigen ist unhöflich.

Allerdings braucht unsere Geduld nicht unerschöpflich zu sein. Ich hörte von einem Mann, der betrat die Praxis seines Arztes, wurde von den Sprechstundenhilfen am Empfang keines Blickes gewürdigt, wartete kurz, und als sie ungerührt weiterplauderten, sagte er: »Ich gehe jetzt noch einmal hinaus und komme wieder herein, und dann begrüßen Sie mich. Und wenn Sie einen besonderen Grund für diese Höflichkeit brauchen: Ich bin derjenige, der Ihnen Ihr Gehalt bringt.« Das war gut gemacht. Denn gelegentlich darf man, ganz höflich, unfreundlich werden.

8. *Manieren.* Gute Manieren sind angenehm, man sollte mit ihnen vertraut sein. Einmal, weil man sich dann in Gesellschaft sicherer fühlt, zum anderen, damit man weiß, was man tut, wenn man dagegen verstößt. Konventionen sind sinnvoll, solange sie Ausdruck der Achtung sind, und meist verzichtbar, sobald sie Selbstzweck sind oder lediglich der Abgrenzung von Banausen dienen. Wer es mit den Manieren übertreibt, also einen »excess of ceremony« betreibt, wie es der englische Philosoph John Locke (1632–1704) nennt, der wirkt manieriert und damit lächerlich. Wir sollten aber, bevor wir uns gegen eine Konvention entscheiden, bedenken, daß Manieren kein unwichtiger Bestandteil unserer Kultur sind.

Nicht überall sind dieselben Manieren angebracht. Auf einem Fest schickte sich ein Freund von mir an, der Dame, die ihm auf der Treppe entgegenkam, einen Handkuß zu geben. Der äußere Rahmen dieses Festes war durchaus dazu angetan, sich dieser althergebrachten Begrüßungsform zu bedienen, doch die Dame zog ihre Hand irritiert zurück – mein Freund hatte die Haushälterin mit der Gastgeberin verwechselt! Solche Formfehler können einem bei größter Gewandtheit unterlaufen, und ich finde sie nicht tragisch. Viel ärgerlicher wäre es, aus Angst vor Formfehlern ganz auf einen Akt der Höflichkeit zu verzichten. Nicht zu wissen, in welcher Reihenfolge Menschen einander vorgestellt werden, sollte uns also nicht daran hindern, sie überhaupt miteinander bekannt zu machen.

In vielen Fällen hilft, wie so oft, fragen und sich erkundigen. Den meisten ist es peinlich, wenn sie partout nicht auf den Namen eines Menschen kommen, den sie längere Zeit nicht gesehen haben. Sollte einem kein Zufall und kein Dritter zu Hilfe kommen, den man heimlich fragen könnte, so erspare man sich einen Eiertanz und gestehe rundheraus, daß man etwas Nachhilfe braucht, weil einen das Gedächtnis gerade im Stich läßt. Menschen ab einem bestimmten Alter haben das größte Verständnis dafür. Im übrigen darf der als formvollendet gelten, der andere ihre versehentlichen Verstöße gegen die guten Sitten nicht spüren läßt.

9. *Selbstverständlichkeit.* Über vieles kann man diskutieren, über den Wert der Höflichkeit nicht. Sie muß selbstverständlich sein und deshalb von klein auf geübt werden. Das ist heute – nach allem, was man hört – nicht mehr der Fall; Kindergärtnerinnen und Lehrer berichten von jungen Menschen, die in keiner Weise mehr auf andere zugehen und auf andere eingehen können. Ich möchte daher abschließend mit aller gebotenen Höflichkeit daran erinnern, daß der Tisch, an dem alle gemeinsam die Mahlzeiten einnehmen, seit jeher das familiäre Übungsfeld der Höflichkeit par excellence gewesen ist. Wenn wir das Essen nur noch als Sättigungsvorgang verstehen, zerstören wir die Grundlage jedes zivilisierten Verhaltens! Ganz abgesehen davon, daß zwischen Tür und Angel der Genuß auf der Strecke bleibt.

20. Spielregel
Umgangsformen sind ein Teil unserer Kultur – gib sie nicht leichtfertig auf. Aber verzichte nicht aus Unsicherheit ganz auf einen Akt der Höflichkeit! Denn wichtiger als alle Manieren ist die selbstverständliche Umgänglichkeit, mit der ein Mensch auf andere zugeht, auf sie eingeht, Gemeinsamkeit herstellt und allen ein Gefühl der Sicherheit gibt.

Auf den Anknüpfungspunkt kommen – Über die Kunst des Gesprächs

Das gesellige Gespräch

»Laß auch andre zu Worte kommen, ihren Teil mit hergeben, zur allgemeinen Unterhaltung! Es gibt Leute, die, ohne es selbst zu merken, aller Orten die Sprachführer sind; und wären sie in einem Zirkel von fünfzig Personen, so würden sie sich dennoch bald zum Meister von der ganzen Unterhaltung machen.«
Über den Umgang mit Menschen, 1, 1, 34

Regeln für eine Kunst des Gesprächs? Sind die Tage einer formvollendeten, aber blutleeren Konversation nicht vorbei? Kann man in einem Gespräch überhaupt noch etwas falsch machen?

O ja, man kann. Und zwar gerade deshalb, weil man sich heutzutage als Person im Gespräch zu erkennen gibt – was man in der kunstvollen Konversation vergangener Tage eben tunlichst vermied. Heute haben wir allen Grund, einen Menschen nach der Art zu beurteilen, wie er sich im Gespräch gibt. Wie einsichtig oder uneinsichtig sich einer zeigt, was und wieviel er zu einem Gespräch beizutragen hat, ob er vor vorschnellen Schlußfolgerungen warnt oder bei jeder Gelegenheit Extrempositionen bezieht, andere zum Zug kommen läßt oder überrollt, abweichende Meinungen gelten läßt oder mit verächtlichem Kopfschütteln bedenkt – all dies sagt etwas über die Person. Ganz abgesehen davon, daß es entscheidend vom Verhalten aller Gesprächspartner abhängt, ob eine Unterhaltung tatsächlich unterhaltsam ausfällt oder langweilig und quälend verläuft. Und dann kann man sich durch Reden auch Sympathien verscherzen und Chancen vermasseln – schließlich gibt es Gespräche, von denen etwas abhängt, die gelingen oder scheitern können, bei denen man glänzen oder sich blamieren kann.

Ich finde also mindestens zwei Gründe, warum wir nicht völlig naiv, nicht gänzlich gedankenlos an Gespräche herangehen sollten: zum einen, weil Reden im höchsten Maße Selbstdarstellung ist, und zum anderen, weil unser Erfolg in vielen Fällen davon abhängt, wie klug, wie wohlüberlegt wir im Gespräch vorgehen. Ob uns das Reden liegt oder nicht, ist dabei Nebensache – auch der geborene Unterhalter kann auf die Nerven gehen, auch der talentierte Redner kann eine schlechte Figur machen, solange er nicht versteht, worauf er sich beim Gespräch eigentlich einläßt. Die folgenden Ratschläge gelten deshalb für Wortgewandte wie für Mundfaule.

1. *Jedes Gespräch ist ein Gemeinschaftsprojekt.* Ohne den Techno-Liebhabern zu nahetreten zu wollen – für das Gespräch gilt nicht die Grundregel moderner Tänze: Jeder für sich und jeder bis zum Umfallen! Zumindest im freundschaftlichen Gespräch geht es grundsätzlich darum, soviel wie möglich voneinander zu haben. Deshalb: Nicht das Gespräch an sich reißen, niemanden vom Gespräch aus-

schließen, jedem möglichst dieselbe Aufmerksamkeit entgegenbringen und auch diejenigen einbeziehen, die sich in die Ecke gedrängt fühlen könnten, weil sie nicht zum Zug kommen. Jeder, der mit uns am Tisch sitzt, hat dasselbe Recht, zu Wort zu kommen und gehört zu werden – übrigens auch Kinder, auch sehr viel ältere Leute, vor allem aber auch Fremde und schüchterne Menschen. Wirklich gute Unterhalter verfallen nicht in den Irrtum, das, was sie selbst zu sagen haben, sei mit Abstand das Wichtigste; die setzen alles daran, auch die anderen ins Spiel zu bringen, diesem ein Stichwort zu liefern und jenem Gelegenheit zu geben, aus dem Schatten der Sprachgewaltigen herauszutreten. Lassen wir uns also nie dazu hinreißen, die anderen in unserer Runde mit einem Wortschwall zu erschlagen, als ginge es im Gespräch um die persönliche Einschaltquote! Wer etwas sagt, der verdient, daß wir auf ihn eingehen – kaum etwas ist unhöflicher, als ihn abzuwürgen, weil uns im selben Augenblick etwas unendlich viel Intelligenteres eingefallen ist.

Übrigens ist es eine sympathische Aufmerksamkeit, wenn man ein wenig Aufhebens von jemandem macht, der später zu einer Runde dazustößt, und nach der Begrüßung nicht einfach wieder zur »Tagesordnung« übergeht. Sofern nicht gerade alle vom Schwung einer lebhaften Unterhaltung fortgerissen werden, sollte man sein Gespräch ruhig unterbrechen, um dem Neuling Gelegenheit zu geben, erst einmal von sich zu sprechen – so läßt man ihn ohne große Worte spüren, daß er eine Bereicherung des Abends darstellt.

2. *Sich selbst nicht partout in den Vordergrund spielen!* Ich kann aber auch nichts Anstößiges dabei finden, sich in einen »Sängerwettstreit« hineinzusteigern, bei dem alle einander

mit hinreißend komischen Einfällen, grotesken Geschichten oder geistreichen Formulierungen zu übertreffen versuchen – daß das eine oder andere trockenere Gemüt dabei zu kurz kommt, wäre in Kauf zu nehmen. Man hüte sich jedoch davor, den ganzen Abend allein im Mittelpunkt stehen zu wollen! Eingefleischte Selbstdarsteller können jede Unterhaltung ruinieren; mit ihnen wird man nie erleben, was wohl jeder unter einem gelungenen Abend versteht: daß das Gespräch wie von selbst in Fluß kommt, die Einfälle sprudeln, ein Wort das andere gibt, man gar nicht mehr aufhören mag und bis tief in die Nacht hinein keine Müdigkeit verspürt. Die wenigsten Selbstdarsteller übrigens merken, daß sie nur ein einziges Thema haben; ich selbst bin einmal der Überzeugung gewesen, bei einer Dame, deren Gast ich für einige Tage war, einen amüsanten Unterhalter abgegeben zu haben – bis ich später erfuhr, wie sie unsere Begegnung erlebt hatte. »Ein sympathischer junger Mann«, soll sie gesagt haben. »Vielseitig und beschlagen. Leider redet er ununterbrochen über sich selbst.«

Dergleichen muß man bisweilen gesagt bekommen, bevor es einem selbst auffällt. Denn zweifellos ist es so: Wer nur seine eigenen Qualitäten und Abenteuer für erwähnenswert hält, dem geht es allein um den Applaus, der degradiert jede Gesprächsrunde zum Publikum und gibt damit zu verstehen, daß ihm alle anderen gleichgültig sind. So macht man sich Zuhörer und auf Dauer sogar Freunde abspenstig, weil man selbst anderen über kurz oder lang ebenfalls gleichgültig wird. Jedem beliebigen Menschen, auch dem unauffälligsten etwas abgewinnen zu können, ist eine große Kunst – wer sie beherrscht, profitiert nicht zuletzt selber davon, weil ihm Langeweile weitgehend erspart bleibt. Die Früchte dieser Kunst werden wir allerdings nur dann ernten, wenn wir uns davon überzeugen lassen, daß es nichts Uninteressantes gibt. Je mehr Interesse wir aufbringen, je mehr wir uns in einen Gegenstand vertiefen, desto interessanter erscheint er, und wo wir noch nicht gelernt haben, Interesse zu entwickeln, da müssen wir eben einstweilen Interesse vortäuschen. Das heißt: Es ist nicht nur erlaubt, seiner Neugier freien Lauf zu lassen, sie ist geradezu der Treibstoff eines lebhaften Gesprächs – sofern niemand den Verdacht haben muß, daß wir aus einem frivolen oder hinterhältigen Interesse heraus fragen.

3. *Fragen stellen und sich stellen lassen!* Mir sind diejenigen Gesprächspartner am liebsten, die mit dem Ziel sprechen, verstanden zu werden, nicht in der Absicht, zu beeindrukken. Wer auf Nachfragen seiner Zuhörer unwillig reagiert, so als wäre es eine Beleidigung für ihn, daß man ihn nicht auf Anhieb verstanden hat, beweist damit nur, daß ihm weniger am Verständnis als viel mehr an der Überrumplung seiner Zuhörer liegt. Man lasse sich von der Eitelkeit solcher Leute nicht einschüchtern – schließlich beweisen Zwischenfragen, daß man den Sprecher ernst nimmt und ihm aufmerksam folgt. Nur nicht so tun, als wüßte und verstände man schon alles! Im übrigen – Fragen werden in den meisten Fällen als durchaus schmeichelhaft empfunden, vor allem dann, wenn sie dem Sprecher einen unverfänglichen Grund dafür verschaffen, die Tür zur Schatzkammer seines Wissens einen Spaltbreit zu öffnen.

Grundsätzlich gilt: Durch Fragen kommt man ins Gespräch, durch Nachfragen bleibt man im Gespräch. Wer fragt, gibt den Leuten Gelegenheit, über sich selbst zu sprechen, und über weniges freut sich der Mensch mehr. Man versuche es nur und frage jemanden, den man flüchtig oder gar nicht kennt, nach einem Detail seines Lebens (»Wo haben Sie studiert?«, »Höre ich bei Ihnen den Akzent der Lausitz heraus?«) – aller Wahrscheinlichkeit nach wird er ausführlicher antworten als erwartet. Eine geschickte Frage kann eine halbe Lebensgeschichte auslösen.

4. *Einfluß auf das Gespräch nehmen!* Man muß nicht zu allem etwas zu sagen haben, man muß nicht alles kommentieren und unablässig unter Beweis stellen, daß man bei wirklich jedem Thema mitreden kann. Nur unsichere Menschen können sich nicht überwinden, eine Wissenslücke zuzugeben – solche Kompetenzhuber und Allroundexperten bringen sich sehr schnell um ihre Glaubwürdigkeit. Setzen wir uns also nicht unter den Druck, allwissend erscheinen zu müssen, jeder kleine Irrtum unsererseits erscheint den anderen sonst gleich als kapitale Blamage. Aber lassen wir uns andererseits auch nicht wie einen lahmen Gaul durch die Unterhaltung schleppen, lassen wir uns nicht alles wie Würmer aus der Nase ziehen! Wer den Eindruck erweckt, nichts zu sagen zu haben, wer um so einsilbiger wird, je munterer die übrigen werden, an dem verliert auch der Nachsichtigste irgendwann das Interesse, auf dessen Gesellschaft legt man schon bald keinen Wert mehr und lädt ihn allenfalls noch dann und wann aus Höflichkeit ein.

Genauso wenig sind die ein Gewinn für die Unterhaltung, die nur über ihren Beruf oder ihr Spezialgebiet reden können, oder nur dann etwas zum Gespräch beitragen, wenn sie mit ihrem Wissen und ihrem Sachverstand aushelfen können, und womöglich den ganzen Abend auf ein Stichwort lauern, um ein einziges Mal als Experte zu glänzen. Wer sich im geselligen Gespräch das nötige Maß an Geistesgegenwart nicht zutraut, dem rate ich, sich vorher Gedanken zu machen, sich ruhig ein paar Themen zurechtzulegen, zu denen jeder etwas zu sagen haben könnte, und seine Argumente vorab zu ordnen, wenn man eine Streitfrage anschneiden will. Es ist nicht ehrenrührig, vorbereitet in ein Gespräch zu gehen, und niemand braucht sich wie ein Betrüger oder Gaukler vorzukommen, der seiner Spontaneität mit rhetorischen Schachzügen auf die Sprünge hilft, die er sich vorher gut überlegt hat – solange es nicht so wirkt, als würde er ein einstudiertes Programm abspulen! Hauptsache, wir beschränken uns nicht einen ganzen Abend aufs Reagieren und Kommentieren, sondern ergreifen auch mal die Initiative, bestimmen auch mal das Thema, tragen auch selbst zur Belebung des Gesprächs bei.

5. *Den anderen nicht den Wind aus den Segeln nehmen!* Grundsätzlich bekommt es jedem Gespräch gut, wenn sich Teilnehmer finden, die nicht mit allem, was an Meinungen aufgetischt wird, einverstanden sind. Widerspruch bringt eine Unterhaltung in Gang, Zustimmung schläfert sie ein. Voraussetzung für ein fruchtbares Gespräch ist allerdings ein Einverständnis über die grundsätzlichen Regeln der Fairneß.

Dazu gehört, dem anderen nicht das Wort abzuschneiden – ein selbstverständliches Gebot, an das aber besonders Männer immer wieder erinnert werden müssen. Eine der verbreitetsten männlichen Unsitten ist es, die eigene Frau oder Freundin nicht ausreden zu lassen oder womöglich gleich an ihrer Stelle zu antworten und sie so oder so mundtot zu machen. Wie oft erlebt man es, daß einer seiner Lebensgefährtin eine Geschichte nach den ersten drei Sätzen aus dem Mund reißt, weil er befürchtet, sie könnte womöglich die Pointe verderben! Lieber erdulde man, daß eine Geschichte tatsächlich in den Sand gesetzt, eine Pointe tatsächlich verschenkt wird, als seine Frau oder Freundin so zu beschämen. Und kein Mann sollte damit rechnen dürfen, daß eine Frau solche Respektlosigkeit um des lieben Friedens willen mit gesenktem Blick hinnimmt.

Überhaupt gibt es Menschen, die gewöhnt sind, im Gespräch gewissermaßen unterschlagen zu werden. Sie setzen zu einer Bemerkung an, werden unterbrochen und verstummen. Wir sollten uns, ganz unauffällig, ganz ohne moralischen Aufwand, zu Anwälten solcher Personen machen, das heißt, sie ansprechen, uns nach ihrer Meinung erkundigen und das Gespräch gelegentlich auf Gebiete lenken, auf denen sie sich auskennen – wenn es sonst niemand tut. Ich habe mir manche dankbare Sympathie eingehandelt, indem ich nichts weiter gemacht habe, als dieses simple Gebot der Fairneß zu beachten.

Weit harmloser, aber ebenfalls ärgerlich finde ich, die Geschichte eines anderen gar nicht erst wirken zu lassen, sondern postwendend eine vergleichbare, nur noch spektakulärere nachzuschieben. Immer findet sich jemand, der ähnliches erlebt hat und glaubt, noch einen draufsatteln zu müssen, und man hat Glück, wenn sich nicht ein zweiter und dritter anschließt. Es scheint ein mächtiger Impuls zu sein, andere im Gespräch überbieten zu wollen – wir sollten ihn trotzdem zügeln, solange lediglich Geschichten von ein und demselben Strickmuster dabei herauskommen.

Im übrigen ist Toleranz ein wesentliches Element jeder Gesprächskultur. Reden wir uns nicht in Rage, verbeißen wir uns nicht in ein Thema, glauben wir nicht, den anderen partout widerlegen zu müssen. Man braucht nicht immer sofort einzuhaken und richtigzustellen, wenn man glaubt, etwas besser zu wissen. Bisweilen sollte man eine – unserer Meinung nach – törichte Ansicht gelassen ertragen, um nicht in den Ruf eines Besserwissers oder Nörglers zu kommen oder um den Fluß einer Erzählung, den Schwung eines

Erzählers nicht wegen eines unbedeutenden sachlichen Fehlers zu unterbrechen. Wir brauchen auch nicht bei jeder Albernheit, bei jeder Geschmacklosigkeit dazwischenzugehen; wir sollten selbst Menschen aushalten können, die von ihrer irrigen Meinung zutiefst überzeugt sind. Wer weiß, wie oft wir selbst schon von dieser Art Zurückhaltung profitiert haben?

Nicht immer allerdings kann man von uns verlangen, Leute ausreden und in den vollen Genuß unserer Langmut kommen zu lassen. Monologisierer darf man, wie ich finde, getrost unterbrechen, weitschweifigen Zeitgenossen ruhig Beine machen, Leute, die sich in allgemeinen Theorien ergehen, durch eine persönliche Frage auf den Boden der Tatsachen zurückholen und Menschen, die keinen Blick über den Tellerrand ihrer persönlichen Betroffenheit hinauswagen, die Aufmerksamkeit entziehen. Mit Menschen aber, die sich schwerer tun als wir, ihre Gedanken zu formulieren, sollten wir Geduld haben. Bringen wir sie nicht in die Verlegenheit, sich uns zuliebe etwas abzuringen, nur weil wir ihnen das Gefühl vermitteln, uns mehr von ihnen versprochen zu haben! Lassen wir diese Leute so sein, wie sie sind, und schauen wir, ob sie vielleicht andere Qualitäten haben, die sich sprachlos Ausdruck verschaffen. Gesprächsteilnehmer aus der Reserve locken – jederzeit. Aber niemals beschämen!

21. Spielregel

Eine Unterhaltung stellt nicht nur deine Geistesgegenwart und Sprachgewandtheit auf die Probe, sondern auch deinen Charme, deine Zuvorkommenheit und deine Fairneß. Sprich grundsätzlich, um verstanden zu werden, nicht, um zu beeindrucken! Ein guter Unterhalter läßt bei den anderen einen Hunger zurück, wie

Baltasar Gracián es ausdrückt, also das Gefühl, ihn noch lange nicht satt zu haben.

Das Zwiegespräch

»Interessiere Dich für andre, wenn Du willst, daß andre sich für Dich interessieren sollen!«
Über den Umgang mit Menschen, 1, 1, 16

Beim geselligen Gespräch im größeren Kreis überlagern sich die Temperamente und Charaktere, da kann man auch mal abschalten und sich zur Not hinter der Ansicht eines anderen verstecken. Das Zwiegespräch aber muß man gewissermaßen allein bestreiten, und wer es mit vielerlei Menschen zu tun hat, dem wird ein hohes Maß an Wandlungsfähigkeit, Einfühlungsvermögen, Einfallsreichtum und Geistesgegenwart abverlangt. Ob Freund oder Kollege, Verwandter, Mitarbeiter, Geschäftspartner oder gänzlich Unbekannter, auf jeden muß man sich neu einstellen – und bringt trotzdem manchmal nur ein stockendes Gespräch, eine zähe Unterhaltung zuwege. Nun gibt es Menschen, die einen Stein zum Sprechen bringen können, und deren Geheimnis besteht nicht allein in ihrem angeborenen kommunikativen Talent. Sie verlassen sich auch auf eine Vielzahl von Regeln, die es erleichtern, ins Gespräch zu kommen und im Gespräch zu bleiben. Von dieser Art sind die folgenden Empfehlungen.

1. *Auf den Anknüpfungspunkt kommen!* Jedes Gespräch beginnt mit einer Aufwärmphase – bei Bekannten ist sie kürzer, bei Fremden länger. Und den Auftakt sollten in jedem Fall Fragen wie diese bilden: Wie geht es? Was hast du erlebt? Wie ist es Ihnen da und da ergangen? Hatten Sie eine

gute Reise? Wichtige Fragen, weil sie die Aufforderung enthalten, von sich zu erzählen – um dann möglicherweise auf ganz andere Dinge zu kommen –, und gleichzeitig vom ersten Moment an ein Klima persönlicher Anteilnahme schaffen. Mir jedenfalls ist es ausgesprochen angenehm, wenn man sich als erstes nach meinem Ergehen, meiner Arbeit erkundigt, und ich empfinde es als schroff, wenn mir als Person keinerlei Neugier entgegengebracht wird und die Leute gleich auf den Punkt kommen, der ihnen wichtig ist.

Manche überspringen diese Phase, weil sie eine Scheu vor Floskeln und konventionellen Wendungen haben. Es gibt in unserem Land eine Obsession des Authentischen – alles muß von Herzen kommen, alles einen persönlichen Anstrich haben, und wenn die passende Inspiration ausbleibt, verstummt man lieber. Das ist unklug, denn das Konventionelle ist ausgesprochen praktisch. Im Umgang mit Fremden stellt es eine vorläufige Nähe her, die einstweilen zu nichts als zu gegenseitigem Respekt verpflichtet. Und im Umgang mit Bekannten verleiht es der Liebenswürdigkeit einen Hauch Ehrerbietung. In jedem Fall kommen wir in der Aufwärmphase auf die konventionelle Art weiter als mit verkrampfter Spontaneität – wir müssen es ja nicht so weit wie Kaiser Franz Joseph I. treiben, der sich zeitlebens und bei jeder Gelegenheit mit dem Standardkommentar »Es war sehr schön, es hat mich sehr gefreut« begnügte.

Hat man es mit jemandem zu tun, dem man bislang nicht begegnet ist, stellt man sich vor, erzählt etwas über sich, aber nicht zu ausführlich – es sei denn, man ist privat. In diesem Fall verläuft das gegenseitige Abtasten natürlich nach Lust, Laune und Temperament, aber selbst dann kommt man viel leichter ins Gespräch, wenn der andere bereits von uns gehört hat, durch einen gemeinsamen Freund etwa. Dann ist das Kennenlernen nämlich ein Wiedererkennen, man kann gleich etwas miteinander »anfangen«, und vom ersten Augenblick an ist eine Vertrautheit gegeben, die andernfalls mit größerem Aufwand erst hergestellt werden müßte. Ein Taktiker wie der ehemalige Bundeskanzler Helmut Kohl wußte den Vorteil solcher Vorkenntnisse zu nutzen: Wann immer ein Treffen mit einem Staatsmann bevorstand, mit dem er es noch nie zu tun hatte, ließ er sich über dessen persönlichen Hintergrund, seine Kindheit und Jugend, seine Herkunft und Heimat ins Bild setzen, um im Moment der Begegnung über ein ansehnliches Repertoire an Anknüpfungspunkten zu verfügen.

Diesen Kunstgriff können wir auch anwenden – und wenn wir nur auf dem Weg zu einem Gesprächspartner die Augen offenhalten, Besonderheiten seiner Stadt, seiner näheren Umgebung oder seiner Straße registrieren. Das kann ein auffälliger Neubau sein, ein seltsamer Straßen- oder Ortsname, eine Ankündigung auf einer Plakatwand, ein merkwürdiges historisches Gebäude – irgendein konkretes Detail eben, das im engeren oder weiteren Sinne in seinen Lebensbereich fällt, sich deshalb als Anknüpfungspunkt eignet und obendrein beweist, daß unser Interesse nicht nur der Sache, sondern auch dem Menschen gilt. Im übrigen kann man, bevor das eigentliche Thema angeschnitten wird, die Fäden seines Gesprächs aus allem spinnen, was der Raum, in dem man sich aufhält, an Gegenständen mit einer persönlichen Note hergibt – sei es ein Kalender mit Seglermotiven, ein Urlaubsfoto, eine Trophäe oder auch ein bestimmter Geschmack, der sich durch die Einrichtung zieht. Jeder Beweis von Aufmerksamkeit ist ein Kompliment, das mit Entgegenkommen beantwortet wird. Schauen wir uns also zunächst um, diskret, aber gründlich, und legen wir uns wie Helmut Kohl einen Vorrat von Anknüpfungspunkten an, auf den wir auch dann zurückgreifen können, wenn das Gespräch später ins Stocken geraten sollte.

2. *Fragen, zuhören, Initiative ergreifen!* In jedem Gespräch mit Unbekannten geht man zunächst stillschweigend von Gemeinsamkeiten aus, hält sich ans Allgemeingültige und vertritt gängige Ansichten, um ein Klima der Übereinstimmung zu schaffen. Auch hier ist es oft das klügste, einfach im konventionellen Rahmen zu bleiben, anstatt sich partout etwas Persönliches oder Originelles abzuquälen. Auf keinen Fall sollte man eine Meinung des anderen sofort bestreiten – schließlich geht es in dieser Phase darum, sich gegenseitig, in der besten Absicht, in Sicherheit zu wiegen.

Im weiteren Gespräch – mit wem auch immer, bekannt oder unbekannt – sollten wir uns auch dann nicht mit einer passiven Rolle begnügen, wenn der andere zunächst das Thema bestimmt. Auf Dauer erwecken wir den Eindruck von Schwäche und Trägheit, wenn wir nicht irgendwann die Initiative ergreifen, eigene Themen aufwerfen oder eigene Gesichtspunkte ins Spiel bringen und auch mal die Gesprächsführung übernehmen. Und selbst wenn uns Bedenken beschleichen, wir eine Meinung nicht teilen, eine Idee für nicht durchführbar halten – keine voreilige Skepsis! Nicht als erstes Hindernisse und Probleme sehen! Ein Gespräch wird um so fruchtbarer ausfallen, je bereitwilliger wir zunächst den Gedankengängen unseres Gesprächspartners folgen, je beherzter wir auf seine Ideen aufspringen. Das wiederum setzt nicht zuletzt eine ganz besondere Fähigkeit voraus, nämlich: zuhören zu können!

Konzentriertes Zuhören ist eine so seltene Kunst, daß man dadurch beinahe stärker auffällt als durch rhetorische Meisterschaft. Menschen, die sich darauf verstehen, lassen den anderen spüren, daß sie seinen Worten Wert beimessen, und zwar ohne fortwährendes Kopfnicken, ermunternde Zwischenbemerkungen oder zustimmendes Grunzen, einfach, indem sie ruhig, entspannt und schweigend – zuhören. Kaum etwas beflügelt einen Redenden mehr als ein guter Zuhörer, einer, der dem anderen nicht in der ersten Atempause ins Wort fällt, ihm Zeit zum Nachdenken läßt und erst dann wieder das Wort ergreift, wenn der andere einen Gedankengang abgeschlossen hat. Darüber hinaus wird uneingeschränkte Aufmerksamkeit gern als eine subtile Form der Ehrerbietung aufgefaßt, die der Zuhörende der Klugheit, der Bildung oder Lebenserfahrung des Sprechenden erweist. Die beinahe magische Wirkung konzentrierten Zuhörens ist übrigens ein altbekanntes Phänomen – wie man der amüsierten Bemerkung meines Vorfahren entnehmen kann: »Ich habe den Ruf eines vernünftigen und witzigen Mannes aus mancher Gesellschaft mitgenommen, in welcher … ich nichts anderes getan hatte, als mit musterhafter Geduld vornehmen und halbgelehrten Unsinn anzuhören, oder hie und da einen Mann auf ein Fach zu bringen, wovon er gern redete.« (1, 1, 9)

Nebenbei gesagt, darf man seine Freunde und Lebensgefährten gelegentlich als Zuhörer »mißbrauchen«, wenn man nämlich Ladehemmung hat, also mit einer Sache, die einem im Kopf herumgeht, nicht weiterkommt, sich selbst in seine eigenen Gedanken verrennt und verstrickt, tagelang brütet und keine Klarheit gewinnt. Dann gibt es nur eins: jemandem die Sache vortragen. Unser Zuhörer braucht gar nicht zu antworten, nur zuhören muß er, und während wir noch sprechen, stellen wir fest, wie sich unsere Gedanken sortieren und sich ein glasklarer Zusammenhang herstellt.

Und dann: fragen! Zwischenfragen stellen, es genauer

wissen wollen! Nicht den Anschein erwecken wollen, alles auf Anhieb verstanden zu haben! Zum Verständnis gehört das Mißverständnis – nur keine Angst davor! Mißverständnisse sind meist fruchtbar, wenn man sie bemerkt und zugibt und rechtzeitig klärt. Außerdem kann man ein Gespräch durch Zwischenfragen strukturieren, durch Nachfragen verlangsamen und durch Gegenfragen vorantreiben.

Fragen können aber auch als Herrschaftsinstrument eingesetzt werden. Höhergestellte oder Menschen mit Autorität pflegen Gespräche durch Fragen zu steuern, versuchen also eher, ihr Gegenüber zum Reden zu bringen, als selbst Auskunft über sich zu erteilen. Schon ein leichtes Machtgefälle kann sich in dieser Rollenverteilung niederschlagen: Der Überlegene fragt, der Unterlegene antwortet. Ist uns diese Rollenverteilung nicht recht, dann sollten wir nicht gehorsam auf jede Frage des anderen eingehen – vor allem dann nicht, wenn sie ohne Rücksicht auf den gedanklichen Zusammenhang gestellt wird und eher dazu dient, uns aus dem Konzept zu bringen. Wer in dieser Situation eine Frage übergeht – oder seinerseits Fragen stellt –, meldet Anspruch auf Ebenbürtigkeit an und gibt damit zu verstehen, daß er die Beziehung auf eine neue Grundlage stellen möchte.

3. *Der Befreiungsschlag.* Manchmal kann man alles richtig machen und das Gespräch fährt sich dennoch fest. Sollte sich gar nichts mehr bewegen, sollte man schlichtweg nicht begreifen, worauf der andere hinauswill, dann gibt es zwei Möglichkeiten. Entweder man versucht, die Gedankengänge des anderen in eigenen Worten zusammenzufassen und sagt: »Wenn ich richtig verstanden habe, sind Sie der Meinung …« Oder aber man geht überhaupt nicht auf den anderen ein. Man ignoriert beherzt alles, was er von sich gegeben hat, und legt ohne Rücksicht auf das bisher Gesagte

einfach dar, was man selbst will und meint, umreißt zusammenhängend die eigene Meinung zum Thema und setzt den möglicherweise konfusen Gedanken des anderen seine persönliche, hoffentlich präzisere Vorstellung entgegen. Das heißt: Man durchschlägt den Knoten – und wird feststellen, daß man auf diese Weise Klarheit geschaffen hat und das Gespräch endlich in Gang kommt.

4. *Zu klug für mich, zu dumm für mich?* Zuweilen kommt es vor, daß uns ein Meisterdenker klein und häßlich aussehen läßt oder ein schlichtes Gemüt uns mit seinen eigenwilligen Vorstellungen von Logik zur Verzweiflung bringt. Das eine ist eine Probe für unser Selbstbewußtsein, das andere für unsere Geduld. Ich selbst habe schon die eine oder andere Stunde in der Gesellschaft von Leuten verbracht, die meine Auffassungsgabe und mein Abstraktionsvermögen überschätzten und mit mir so wenig auf ihre Kosten kamen wie ich mit ihnen. Da gibt es dann nur eins. Wenn jemand dermaßen klug ist und so gescheit daherredet, daß man nach zehn Minuten nicht mehr weiß, was man noch antworten soll, weil man nicht mehr weiß, wovon er spricht – zugeben, daß man zu dumm ist! Zugeben, daß einem das zu hoch ist! Und ihn bitten, es noch einmal zu erklären, und zwar diesmal für die breite Masse. Es mag schmeicheln, solcher Perlen gewürdigt zu werden, es mag Überwindung kosten, sich zu den Säuen zählen zu müssen, aber bevor unsere Antworten immer konfuser werden, sollten wir besser die Notbremse ziehen.

Schwieriger ist es mit Leuten, die gegen vernünftige Argumente immun sind, die Gedanken nicht in eine bestimmte Richtung verfolgen können, denen Begründungen bloß als Stichworte für locker verknüpfte Assoziationen dienen, kurz: mit denen sich jedes Gespräch im Kreis dreht. Da redet man zwei Stunden, widerlegt alle ihre Argumente, wähnt sich schon am Ziel, dann kommt von ihnen ein trokkenes: »Aber ...« – und völlig unbeeindruckt knüpfen sie an das an, was sie zwei Stunden zuvor bereits behauptet hatten! Müssen wir solche Leute für ein gemeinsames Ziel, eine Idee, einen Plan gewinnen, kommen zwei Vorgehensweisen in Betracht. Entweder wir gehen Schritt für Schritt vor und gelangen über viele kleine Einverständisse schließlich zum großen Konsens. Oder wir finden heraus, was ihre wahren Interessen sind, und legen ihnen dar, welchen Vorteil sie selbst von der Lösung haben könnten, die uns vorschwebt. In diesem Fall strebt man die Einigung also nicht von der Seite der Logik her an, sondern von der des Eigennutzes – und es gibt kaum jemanden, wie kraus seine Logik auch sein mag, der da nicht hellhörig würde.

Mit all diesen Empfehlungen läßt sich natürlich nur erreichen, daß wir uns in jeder erdenklichen Gesprächssituation mit größerer Sicherheit bewegen und uns so wacker wie möglich schlagen. Unserer geistigen Beweglichkeit bleibt es dann überlassen, ein Gespräch mit Leben und Inhalt zu füllen. Was ein wirklich gelungenes Gespräch ausmacht? Das läßt sich unmöglich in Worte fassen, da wird auch jeder seine ganz eigene Vorstellung haben. Für meinen Geschmack wäre es jedenfalls nicht das schlechteste Zeichen, wenn man nach einer Unterhaltung noch für die nächsten Stunden Stoff zum Nachdenken hätte.

22. Spielregel

Stell dich auf deinen Gesprächspartner ein, mache dich nicht von seinen Schwächen abhängig, erzeuge ein Klima persönlicher Anteilnahme, versorge dich mit Anknüpfungspunkten, nimm Einfluß auf die Gesprächsführung, hüte dich vor kleinlicher Besserwisserei, und es wird dir nicht schwerfallen, ein Gespräch in Gang zu bringen und in Gang zu halten.

Unser kommunikativer Alltag

»Willst Du witzige Einfälle anbringen, so überlege auch wohl, in welcher Gesellschaft Du Dich befindest! Was Personen von einer gewissen Erziehung sehr unterhaltend scheint, kann andern sehr langweilig und unschicklich vorkommen, und ein freier Scherz, den man sich in einem Zirkel von Männern erlaubt, würde bei Frauenzimmern übel angebracht sein.«

Über den Umgang mit Menschen, 1, 1, 26

Manchmal könnten wir uns hinterher auf die Zunge beißen. Manchmal wären wir als Philosophen durchgegangen, wenn wir bloß geschwiegen hätten. Manchmal reden wir uns um Kopf und Kragen. Und manchmal liegt es daran, daß wir das kleine Einmaleins des klugen Gesprächs nicht im Kopf hatten. Wie jedes Einmaleins hat auch dieses seine Regeln, und ein paar davon möchte ich im folgenden Abschnitt in Erinnerung rufen.

Eine ehrwürdige und unverändert gültige Regel ist die, nicht über Abwesende herzuziehen, schon weil der Zuhörer annehmen muß, daß der Lästerer sich hinter seinem Rükken das Maul genauso über ihn zerreißen wird. Man ist von Menschen, die öffentlich ihre schmutzige Wäsche waschen und ihren Groll beim Nächstbesten abladen, immer unangenehm berührt und vermutet sofort einen Mangel an Ehrgefühl und Selbstbeherrschung bei ihnen. Die gehässige Nachrede mag als Ventil in Kollegenkreisen noch durchgehen, wo Vorgesetzte und Mitarbeiter der eigenen Firma durchgehechelt werden – sie verbietet sich aber ganz entschieden im Gespräch mit Außenstehenden, ja, eigentlich auch unter Freunden. Es gab eine Zeit, als es zum guten Ton gehörte, an den eigenen Eltern kein gutes Haar zu lassen und sie ungeniert dem Hohn seiner Bekannten auszusetzen – ich habe mich nie daran beteiligt und hätte mir von meinen eigenen Freunden mehr Diskretion gewünscht.

Ein Fettnäpfchen lauert immer dann, wenn ein anderer Selbstkritik übt – wobei die Selbstkritik gar nicht unbedingt der eigenen Person zu gelten braucht, sondern auch den engeren Kreis der Familie und Freunde oder, bei Ausländern, auch die eigenen Landsleute oder die Zustände daheim betreffen kann. Pflichten wir beherzt bei, sind wir jedenfalls schon hineingetappt. Denn in den seltensten Fällen will der Betreffende von uns hören, wie sehr er mit seinen Befürchtungen im Recht ist, fast immer dürfen wir davon ausgehen, daß er viel eher vorsichtigen Widerspruch und einen ungläubigen Blick erwartet. Was dem Selbstkritiker recht ist, ist einem Dritten nämlich nicht billig, und was in seinem Mund echte Besorgnis ist, würde aus unserem anmaßend und beleidigend klingen. In jedem Fall sind wir gut beraten, jede Selbstkritik zunächst einmal als Aufforderung zu verstehen, Zweifel zu zerstreuen und eine andere, freundlichere, jedenfalls ermutigende Perspektive ins Spiel zu bringen.

Und dann: Vergessen wir nicht, daß wir uns durch Reden offenbaren! Aufmerksame Zeitgenossen ziehen anhand bestimmter Sprechgewohnheiten unweigerlich Rückschlüsse auf unseren Charakter. Zu den beliebtesten Unarten dieser Tage zählt, mit jugendlicher Emphase zu reden, um ein paar Jahre oder Jahrzehnte jünger zu wirken. Aber schon Fünfundzwanzigjährige machen sich lächerlich, wenn sie unentwegt Ausdrücke wie »absolut irre« im Mund führen, jeden Eindruck, jede Erfahrung sprachlich auf die Spitze treiben und vor keiner Übertreibung zurückschrecken. Wir sollten uns deshalb nicht von der Manie anstecken lassen, ständig in Superlativen zu reden und bei den geringfügigsten Anlässen in kindischer Exaltiertheit zu schwelgen.

Die sprachlichen Gewohnheiten anderer nachzuahmen ist nicht weniger verräterisch. Es gibt Menschen, die schnappen ausgefallene Begriffe, die ein anderer ins Spiel bringt, blitzschnell auf und verwenden sie im nächsten Moment schon fleißig selbst, als wären sie ihnen höchst geläufig. So bringt man sich in den Verdacht, verzweifelt um Originalität bemüht zu sein. Genau den entgegengesetzten Eindruck, nämlich verzweifelt um Anpassung bemüht zu sein, erwekken all jene, die sich sprachlich in den engen Grenzen eines Jargons bewegen – ganz egal, ob es sich dabei um den Jugendjargon mit seiner Fülle sprachlicher Albernheiten handelt oder den Jargon der Chefetagen mit seiner Anglizismen-Kraftmeierei. Außerhalb seines Milieus fällt man mit einer derart reduzierten Ausdrucksfähigkeit unangenehm auf, und außerdem: Wer so redet, der koppelt sich von der Wirklichkeit ab, weil seine Sprache nur noch eine verkümmerte Innenwelt widerspiegelt – wie es der Held von »Teen Spirit«, einem Buch der französischen Autorin Virginie Despentes, zu seiner Bestürzung bemerken muß: »Als ich sie kennenlernte«, heißt es da, »war ich stolz darauf, wie ein Schwachkopf zu reden. Ich glaube, ich fand das damals tierisch männlich, ein Beweis, daß ich einen Teil meiner Zeit auf der Straße zugebracht habe. Als ich dann merkte, daß ich dazu verdammt war, so zu sprechen, fand ich es weniger komisch ...«

Nicht selten erlebt man, daß Leute ein Gespräch im Bekanntenkreis mit der Gelegenheit verwechseln, die Anwesenden mit psychologischen Mutmaßungen zu behelligen. Uns Deutschen wird ja seit jeher eine Vorliebe für das tiefsinnige Gespräch, die ungeschminkte Wahrheit nachgesagt – möglicherweise tritt diese alte Vorliebe heute in Form der Neigung auf, die Seelen seiner Mitmenschen anzubohren. Ich jedenfalls kann mich mit solcher aufdringlichen Neugier nicht anfreunden und rate, dieses anrüchige Interesse an Seelenverfassungen, diese leicht schmuddelige Leidenschaft fürs Intime möglichst zu unterdrücken. Ganz abgesehen davon, daß unseren Nebenmann, unsere Nebenfrau manches einfach nichts angeht, erklären psychologische Deutungen in Wirklichkeit herzlich wenig – eine bestimmte vulgärpsychologische Theorie bestätigt zu finden heißt nämlich noch lange nicht, daß man aus einem Menschen tatsächlich schlauer geworden wäre.

Peinlich wird es, wenn jemand nicht weiß, wo wirklich Verschwiegenheit angebracht wäre, und in der Öffentlichkeit private Anspielungen macht, bei einer Liebesaffäre in unangebrachte Details geht oder durchblicken läßt, bei welcher Gelegenheit er sie oder sie ihn schließlich herumgekriegt hat – womöglich im Beisein Fremder, womöglich in Anwesenheit der betreffenden Person. So habe ich einmal erlebt, wie jemand in größerer Runde eine kaum verhüllte Anspielung machte, die allen Eingeweihten eine frische Eskapade des Gastgebers in Erinnerung rief. Dergleichen Frivolitäten sind nicht nur heikel, nicht nur geschmacklos, sie können auch als Verrat empfunden und außerordentlich verübelt werden, und es gibt manche, die nicht einmal ihren Freunden verzeihen würden, vor Zeugen ernsthaft in Verlegenheit gebracht worden zu sein. Außerdem verfolgt uns kaum etwas dermaßen hartnäckig, bis in den Traum hinein, wie eine echte Peinlichkeit. Es kann also auf keinen

Fall schaden, wenn unsere Diskretion deutlich über dem Niveau der Boulevardmedien liegt.

Im übrigen kann man natürlich von Glück sagen, wenn man sich auf den Humor seiner Mitmenschen verlassen kann. Und das dürfen wir wohl doch häufiger, als der schlechte Ruf, den wir Deutsche in dieser Disziplin genießen, vermuten läßt – zumindest hat der Dichter Robert Gernhardt festgestellt, daß kein europäisches Volk mehr humoristische Schriftsteller vorzuweisen hat als wir. Da gibt es offenbar ein Potential, das wir vielleicht noch häufiger anzapfen sollten, denn schließlich: Durch nichts sind Spannungen leichter zu entschärfen, durch nichts Verstimmungen schneller aus der Welt zu schaffen als durch gemeinsames Lachen – »to laugh them together again«, sie durch Lachen wieder zusammenbringen, so heißt es bei dem englischen Dichter Alexander Pope (1688–1744), der – verkrüppelt und kränklich, wie er war – selbst vielleicht wenig Grund zum Lachen hatte. Der Witz am Witz ist jedenfalls, daß damit alles gesagt und die Sache erledigt ist – beinahe unmöglich, einen ärgerlichen Vorfall danach mit gerunzelter Stirn noch einmal aufzurollen. Der Scherz löst und befreit, und gleichzeitig erlebt man im Lachen einen Moment intensiver Gemeinsamkeit – weshalb man ein Gespräch am schmerzlosesten mit einer witzigen Bemerkung beenden und sich im Augenblick des Lachens am leichtesten von jemandem losreißen kann.

Nicht ganz so unverfänglich ist die Ironie. Sie ist vielschichtig, nicht faßbar, und im ironischen Lächeln schwingt immer eine kräftige Dosis Skepsis mit. Durch Ironie kann man Ansprüche und Anmaßungen zurechtstutzen und jedes auftrumpfende, von sich selbst eingenommene Gehabe unterschwellig der Lächerlichkeit preisgeben. Überall da, wo ein Machtgefälle zwischen Menschen herrscht, ist deshalb Vorsicht geboten, denn Ironie zieht das Gesagte stets unausgesprochen in Zweifel, sie enthält fast immer ein Element verdeckten Spotts und wirkt obendrein zuweilen nachsichtig, so als breite man über einen offensichtlichen Fehler des anderen augenzwinkernd den Mantel der Nächstenliebe. Kein Wunder also, daß Ironie bei Vorgesetzten in aller Regel schlecht ankommt. Im übrigen wird man auch bei Kindern mit Ironie keinen Erfolg haben; entweder sie begreifen sie gar nicht, oder sie empfinden sie – wie Vorgesetzte – als Überheblichkeit. Und schließlich sollte man bedenken, daß Ironie außerhalb unseres eigenen Kulturkreises weitgehend unbekannt ist, weshalb man, um kompliziertestе Mißverständnisse zu vermeiden, auf Reisen durch afrikanische oder asiatische Länder ganz darauf verzichten sollte.

Dortselbst wiederum können wir Dinge lernen, die auch hierzulande nutzbringend anzuwenden sind – die Kunst des Hinhaltens zum Beispiel. Ich meine das, ganz ohne Ironie, im Sinne der Taktik, niemanden abzuschmettern, mit dem man im Gespräch oder im Geschäft bleiben möchte. Wenn also jemand mit einem Auftrag oder der Bitte um eine Gefälligkeit zu uns kommt, wir im Augenblick aber keine Zeit dafür haben, sollten wir ihn nicht mit der drastischen Absage verjagen, im Augenblick sei es völlig unmöglich, vor drei Wochen sei überhaupt nichts drin ... sondern Hoffnung machen, solange Hoffnung besteht, und eher zu Formulierungen greifen wie: »Ich bemühe mich, ich gehe nächstens daran, wir werden eine Lösung finden, aber geben Sie mir noch etwas Zeit.« Das darf dann allerdings kein Bluff sein. Auf diese Weise vermeiden wir jedenfalls ein glattes »Nein«, das den anderen erbittern und vertreiben könnte, besänftigen ihn vielmehr und verschaffen uns auch im größten Gewühl noch einen Handlungsspielraum.

Für den Fall aber, daß wir tatsächlich überfordert sind, kein Interesse haben oder uns aus irgendeinem anderen Grund gegen etwas entscheiden, sollten wir die Sache nicht einfach auf sich beruhen lassen und davon ausgehen, der andere werde schon merken, daß wir nicht wollen. Auch das ist eine Form, im Gespräch zu bleiben: niemanden in der Luft hängen, niemanden schmoren zu lassen, sondern zu bestätigen oder abzusagen, klipp und klar. Schweigen erhöht nämlich nicht immer unsere Chance, für einen Philosophen gehalten zu werden.

23. Spielregel
Unsere Sprache verrät einiges über uns – nicht der schlechteste Grund, eine nuancen- und variantenreiche, ausdrucksstarke Umgangssprache als ehrgeiziges Lebensprojekt zu betrachten. Und lassen wir uns von der alltäglichen Frivolität der Boulevardmedien nicht täuschen: Es gibt unverzeihliche Indiskretionen, und auch die verzeihlichen kratzen an unserem Ruf.

Diskutieren und Erzählen

»Ein Mensch von festem Charakter, und der ernstlich das Gute liebt und sucht, muß den Mut haben, bei jedem Gegenstande mit reifer Überlegung verweilen zu können … Man muß das Herz haben, Wahrheit zu sagen und Wahrheit anzuhören …«
Über den Umgang mit Menschen, II, 6, II

Natürlich ist es jedermann unbenommen, sich der buddhistischen Auffassung anzuschließen, alles Reden müsse zur Eintracht unter den Lebewesen beitragen, lieber zu meditieren als zu diskutieren, sich möwengleich zu sanften Sphärenklängen über eine zerstrittene Welt zu erheben und abgeklärte Miene zu jedem bösen Spiel zu machen. Und natürlich steht es jedermann frei, sich aus lauter neoliberaler Flexibilität um keinen Preis auf etwas derartig Anstößiges wie eine eigene Meinung festlegen zu lassen und nur solche Ansichten zu vertreten, von denen man im nächsten Moment auch wieder abrücken könnte. Möglich, daß persönliche Vorteile mittlerweile tatsächlich durch eine Art postmodernen Fatalismus erkauft werden müssen – man nickt, schweigt und schluckt herunter, bis der Kragen platzt. Aber der Preis ist hoch. Denn Harmonie verblödet, und Opportunismus macht infantil. Womit wir schon zwei Argumente dafür hätten, das große Stillhalteabkommen gelegentlich zu brechen – und zu diskutieren.

Was könnte spannender sein, als seine Meinung zur Diskussion zu stellen? Nicht über Banalitäten wie die Ausbeute des letzten Streifzugs durch die Factory-outlets zu reden, sondern über Wesentliches, Krieg und Frieden, Schuld und Unschuld, Gott und die Welt… Es muß schon um etwas gehen. Man sollte schon ernsthaft über Ernsthaftes sprechen, und eine kleine Provokation, ein kleiner Tabubruch darf sie ruhig anheizen, die Diskussion. »Ich finde das nicht, ich bin anderer Ansicht…«, mit diesem harmlosen Satz geht es los, und plötzlich stellt sich heraus: Die anderen sind ebenfalls anderer Ansicht! Und jetzt interessiert nicht mehr, was man so alles meint oder glaubt oder wahrhaben will, sondern wie solide oder haltlos das alles ist.

Das heißt, ohne Argumente brauchen wir gar nicht erst anzutreten. Sagen, was man denkt, und vorher nachgedacht haben – auf diese prägnante Formel hat Harry Rowohlt das gebracht, was in einer Diskussion von jedem erwartet wird. Nicht nachgedacht haben Leute, für die der eigene Standpunkt der einzig mögliche ist, die Argumente deshalb für überflüssig und ihre Meinung für ausreichend begründet halten, wenn sie ein Buch »spannend«, einen Film »echt schön« und einen Urlaubsort »einfach phantastisch« finden. Verlangen wir als erstes ordentliche Begründungen, präzisere Erklärungen – auch von denen, die über jede Banalität hoch erhaben sind. Mitleidiges Stöhnen brauchen wir uns von niemandem gefallen zu lassen, weder von denen, die es unmöglich finden, daß man noch keine Folge von »Herr der Ringe« gesehen hat, noch von jenen, die es kaum fassen können, daß uns Alfred Döblin und sein Hauptwerk »Berlin, Alexanderplatz« nichts sagen. Mit den Gralshütern des Bildungskanons ist eine Diskussion genausowenig möglich wie mit den Vertretern der »Echt-schön«-Fraktion.

Vieles ist in der Diskussion erlaubt: sich ereifern, die Köpfe heiß reden, den anderen in die Enge treiben, seine Argumente zerlegen und ihn der Unwissenheit überführen. Manches ist nicht erlaubt, und längst nicht alles ist klug.

Verboten ist es, mit aller Gewalt recht behalten zu wollen oder dem anderen während des Wortgefechts plötzlich böse Absicht zu unterstellen oder dessen Argumente aus ideologischen oder moralischen Gründen für unzulässig zu erklären – eine Diskussion ist weder ein Machtkampf noch ein Gesinnungstest. Vergessen wir nicht: Eigene Gedanken und eine bewußte Perspektive können einen Menschen schnell zum Ketzer machen, daran hat sich bis heute nichts geändert. Moralische Argumente sind Totschlagargumente; Voraussetzung jeder Diskussion ist, daß man über alles sprechen, jedes Thema anschneiden, jedes begründete Argument ins Spiel bringen darf.

Es ist lediglich äußerst unklug, gleich zu Beginn alle Geschütze aufzufahren, seine Kontrahenten mit einem Sperrfeuerwerk von Worten zu belegen und ihren Argumenten weiter keine Beachtung zu schenken. Das Risiko, widerlegt zu werden, müssen wir schon eingehen – niemand hat die Wahrheit gepachtet. Schlecht diskutieren ist auch mit Leuten, die nur in Extremen denken können. Für die schließt immer eins das andere aus, und wer nicht eisern die antiautoritären Prinzipien einer glorreichen Vergangenheit hochhält und womöglich Manieren von seinen Kindern verlangt, der wird umgehend verdächtigt, sich nach der Dumpfheit der 50er Jahre zurückzusehnen und in Wirklichkeit für die Prügelstrafe zu schwärmen. Solche Leute arbeiten mit Unterstellungen, was immer ein Zeichen für Verbohrtheit ist.

Und schließlich macht es mit denen keinen Spaß, die die Wogen mit humanitären Mäßigungsappellen glätten zu müssen meinen, jede drastische Formulierung auf die Goldwaage der Menschenrechte legen und es am liebsten sähen, wenn man für alles letztlich doch Verständnis aufbrächte. Die verkennen, daß der Eifer zum Gefecht gehört. Die keimfreie Atmosphäre von Podiumsdiskussionen und Fernsehtalkshows sollte kein Vorbild für unsere Streitgespräche sein. Je schärfer sich unsere Standpunkte voneinander abzeichnen, je unverblümter wir argumentieren, je forscher wir formulieren, desto weiter werden wir mit dem Versuch kommen, den Dingen gemeinsam auf den Grund zu gehen.

So gesehen hat der gute Erzähler eines mit dem guten Diskutierer gemeinsam: die Unbefangenheit. Dem Erzähler kommt darüber hinaus noch eine andere Eigenschaft zugute, nämlich eine gewisse Grausamkeit – schließlich gehört es zu seinem Geschäft, Zuhörer auf die Folter zu spannen. Erleben wir es vielleicht deshalb, daß die Kunst des Erzählens zusehends verkümmert, weil unsere nüchterne und moralische Zeit das nötige Quentchen Grausamkeit genauso mißtrauisch beäugt wie die nötige Portion Unbefangenheit? Oder hat sich eine ängstliche Pedanterie eingeschlichen, wie einer der wirklich guten Erzähler unserer Tage vermutet, der Kinderbuchautor Ali Mitgutsch? Vielleicht gehört eine Art von Verspieltheit dazu, um Freude am Geschichtenerzählen zu empfinden, sagt er. Vielleicht gelingt es uns einfach nicht mehr, unserem Alltag etwas Poetisches, Akrobatisches, eben Spielerisches abzugewinnen. Vielleicht liegt es auch daran, daß schon die Dinge um uns her keine Geschichten mehr erzählen, weil sie zu neu sind, weil sie selbst keine Geschichte haben – heute erzählen ja nicht einmal mehr die Grabsteine noch Geschichten! Und wahrscheinlich kommt hinzu, daß es keine Großmütter in Ohrensesseln mehr gibt. Mitgutschs eigene Großmütter ... aber überlassen wir doch gleich ihm selbst das Wort:

»Meine eigenen Großmütter waren ganz intuitiv gute Geschichtenerzählerinnen. Vor allem die aus dem Bayerischen Wald konnte Gespenstergeschichten so erzählen, daß sich ihre Zuhörer anschließend nicht mehr auf die nächtliche Straße wagten. Merkwürdig – heute sind die guten Erzähler in aller Regel Männer. Daß die Begabung unterschiedlich verteilt wäre, daran kann es jedenfalls nicht liegen ...

Wie dem auch sei, als Erzähler muß man seine Zuhörer berühren, gleich zu Anfang. Manche lassen sich einen Trick einfallen, um ein Publikum in ihre Phantasiewelt zu entführen. Einmal habe ich erlebt, wie einer hereinkam, einen Gong nahm, dagegenschlug – und in den verklingenden Ton hinein wurde das Publikum immer stiller. Das dauert lange, bis so ein Ton verklingt. Und dann fing er mit leiser Stimme an, seine Geschichte zu erzählen … Es muß ja vollkommen still sein, bevor du als Erzähler darangehen kannst, wie eine Spinne deine Fäden zum Publikum zu spinnen. Wenn die Geschichte wirken soll, muß jeder im Raum wie durch ein unsichtbares Spinnennetz mit dir verbunden sein, und alle Fäden laufen bei dir zusammen. Es gibt dann nichts Schlimmeres, als wenn plötzlich ein Handy losgeht. Oder jemand hereinplatzt. Dann sind die Fäden zerrissen, und man muß mühsam neue knüpfen …

Dunkelheit fördert die Konzentration ungemein. Einmal war ich in einer Schule eingeladen, am Abend nach einem heißen Tag, und weil es immer noch heiß war, haben wir uns alle unter einem großen Baum niedergelassen. Und dann kam die Nacht. Es wurde dunkler und dunkler. Und meine Geschichten wurden immer besser, je dunkler es wurde. Ich war längst fertig, da waren alle noch gefangen. Auch Lagerfeuer bekommen einer Erzählung gut, aber sie dürfen nicht zu groß sein. Am besten schon etwas heruntergebrannt. Oder Zelte. Wir haben im Turnsaal eines Kindergartens mal ein Zelt aufgehängt und mit Kissen ausgelegt. Kein sehr großes Zelt, aber hoch. Darin kuschelten sich dann alle Kinder zusammen, und ich habe erzählt.

Wichtig ist, daß man einander sehen kann. Daß man sich in die Augen schauen kann. Ich war ganz am Anfang meiner Karriere mal in einem Kindergarten eingeladen, und die Kindergärtnerinnen hatte die Stühle im Kreis aufgestellt. Das war meine schlechteste Darbietung als Geschichtenerzähler! Weil die Hälfte der Zuhörer nicht in meinem Blickfeld war. Es muß ja immer eine Korrespondenz der Blicke stattfinden. Die anderen müssen dich sehen können, und du mußt sie sehen können. Wer nicht im Blickfeld sitzt, fühlt sich nicht angesprochen, der reagiert nicht mehr, und dann wird auch mir das Schießpulver naß.

Eine Erzählerin, die mich begeistert hat, war Elsa Sophia von Kamphoevener. Die war als Kind mit ihrem Vater, einem Offizier, in die Türkei gegangen, hat sich als Achtzehnjährige als Mann verkleidet und ist mit den Karawanen mitgezogen, als Geschichtenerzähler. Als uralte Frau hat sie im Rundfunk ein Interview gegeben, da hat sie schon gekeucht und kaum noch Luft gekriegt. Und die hat in ihrer Alltagssprache erzählt. Das war keine ausgefeilte Kunstsprache, sie hat Sätze in der Luft hängen lassen, sie ist ins Stocken gekommen, hat neu angesetzt, zwischendurch überlegt, sich unterbrochen, sich selbst Fragen gestellt, zögernd weitergeredet und sich auch mal wiederholt! Das war packend, als würde sie die Geschichte nicht erzählen, sondern erleben. Also bloß nicht glauben, daß man druckreif sprechen muß! Das Gesprächhafte des Erzählens berührt die Zuhörer viel stärker! Je natürlicher, desto besser.

Und dann: Pausen machen! Viele erzählen zu schnell und zu viel auf einmal. Nach einem Höhepunkt erst mal eine Pause einlegen, durchatmen. Also: seine Geschichte langsam entwickeln, so als würde man noch drüber nachdenken. Sich Zeit lassen! Und noch eins: Man wird nie ein guter Erzähler, wenn man nicht das Komische an einer Situation erkennt. Es gehört zur Erzählkunst dazu, dem Ärgerlichen, den Pannen und auch den eigenen Patzern Komik abzugewinnen.

Kinder sind die besten Lehrmeister. Kinder lauschen dir gebannt, mit großen Augen und offenen Mündern, wenn du gut bist. Und sie laufen dir aus dem Ruder, wenn du schlecht bist. Entweder du fesselst sie – oder sie entgleiten dir wie ein nasses Stück Seife. Bei Kindern lernt man Erzählen. Erwachsene hören höflich zu, manchmal mit versteinertem Gesicht – das ist besonders schlimm. Wenn keine Reaktion kommt, das ist, als würdest du gegen eine Wand reden. Erzähler und Publikum müssen einen geschlossenen Kreislauf bilden. Du mußt die Leute berühren, mit deiner Sprache, deinem Thema, deiner Menschlichkeit. Erzählen kann man nicht routiniert und mit links. Da muß man sich mit seiner ganzen Person hineinwerfen.

Ich habe mir zur Regel gemacht, mich am Ende bei meinen Zuhörern zu bedanken. ›Und außerdem‹, sage ich dann, ›möchte ich mich bei Ihnen herzlich bedanken, denn Sie waren ein erstklassiges Publikum. Geschichtenerzählen ist immer eine Sache auf Gegenseitigkeit. Sie haben mir Ihre volle Aufmerksamkeit geschenkt, und dadurch konnte ich über mich hinauswachsen.‹ Der Zuhörer schenkt dem Erzähler ja etwas. Je größer die Aufmerksamkeit, desto sicherer fühlt er sich getragen.«

Also, nehmen wir uns die Zeit, erzählen wir uns Geschichten! Unsere eigenen Geschichten – solange wir noch aus eigenen Geschichten bestehen. Solange wir noch nicht allesamt am Tropf einer Geschichtenindustrie hängen, die den Globus mit ihren vorgefertigten Einheitsphantasien überzieht. Warum? Weil unsere Phantasie auf dem Spiel steht. Unsere Fähigkeit, uns in Phantasien zu verlieren, in Phantasien zu schwelgen, uns das Leben in unseren eigenen Farben auszumalen. Denn Phantasie ist die Grundlage all dessen, was uns im Leben Spaß macht. Sie wird nie Gewohnheit. Sie allein verschafft uns Zutritt zur Unendlichkeit – oder, wie der Philosoph Ludwig Marcuse (1894–1971) sagt: Das Imperium der Phantasie ist das einzige, mächtige Jenseits, welches Diesseits ist. Und als Erzähler besitzen wir den Schlüssel zu diesem Reich.

24. Spielregel
Mit diskutieren beugen wir der Gefahr vor, daß uns der Verstand verkümmert, und wer vermeiden will, daß ihm die Phantasie eintrocknet, sollte sich im Erzählen üben. In beiden Fällen muß man wissen, worauf man sich einläßt, denn diskutieren wie erzählen bedeutet: aus der Deckung gehen, sich zeigen, Farbe bekennen und als Person voll und ganz präsent sein.

Jederzeit recht behalten? – Über die Kunst des Überzeugens

»Man muß die Menschen nur mutmaßen, sie selbst darauf kommen lassen, daß doch wohl etwas mehr hinter uns stecke, als bei dem ersten Anblicke hervorschimmert... Zeige Vernunft und Kenntnisse, wo Du Veranlassung dazu hast! Nicht so viel, um Neid zu erregen und Forderungen anzukündigen, nicht so wenig, um übersehn und überschrien zu werden!«
Über den Umgang mit Menschen, 1, 1, 1

»Überzeugen« – das Wort kommt aus der juristischen Sphäre. Ursprünglich war damit gemeint: seinen Widersacher vor Gericht durch Zeugen der Falschaussage überführen. Konnte man eine größere Zahl von Zeugen oder glaubwürdigere aufbieten, ließ sich der Richter überzeugen. Dann war man im Recht. Dann war man wohl unschuldig.

Eine aufschlußreiche Ableitung. Sie erinnert uns nämlich daran, daß der Mensch, den wir überzeugen wollen – von der Überlegenheit unseres Standpunkts, der Brauchbarkeit unserer Ideen, der Vorzüglichkeit unserer Talente – letztlich die Rolle des Richters einnimmt, der über das

Gewicht unserer Argumente oder die Glaubwürdigkeit unserer Person urteilt. Wollen wir ihn überzeugen, liefern wir uns seinem Urteilsspruch aus. Insofern könnte man schon von einer ungemütlichen Lage sprechen, in die sich derjenige begibt, der einen anderen überzeugen will.

Das Heikelste aber: Es geht nach wie vor um unseren Kopf! Genauer: um seine innere Beschaffenheit. Darum, wie er arbeitet und ob wir uns auf ihn verlassen können. Auf jeden Fall riskieren wir die Entdeckung, daß unsere Standpunkte nicht haltbar und unsere Ideen unausgegoren sind. Kein Wunder, daß unsere Zeitgenossen ziemlich viel Phantasie darauf verwendet haben, dieses Risiko zu verringern, ja, sich der Notwendigkeit des Überzeugens gleich ganz zu entziehen.

Drei Methoden erfreuen sich derzeit besonderer Beliebtheit. Die erste entspringt dem Geist der Konkurrenzgesellschaft: Man glaubt, ein Recht darauf zu haben, recht zu haben, wappnet sich also mit einem Ratgeber der Kategorie »Auf alle Fälle recht behalten!« und munitioniert sich mit Gesprächsstrategien, die jeden Gesprächspartner zur Kapitulation zwingen. Die Anhänger dieses Verfahrens beugen sich keinem Argument, weil sie sich nicht manipulieren und schon gar nicht überwinden lassen wollen, betreiben jede Diskussion als Machtkampf und klammern sich an ihre Meinungen, als würde tatsächlich der Scharfrichter warten, sollte ihnen der kleinste Irrtum nachzuweisen sein.

Die zweite Methode entspringt dem Geist der Medien- und Konsumgesellschaft: Man glaubt, ein Recht darauf zu haben, von Unlust und Frustration verschont zu bleiben, vertraut nur seinen Gefühlen und setzt im übrigen auf die Überzeugungskraft des Körpers. Intelligenz, Bildung, Schlagfertigkeit, Seriosität – alles zweitrangig; der (möglichst nackte) Körper wird als Argument vorgeschickt, wenn der (in erster Linie jugendliche) Mensch von sich als Person überzeugen will. Da diese Körpersprache wenig nuanciert ist, muß nachgeholfen werden: Hautfarbe, Tätowierungen, Piercing, Frisur, Glatze, Men's-Health-Bauch werden zu Argumenten. Wer seinen Körper nicht in diesem Sinne gebrauchen kann, hat es natürlich schwer. Die Werbung hat sich diese körper- und gefühlsbezogene Überzeugungstaktik zu eigen gemacht und auf die Kurzformel gebracht: »Mein Gefühl sagt mir, das ist gut so.« Den Kopf einschalten erübrigt sich da.

Der zweiten Methode verwandt ist die dritte; sie entspringt dem Geist der Psychologie: Man will unbehelligt bleiben und behelligt auch selbst keinen, weil ohnehin alles subjektiv ist. Jeder hat recht, auf seine Art, jeder ist, wie er ist, und wen das nicht überzeugt, dem ist eben nicht zu helfen. Diese Einstellung setzt eine merkwürdige Mischung aus Aggressivität und Schüchternheit frei: Man wehrt sich mit fast kindlichem Trotz gegen jedwede Beeinflussung, wird aber kleinlaut, sobald sich jemand für die eigene Meinung näher interessiert.

Alle drei Verfahren haben zumindest eins gemeinsam: Sie machen intellektuell unangreifbar – was wohl ihren Reiz ausmacht. Ich befürchte nur, damit kommt wir nicht durch. Denn diese Strategien basieren ausnahmslos auf Selbstbetrug – und haben obendrein üble Nebenwirkungen. Wer stur auf seinem Recht beharrt, recht zu haben, der verfällt frühzeitig einer greisenhaften Verbohrtheit und verliert die Fähigkeit zur Selbsterneuerung. Der Körper wiederum kann allenfalls vom Narzißmus des betreffenden überzeugen, und auch das nur für eine absehbare Anzahl von Jahren – danach steht man mit leeren Händen, oder besser: mit leerem Kopf da. Und wer glaubt, Meinungen seien subjektiv und deshalb unanfechtbar, der irrt schlichtweg. Tatsache ist, daß wir unsere Meinungen in den meisten Fällen von anderen übernehmen, mehr oder weniger unverändert, und nur das Etikett austauschen. Und Tatsache ist ebenfalls, daß wir auf die Subjektivität unserer Meinungen eigentlich gar keinen Wert legen und hocherfreut sind, wenn andere sie teilen – möglichst viele am besten. Welchen Vorteil bietet die Illusion der Subjektivität dann? Einen, wie ich meine, sehr zweifelhaften: Sie bewahrt uns davor, Rechenschaft darüber ablegen zu müssen, welche Meinungen wir uns nun genau zugelegt haben. Und warum.

Seien wir also realistisch. Geben wir zu: Alle diese Strategien bezwecken nichts anderes, als unseren Mitmenschen ein klares Bild von unserem Denken vorzuenthalten, und bieten allenfalls kurzfristig Sicherheit. In Wirklichkeit wollen wir doch überzeugen, müssen es auch, wenn wir als denkende Wesen ernst genommen werden wollen.

Leicht ist das, zugegebenermaßen, nicht. Tatsächlich wird das Rechthaben in einer so komplexen Welt wie der unseren zusehends schwieriger – und das Verlangen nach Eindeutigkeit offenbar immer stärker. Eine Professorin für Kunstgeschichte äußerte mir gegenüber, daß sich ihre Studenten kaum noch mit der Rätselhaftigkeit moderner Kunst abfinden könnten. »Sie bestehen geradezu darauf, daß jede Bildbetrachtung zu einem eindeutigen Ergebnis führt«, sagte sie. »Sie wollen hören: Dieses Bild sagt dieses aus – Punktum! Daß gerade in der modernen Kunst vieles vage bleibt, können sie nicht ertragen.« Ja, wenn es immer so einfach wäre wie in den Fernseh-Quizshows – nicht mehr als vier Antworten, und eine davon garantiert richtig! Im Leben aber müssen wir uns darauf einstellen, daß Antworten bisweilen lange auf sich warten lassen und daß wir, haben wir sie endlich gefunden, nur eine einzige Autorität zu ihrer Beglaubigung anführen können, nämlich uns selbst. Das Schöne ist: Antworten, die einem nicht in den Schoß gefallen sind, machen tatsächlich selbstsicherer.

Im übrigen können wir andere um so leichter überzeugen, je solider unser Wissen, je größer unsere Allgemeinbildung ist. Man sollte deshalb regelmäßig eine gute Tageszeitung lesen – und vor allem Bücher. In Zusammenhängen denken, das lernt man nicht, indem man sich der Informationsflut des Internet oder der Medien aussetzt, sondern durch Bücherlesen. Wer wenig weiß, interessiert sich für wenig, wer viel weiß, will immer mehr wissen, und als gleichberechtigter Gesprächspartner wird man nur anerkannt, wenn man nicht immer wieder dabei ertappt wird, ins Blaue hinein zu phantasieren.

Natürlich kann es immer einmal geschehen, daß alle Gesprächsteilnehmer auf einem bestimmten Gebiet bewanderter sind als wir. Wie verhält man sich da? Ich rate, sich mit Fragen am Gespräch zu beteiligen. Der Vorzug von Fragen besteht in diesem Fall darin, daß man seine Inkompetenz stillschweigend eingesteht und sich trotzdem keine Blöße gibt. Daran muß man in diesem Land gelegentlich erinnern; wir kommen nämlich aus einer Kultur, in der man eigentlich schon immer alles weiß. Viele bei uns glauben: Wer etwas weiß, der ist überlegen, und wer überlegen ist, braucht nicht zu fragen. Ein Irrtum! Zum Fragen gehört Mut, aber Fragen beweisen auch einen souveränen Umgang mit der eigenen Unsicherheit.

Gewiß, kaum etwas wirkt überzeugender als Kompetenz. Warum lassen wir uns überreden, in einen Samuraifilm zu gehen, dessen Hauptdarsteller wir noch nie etwas abgewinnen konnten, dessen Story uns nicht überzeugt und dessen Thema uns überhaupt kalt läßt? Weil er von einem Bekannten als Meisterwerk bezeichnet wurde, der mit einer Japanerin verheiratet ist, sich seit Jahren mit der Geschichte Japans beschäftigt und obendrein noch etwas von Filmen versteht. Das Wort eines solchen Experten zählt doppelt und dreifach – übrigens nicht nur in seinem Spezialgebiet, sondern ganz allgemein; wir lassen uns eben leichter von Menschen überzeugen, bei denen wir davon ausgehen können, daß sie gewohnheitsmäßig nachdenken. In dem Augenblick allerdings, in dem sich unser Gefühl gegen den Experten sträubt, vermag auch Kompetenz nicht mehr zu überzeugen. Man muß eben mit dem Menschen sympathisieren, bevor man mit seiner Meinung sympathisieren kann.

So möchten wir Kompetenz beispielsweise nicht aufgenötigt, nicht um die Ohren geschlagen bekommen. Ich habe nichts dagegen, daß einer seine Ansichten leidenschaftlich vertritt – ich schalte aber auf stur, sobald er sie mit missionarischem Eifer verficht. Der Mensch läßt sich nicht gern in die Rolle des armen, verirrten, bemitleidenswerten Sünders drängen, da wird er störrisch. Als Jugendlicher habe ich mich einst sogar, ganz gegen meine Überzeugung, bei unserem Pfarrer zum Anwalt der Todesstrafe gemacht, nur weil der in seiner Parteinahme für die Friedensbewegung so weit gegangen war, von der Kanzel herab jedem den wahren Glauben abzusprechen, der nicht gegen Atomraketen demonstrierte. Hüten wir uns vor dieser Mischung aus Selbstgerechtigkeit und Bekehrungseifer – wer immer recht haben will, dem gibt man ungern recht, und wer sich selbst nicht überzeugen läßt, von dem mag man sich auch nicht überzeugen lassen. Ebenso reizen übrigens Pauschalurteile zum Widerspruch; sie wirken immer selbstgefällig, hohl und anmaßend, so richtig manche Beobachtung auch sein mag, so sehr wir selbst vielleicht ganz ähnlich denken. Also: Kalkulieren wir die Möglichkeit des Irrtums ein, und kommen wir nicht so schnell aufs Grundsätzliche, wenn wir überzeugen wollen!

Soviel man hört, neigen Männer eher zum Fundamentalismus im Gespräch als Frauen – und nicht nur das. Männer scheinen auch einen angeborenen Vorwärtsdrang zu haben, der von Frauen im freundlicheren Fall als beherrschend und im weniger freundlichen als Imponiergehabe empfunden wird. Mit Selbstzweifeln jedenfalls halten sich die wenigsten lange auf, und manch einer würde wohl einem Japaner noch die Feinheiten der japanischen Küche erklären, auch ohne je in Japan gewesen zu sein. Einmal abgesehen davon, daß Frauen die imposanten verbalen Kartenhäuser, als deren Erbauer sich Männer gern gefallen, oft gar nicht so beeindruckend finden, abgesehen auch davon, daß sie das Männchengebaren nach einer Weile eher amüsiert als überzeugt, sollten wir Männer eins bedenken: Viele, auch sehr kluge, auch sehr gebildete Frauen finden es auf Dauer ermüdend, sich gegen die Trommelwirbel der Männer durchsetzen zu müssen. Es ist im Sinne der Gleichberechtigung wie der Ritterlichkeit, Frauen im Gespräch nicht in die zweite Reihe zu verbannen oder gar abzuwürgen. Zügeln wir uns etwas – und lassen wir es uns gefallen, daß sie unsere allzu gewagten Urteile möglicherweise kühl lächelnd bezweifeln oder unsere Kartenhäuser mit einer gezielten Frage, ganz nonchalant, zum Einsturz bringen.

Es ist überhaupt ratsam, nicht alles im Brustton der Überzeugung vorzubringen und nicht jeden Anflug einer Idee schon für eine Überzeugung zu halten. Man darf seine Überzeugungen auch nicht wie Geschütze auffahren. Vor allem aber: Wenn man Überzeugungen hat, sollte man sich daran gebunden fühlen, danach leben, sich durch sein Verhalten nicht selbst widersprechen! Überzeugender als tausend Worte ist es, den lebenden Beweis für die Richtigkeit seiner Überzeugungen abzugeben. Wer als Mensch überzeugt, braucht im Einzelfall nicht so viel Mühe darauf zu verwenden, von seinen Ansichten, Ideen und Vorhaben zu überzeugen. Der kann auch mal frei zusammenphantasieren und wird trotzdem ernst genommen. Am überzeugendsten wirkt es, wenn jemand nicht krampfhaft überzeugen will, sondern durch seine Art für die Gültigkeit seiner Anschauungen bürgt – durch die kleinen Rücksichten, die er im Alltag nimmt, die Aufmerksamkeit, mit der er Untergebenen oder Schwächeren begegnet, den Widerwillen, mit dem er auf Häme reagiert, kurz: durch eine Größe, die sich auf den Nebenschauplätzen des Lebens bewährt.

25. Spielregel
Beurteile den ganzen Menschen, wenn du wissen willst, was von seinen Meinungen zu halten ist. Und beurteile seine Meinungen, wenn du wissen willst, was von dem ganzen Menschen zu halten ist.

Reklamieren kann schliesslich jeder – Über die Kunst des Ermutigens

»Endlich bin ich auch weit entfernt, zu fordern, man solle alles loben und alle offenbaren Fehler entschuldigen, vielmehr habe ich nie den Leuten getraut, die so merklich affektieren, alles mit dem Mantel der christlichen Nächstenliebe bedecken zu wollen.«
Über den Umgang mit Menschen, 1, 1, 28

Ich kannte einen Mann, Porträtfotograf und schon lange im Geschäft, der lobte die Menschen, die er täglich vor der Kamera hatte, gnadenlos. »Sehr gut, sehr gut!«, pflegte er zu sagen. »Ganz großartig! Wir machen's aber trotzdem noch mal, und diesmal etwas anders.« Seine Kunden waren keine Profis, keine Models, und sicher wußten die meisten, daß sie nicht wirklich »großartig« gewesen waren. Aber es funktionierte. Die Leute faßten Vertrauen zu sich selbst und legten in kürzester Zeit ihre Befangenheit ab. Die routinierte Schmeichelei des Fotografen erleichterte es beiden Seiten, ihre Rolle so gut wie möglich zu spielen.

Und dann hatte ich einmal einen Trainer, der lobte uns in den höchsten Tönen, egal, wie vernichtend unsere Niederlage ausgefallen war. Ich betrieb damals einen Mannschaftssport, der in Deutschland weitgehend unbekannt war: Lacrosse; wir spielten meist schwach, heimsten eine Niederlage nach der anderen ein, und dennoch war unser amerikanischer Trainer jedesmal hochzufrieden – nie hatten wir ihn enttäuscht, stets war die Niederlage denkbar knapp ausgefallen und niemals bestand der geringste Zweifel am Sieg im nächsten Spiel. Und das funktionierte nicht. Sein Dauerlob hatte nämlich nichts mit Ermutigung und wenig mit Aufmunterung zu tun, es lief vielmehr auf den Versuch hinaus, uns nach Art der Motivationsgurus auf Sieg zu programmieren, und war für Leute, die sich ihres Verstands durchaus zu bedienen wußten, nachgerade ärgerlich.

Was hatte der eine richtig, der andere falsch gemacht? Ich glaube, daß es klug ist, durch vorgreifendes Lob anzufeuern, solange eine Arbeit im Gang ist, und eher alle Anzeichen für ein Gelingen zu honorieren, als alle erkennbaren Schwächen aufzudecken. Gleichgültig, ob Kinder in der Schule ein Bild malen oder Erwachsene eine Werbestrategie entwerfen – in der produktiven Phase sind Menschen empfindlich, und die besten Resultate darf man sich versprechen, wenn man sie dann nach Kräften bestärkt und alles unterläßt, was ihr Selbstbewußtsein erschüttern könnte. Die Zeit für eine sachliche, offene, vielleicht auch schonungslose Kritik kommt hinterher, wenn das Ergebnis vorliegt – und womöglich so trostlos ausgefallen ist wie der Spielstand, bei dem unsere Lacrosse-Partien in der Regel abgepfiffen wurden. Wer würde sich als denkender Mensch ernst genommen fühlen, wenn er dann zu hören bekäme, es habe nur das letzte Quentchen Glück gefehlt? Ganz abgesehen davon, daß die Unterstellung, man habe bereits sein Bestes gegeben, auf sensible Zeitgenossen geradezu demoralisierend wirkt.

Unser Trainer, der sich übrigens durch keinen Einwand beirren ließ, war ohne Zweifel das willenlose Opfer eines Trends, der dieser Tage immer weitere Lebensbereiche erfaßt. Positiv denken! heißt das Gebot der Stunde – und wer jetzt noch kritisiert, der setzt sich dem Generalverdacht der Gehässigkeit aus, der gilt als Spielverderber oder krankhafter Nörgler, der ist eigentlich kaum noch gesellschaftsfähig und »zukunftsfähig« schon gar nicht. Allenthalben müssen sachliche Analyse und offene Kritik heute einem zuversichtlichen, erbaulichen Ton weichen, der Zweifel an dem unaufhaltsamen Siegeszug von was auch immer gar nicht erst aufkommen läßt, und dort, wo es politisch korrekt zugeht, ist man ohnehin längst übereingekommen, daß alle Kritik dem lieben Frieden schade und deshalb – wenn es einer denn gar nicht lassen kann – wenigstens positiv sein muß. Was nichts anderes heißt, als daß man sie abschaffen will. Das Verfahren ist sattsam bekannt – »Augen verschließen und alles unter den Teppich kehren«, so hätte man es zu anderen Zeiten genannt.

Natürlich, jeder will Anerkennung, jeder sehnt sich nach Applaus, jeder ist insgeheim gekränkt, wenn er Kopfschütteln statt sprachloses Staunen erntet. Das ist menschlich. Aber genauso menschlich ist es, daß man die Güte der eigenen Arbeit oder die Wirkung seiner Person auf andere selbst nur schwer einzuschätzen vermag und selten ohne fremde Hilfe dahinterkommt, woran es im Einzelfall hapert. Ohne Kritiker würden wir uns verrennen, selber zum Narren halten, entweder über- oder unterschätzen, wahrscheinlich in Selbstgenügsamkeit oder in Selbstzufriedenheit baden und in den allermeisten Fällen im Mittelmaß verharren. Daß der Kritisierte in Liebe zu seinem Kritiker entbrennt, ist nicht zu erwarten; die Schmähungen, die Schriftsteller gegen das Rezensentenpack verfaßt haben, dürften eine ganze Bibliothek füllen, und nur eins ist unerträglicher als jede vernichtende Kritik: überhaupt keiner Kritik gewürdigt und folglich auch nicht ernst genommen zu werden.

Und damit wären wir wieder bei der »positiven« Kritik. Sie ist in etwa so erbaulich wie ein geschenkter Sieg – und nicht weniger beleidigend. Als könnte der, dem sie gilt, die Wahrheit nicht verkraften, als müßte bei ihm eine Art Unreife oder Unzurechnungsfähigkeit fortwährend als mildernder Umstand in Betracht gezogen werden. Der »positive« Kritiker teilt mit herablassender Geste Gefälligkeiten aus; außer der freundlichen Bezeichnung unterscheidet ihn nichts vom Schmeichler. Denn positive Kritik gibt es nicht. Kritik ist nichts anderes als die möglichst unvoreingenommene Bewertung oder Beurteilung einer Leistung oder eines Verhaltens und fällt je nachdem gut oder schlecht aus, ist an sich aber weder positiv noch negativ. Der Kritiker ist kein Therapeut; er muß immer auf Abstand gehen, aus der Distanz heraus urteilen, und kann sich deshalb dem Verlangen nach Erbaulichkeit und Verständnisinnigkeit nicht beugen, das in manchen Kreisen herrscht. Da sich Kritik immer an Menschen wendet, hat der Kritiker gleichwohl bestimmte Rücksichten zu nehmen.

Kritik sollte stets nachvollziehbar sein und muß deshalb begründet werden. Der Kritisierte muß wissen, welche Maßstäbe wir anlegen, von welchen Grundsätzen wir uns leiten lassen. Wer seine Kritik nicht begründet, kanzelt den anderen ab. Die beliebteste Art, jemanden fertigzumachen, besteht darin, Kritik moralisch aufzuzäumen und gezielte Sabotage zu unterstellen, so als ob die wahre Ursache für einen Fehler in der bösen Absicht oder dem Widerwillen des Betreffenden zu suchen wäre. Bleiben wir bei der Sache, schonen wir die Person! Tasten wir nicht ihre Ehre an, stellen wir nicht ihre moralische Eignung in Frage, unterstellen wir so lange wie möglich guten Willen!

Kritik sollte darüber hinaus stets ausgewogen sein. Wo es etwas zu loben gibt, sollten wir es loben und das Lob unseren Einwänden vorausschicken. Heben wir gute Ansätze hervor, und berücksichtigen wir auf jeden Fall, wieviel Mühe sich einer gegeben, wieviel Mut er bewiesen, wieviel Einsatzfreude oder Interesse er gezeigt hat! Jede Kritik sollte so formuliert werden, daß sie ermutigend wirkt – nicht daß der Kritisierte den Eindruck gewinnt, ein hoffnungsloser Fall zu sein! Es ist eine schlechte Angewohnheit, alles Gelungene zu übersehen und den einzigen Fehler herauszupicken, um dann darauf herumzuhacken. Richten wir unser Augenmerk also genauso stark auf das Geglückte wie auf das, was noch zu wünschen übrig läßt – aber: Legen wir die Meßlatte hoch! Trauen wir dem anderen etwas zu!

Dimmen wir das Niveau nicht aus therapeutischer Rücksicht immer weiter herunter! Gehen wir stets davon aus, daß der Mensch entwicklungsfähig ist – damit ist ihm mehr gedient, als wenn wir ihm gnädig größere Mühe ersparen.

Beantworten wir Mut mit Mut, wenn wir um Kritik gebeten werden, reden wir uns dann nicht mit Phrasen heraus! Ich erinnere mich, daß mich ein Kollege einmal um meine Einschätzung seiner Fähigkeiten bat – ob die Firma mit ihm zufrieden sein könne, wollte er wissen, und wie er auf mich und andere wirke. Nun, seine Arbeit machte er gut, das sagte ich ihm, verhehlte aber auch nicht, daß er seinen Kollegen mit seiner aufdringlichen Art und seiner nervösen Redseligkeit gehörig auf die Nerven ging. Er nahm sich meine Kritik tatsächlich zu Herzen, zügelte sich fortan und trug mir meine Offenheit in keiner Weise nach. Weichen wir in solchen Fällen also nicht auf bequeme Schmeichelei aus.

Wenn sich schon jemand überwindet, uns um unsere ehrliche Meinung zu fragen, sollten wir so viel Mut durch rückhaltlose Ehrlichkeit belohnen.

Für das Lob gilt im Grunde ähnliches wie für die Kritik. Lob muß echt sein, muß gerechtfertigt sein, andernfalls wäre es eine Form, sich über jemanden lustig zu machen – es sei denn, man setzt es, wie besagter Fotograf, strategisch ein. Lob hat dann das meiste Gewicht, wenn die Hürden hoch waren und der, der es spendet, nicht leicht zufriedenzustellen ist. Für Kindereien und Selbstverständliches sollte man niemanden loben, den man nicht als Versager bloßstellen will. Ich plädiere aber entschieden dafür, den Blick für das Geglückte zu schärfen, immer wieder mal und eher beiläufig ein anerkennendes Wort oder ein Kompliment einfließen zu lassen und auch kleine Fortschritte zu loben, wenn jemand Ermutigung nötig hat. Eines sollte man allerdings bedenken: Kaum etwas motiviert zu einer noch größeren Anstrengung mehr als ein kleiner Rest Skepsis, ein hinausgezögerter Vorbehalt, den man erst dann aufgibt, wenn eine Arbeit tatsächlich erfolgreich abgeschlossen ist.

Daß einer Gelungenes auch im Kleinen und Nebensächlichen wahrnimmt und würdigt, das kann jedenfalls zum Markenzeichen einer Person werden, so selten ist es. Überhaupt empfehle ich, häufiger Anerkennung oder Dankbarkeit zu bekunden. Viele machen sich nur dann bemerkbar, wenn sie etwas stört, wenn sie Grund zu Reklamation oder Protest haben – ja, dann läßt jeder von sich hören. Hat aber etwas gefallen, war man begeistert oder gerührt, dann unterziehen sich die wenigsten der Mühe, anzurufen oder eine Karte zu schreiben, um ihrer Befriedigung Ausdruck zu verleihen.

Bedenken wir aber, daß Lob Unbehagen auslösen kann. Die einen befürchten vielleicht, daß sich mit einem unerwarteten Lob eine längst befürchtete Kritik ankündigt, die anderen mißtrauen einem Lob, weil der, der es ausspricht, bislang nicht gerade zu ihren Bewunderern gehört hat, die dritten beschämt es womöglich, weil sie aus Bescheidenheit lieber unerwähnt bleiben würden. Grundsätzlich gilt: Je massiver ein Lob, desto größer die Gefahr, daß es peinlich wirkt. Drücken wir also niemandem einen Lorbeerkranz vom Gewicht eines Mühlsteins auf den Kopf. Auch sollte sich unser Lob, wie unsere Kritik, stets auf die Sache beziehen, nie auf die Person. Einen Menschen für das zu loben, was er ist, steht uns in aller Regel nicht zu. Beugen wir darüber hinaus dem Verdacht vor, ein Lob könnte ironisch gemeint sein, indem wir es ebenso gut begründen, wie wir eine Kritik begründen würden. Im übrigen gibt es unterschiedliche Formen, ein Kompliment unauffällig einzustekken. So kann man zum Beispiel auf eine leicht ironische Distanz gehen, den Ball auffangen und zurückgeben, indem man entgegnet: »Danke – Sie verstehen es, Komplimente zu machen!«, oder aber schlicht und wahrheitsgemäß bemerken: »Danke, das höre ich gern«, was sich für mein Gefühl auch mit der ausgeprägtesten Bescheidenheit verträgt.

Darüber hinaus gibt es indirekte Formen des Lobes wie der Kritik. Eine indirekte Weise des Lobens wäre es, andere sprachlich in die eigene Leistung einzubeziehen und als Regisseur zum Beispiel nicht von »meinem Film« zu sprechen, sondern von »unserem Film«, wenn eine Person zugegen ist, die irgendwie, und sei es nur am Rande, daran mitgewirkt hat – Mitarbeiter haben ein feines Ohr für diese Art der Anerkennung. Ein Fall indirekter Kritik wäre es, durch ein Geschenk auf einen heiklen Punkt anzuspielen, etwa durch ein Eau de Cologne auf den Umstand, daß es einer mit der Körperpflege nicht so genau nimmt. Eine andere Strategie besteht darin, Namen zu vertauschen und im Gespräch so zu tun, als hätte man das, was einen an seinem Gegenüber stört, unlängst mit einer anderen Person erlebt und sich darüber geärgert. Und dann gibt es die vornehme englische Art, »Ist Ihnen nicht kalt?« zu fragen, wenn man selbst findet, daß das Fenster wieder geschlossen werden könnte.

Selbstlob und Selbstkritik schließlich sind beide mit einer gewissen Vorsicht zu genießen. Was das Selbstlob angeht: Nicht, daß wir unser Licht unter den Scheffel stellen sollten, aber selbstbewußtes Understatement ist oft die beste Reklame für uns. Unverblümtes Selbstlob sollten wir eigentlich nur vor Menschen äußern, die uns gut genug kennen, um den ironischen Unterton herauszuhören. Und bei der Selbstkritik sollten wir bloß nicht in Selbstanklage verfallen! Es gibt Menschen, die schier zusammenbrechen, wenn sie einen Fehler eingestehen, und meinen, sie müßten öffentlich Buße tun, bevor ihnen verziehen werden könnte. Das ist ein Zeichen von mangelndem Selbstbewußtsein – Lob dürften wir dafür genausowenig erwarten wie für ein bierernst gemeintes Selbstlob.

26. Spielregel
Begründe deine Kritik und laß das Lobenswerte nicht unerwähnt! Schärfe deinen Blick für das Gelungene, suche es auch im Nebensächlichen und würdige es. Aber laß dich nicht durch die Forderung nach »positiver« Kritik zu einer therapeutischen Nachsicht verleiten, die sich von Schmeichelei kaum unterscheidet.

Sich zu seinen Grundsätzen bekennen – Über Zivilcourage

»Ich habe bei mancher Gelegenheit Gegenwart des Geistes und Kaltblütigkeit als Haupterfordernisse zu allen Geschäften und Verrichtungen im menschlichen Leben empfohlen … Halte Dich daher nicht mit Geschwätzen auf, wo es Not ist, zu handeln! Unterdrücke Dein zu zartes Gefühl, und winsele nicht, wo Du zugreifen solltest!«
Über den Umgang mit Menschen, II, 12, 1

Man darf es wohl als Revolution bezeichnen, was sich da in den vergangenen Jahrzehnten ereignet hat: die Vergesellschaftung des menschlichen Körpers und, im Gegenzug, die Privatisierung der Moral. Es gibt ein untrügliches Indiz dafür, daß dieser Umsturz der Verhältnisse tatsächlich stattgefunden hat, nämlich die Verlagerung des Schamgefühls vom Körper auf die moralischen Grundsätze, von denen sich unsereins jeweils leiten läßt. Wurden früher aus Schamhaftigkeit die meisten Körperregionen die meiste Zeit züchtig bedeckt (in den sechziger Jahren gehörte noch das Knie dazu), während die moralischen oder politischen Einstellungen durchaus eine Zurschaustellung vertrugen, so schützt man heute aus einer Art Bekenntnisfurcht die eigene Moral ängstlich vor dem grellen Licht der Öffentlichkeit, während der Körper sich nicht länger zu zieren braucht.

Diese Entwicklung folgt einer bekannten Logik: Sobald etwas zur Privatsache erklärt und als Privatsache gehandhabt wird (wie zum Beispiel das Einkommen), zieht es sich hinter die Bannmeile des Peinlichen zurück. Die Privatisierung der Moral nahm ihren Anfang, als die Achtundsechziger sich jede Einmischung von Autoritäten und Instanzen in den individuellen Lebensentwurf verbaten; sie wurde zum Dogma, als die Gesellschaft – widerwillig zunächst, dann immer williger – das Nichteinmischungsgebot übernahm. Seither registriert eine erstaunte Öffentlichkeit den Verfall der Zivilcourage. Das heißt, unmoralische Verhaltensweisen, deren Ahndung nicht in die Zuständigkeit der Politischen Korrektheit fällt, treffen allenfalls noch auf stillschweigende, eben private Ablehnung, können sich aber den öffentlichen Raum ungehindert erobern, weil der Bürger Hemmungen hat, ihn zu verteidigen. Die moralische Zuständigkeit ist nun sauber aufgeteilt: Für die Gesinnung ist die Politische Korrektheit zuständig, für den öffentlichen Raum die Polizei, und wenn beide gerade nicht zur Stelle sind, niemand.

Dabei würde es in vielen Fällen gar keiner Courage bedürfen. Da verprügeln drei Jugendliche des Nachts auf dem S-Bahnhof einer deutschen Großstadt einen jungen Mann, demolieren das Fahrrad, das er dabei hat, und werfen es auf die Schienen, während die übrigen Wartenden zu- bzw. wegschauen. Die drei lassen von ihm ab, und weil er selbst kein Handy hat, bittet der junge Mann die Wartenden der Reihe nach, die Polizei zu rufen. Alle weigern sich. Schließlich findet er vor dem Bahnhof einen Taxifahrer und bittet den um Hilfe. Und auch der weigert sich. Wie könnte man so etwas nennen? Feigheit? Aber setzt Feigheit nicht eine reale Gefahr voraus? Was ist es dann?

Vielleicht doch eine altbekannte menschliche, allzu menschliche Verhaltensweise? Erinnern wir uns – in der Bibel, im Neuen Testament, das Gleichnis vom barmherzigen Samariter. Da geschieht Ähnliches: Ein Reisender fällt unter die Räuber und bleibt verletzt am Straßenrand liegen. Nacheinander kommen zwei andere Reisende des Weges und gehen achtlos vorbei, und erst der dritte, der Samariter, nimmt sich des Verletzten an. Nun bitte – so sind sie eben, so sind wir seit jeher, könnte man sagen, und Psychologen hätten keine Schwierigkeit, uns dieses Verhalten zu erklären. Von »Präsenzvorbehalt« würden sie sprechen und damit meinen: Sobald wir auf die Straße treten, verhalten wir uns so, als könnten wir auch gerade ganz woanders sein; und so wie wir verwandeln sich im öffentlichen Raum auch all jene, denen wir begegnen, in Schattenwesen. Anders wäre es, wenn wir im Menschengewühl auf einen Nachbarn treffen würden – den kennen wir, der trägt für uns persönliche Züge, in den könnten wir uns zur Not hineinversetzen. Aber in Fremde nicht. Und wer verlangt, wir sollten uns für diese Schattenwesen im Ernstfall zuständig fühlen, der mutet uns eben Unmögliches zu.

Aber so einfach ist es nicht. Denn selbst dort, wo wir

nicht zuständig sind, können wir trotzdem verantwortlich sein. Diese Verantwortung spürt, glaube ich, ein jeder – etwa dann, wenn die Frau im Fischgeschäft eine antisemitische Bemerkung gemacht hat, die im Verkaufsgespräch dann irgendwie unterging, und wir uns Wochen, vielleicht Jahre später noch vorwerfen, damals, in diesem Augenblick, den Mund gehalten zu haben, obwohl uns der passende Kommentar durch den Kopf geschossen war. Zuständig oder nicht – die eigene Feigheit wurmt, weil wir uns in derartigen Situationen plötzlich doch verantwortlich fühlen. Nur – wovor hatten wir eigentlich Angst? Und warum haben wir später, als jemand in der Straßenbahn lautstark über Ausländer herzog, wieder zu denen gehört, die sich still über den Kerl geärgert und, wie alle anderen, angestrengt aus dem Fenster geschaut haben?

Gut, haben wir vielleicht nicht. Vielleicht haben wir, als einziger, dem Krawallmacher Einhalt geboten – und danach womöglich dieselbe Erfahrung gemacht wie ich bei eben dieser Gelegenheit: Diejenigen, die zuvor schon angestrengt aus dem Fenster geschaut hatten, schauten, nachdem der Pöbler verstummt war, weiterhin angestrengt hinaus. Was hatte ich erwartet? Daß mich der eine oder andere solidarische Blick treffen würde, nachdem ich eingeschritten war? Daß dieser oder jener wenigstens stumm seine Zustimmung signalisieren würde? Ja, dergleichen, das gebe ich zu. Und ich gestehe, daß mich diese unerschütterliche Gleichgültigkeit, diese stur durchgezogene Demonstration eisigen Unbeteiligtseins im nachhinein mehr verärgert hat als der Vorfall selbst. Aber sie hat mir auch die Augen geöffnet für das Beängstigende, das uns auch da zu Feiglingen machen kann, wo keinerlei Gefahr für Leib und Leben droht: das Risiko, völlig allein dazustehen.

Damit müssen wir rechnen, wenn wir den Mund aufmachen und womöglich eingreifen sollten: daß wir keinerlei Rückendeckung erhalten und nur für uns sprechen werden und die Folgen allein auszubaden haben – ganz egal, wie viele sonst noch unserer Meinung sein mögen. Und dabei wäre den Gaffern und Wegschauern aus ihrer Gleichgültigkeit noch nicht einmal ein Vorwurf zu machen, denn etwas Ungeheuerliches wird ihnen abverlangt: Sich zu etwas zu bekennen, das sie bis gerade eben noch für ihre Privatsache gehalten haben! Gewissermaßen Einblick zu gewähren in ihr Allerheiligstes, nämlich ihren Glauben, ihre Moral, ihre Überzeugungen. Die Privatisierung der Moral hat deren Einsatz auf einen strikt privaten Anwendungsbereich begrenzt, und so schnell können die wenigsten umschalten – ganz zu schweigen von der Zumutung, sich derart zu entblößen und sich öffentlich zu seinen Grundsätzen zu bekennen! Mit demselben Erfolg hätte man vor einem halben Jahrhundert jemanden aufgefordert, sich vor den Augen anderer bis auf die Haut zu entkleiden.

Und deshalb war der Werbefilm, der eine Zeitlang in unseren Kinos lief, wohl gut gemeint, aber irreführend: Da drangsalierten in einem vollbesetzten Bus zwei Skinheads einen Ausländer, woraufhin sich alle Fahrgäste erhoben, um die beiden Angreifer an der nächsten Haltestelle hinauszudrängen. Ich kann nur raten, in solchen Fällen nicht auf nennenswerte Unterstützung zu hoffen – und sich, in denkbar harmlosen Situationen, doch einmal selbst zu testen. Eine Gelegenheit dazu könnte sich zum Beispiel im Supermarkt ergeben; nehmen wir an, dort wären in der Obstabteilung fünf Äpfel auf den Boden gerollt. Fahren wir mit unserem Einkaufswagen im Slalom drumherum? Oder bücken wir uns, um sie aufzuheben? Die meisten dürften sich wohl nicht bücken und hätten dafür die bekannten Gründe: Man ist nicht zuständig, könnte Aufmerksamkeit erregen und beobachtet und für einen Sonderling mit einem Verantwortungstick gehalten werden – kurzum: Obwohl weit und breit kein Skinhead in Sicht ist, würden sich viele nicht einmal jetzt zu Grundsätzen bekennen, deren Gültigkeit sie im Privatleben kaum bezweifeln würden.

Üben wir in solchen und ähnlich unverfänglichen Situationen, aus der Zuschauergesellschaft auszubrechen, wenn wir nicht versagen wollen, wenn's drauf ankommt. Erweitern wir unseren Zuständigkeitsbereich, stellen wir das Fahrrad des Nachbarn im Fahrradkeller auf, wenn es umgekippt ist, schaffen wir den Ziegel vom Zebrastreifen, den ein Lkw verloren hat, bieten wir dem Ausländer unsere Hilfe an, der an einer Straßenkreuzung den Stadtplan studiert, helfen wir dem alten Mann wieder auf die Beine, den ein Schwächeanfall umgeworfen hat, selbst wenn wir dafür die Straßenseite wechseln müssen. Und – gehen wir auf Distanz zum Geist der Zeit! Machen wir uns klar, daß die grassierende Bekenntnisfurcht uns moralisch entmündigt! Schauen wir nicht schon deshalb weg, weil wir sonst womöglich in die Verlegenheit kämen, für zwei Minuten ein Vorbild zu sein. Und rücken wir mit Zivilcourage dem eigenen Irrtum zu Leibe, wenn wir bisher geglaubt haben, daß Moral Privatsache sei. Nicht ausgeschlossen, daß wir dann im Ernstfall tatsächlich unerwartete Unterstützung erfahren.

So ging es jedenfalls meinem Bruder eines Tages in einem Berliner Bus. Es war in der Hauptverkehrszeit, alle Sitzplätze waren besetzt, und als eine schwangere Afrikanerin zustieg, rührte sich niemand vom Fleck. »Will hier wirklich niemand einer Schwangeren seinen Platz anbieten?« sagte mein Bruder laut genug, daß es jeder mitbekommen mußte. Worauf einer der Fahrgäste entgegnete: »Die soll doch froh sein, daß sie ihre Brut in unserem Land austragen darf.« Nun, es kam zum Wortgefecht, und für einen Moment sah es so aus, als ob wieder einmal alle fest entschlossen wären, die Unbeteiligten zu spielen – da trat der Fahrer auf die Bremse, brachte den Bus auf freier Strecke zum Stehen, öffnete die Tür und warf den Menschen, der das gesagt hatte, eigenhändig hinaus.

Zivilcourage, Bürgermut. Man muß sich nicht alles gefallen lassen. Oft reicht es, den Mund aufzumachen, und in vielen Fällen hilft reden. Bei Leuten, die sich provoziert fühlen oder selbst provozieren, sollte man nicht denselben Ton anschlagen wie sie, es sei denn, man hat den sicheren Eindruck, mit Einschüchterung etwas zu erreichen. Normalerweise ist es ratsam, vernünftig und in Zimmerlautstärke mit ihnen zu reden, nicht übertrieben freundlich, aber auch nicht zu kühl, zu souverän, weil das überheblich und damit provozierend wirken könnte. Man sollte dabei der Aufgeregtheit des anderen zunächst nicht jede Berechtigung absprechen, sich aber auch nicht darauf einlassen, und im übrigen Interesse zeigen, ernst nehmen, nicht gleich abwiegeln, sondern auf ihn eingehen und durchblicken lassen, daß man ihn als ebenbürtig anerkennt – schließlich geht es oft um Ehre, um verletzte Ehre, und damit ist nicht zu spaßen. Im weiteren Gespräch sollte man dann versuchen, ihn abzulenken und durch Fragen aus dem Konzept zu bringen. In jedem Fall ist es klug, auch den aufgebrachtesten Typen als vernunftbegabtes Wesen gelten zu lassen.

Wird man selbst angegriffen, beleidigt, provoziert, ist gespielte Kälte meist das beste Gegenmittel. Also einen ungläubigen Blick aufsetzen und ihn so bald nicht wieder abwenden, als wollte man fragen: Meinen Sie das ernst? Abtropfen lassen – und sich klar machen, daß man nicht persönlich gemeint ist, daß man bloß als Blitzableiter dient. Einigen von uns wird das helfen, ruhig zu bleiben – andere allerdings erbost es um so mehr, wenn sie merken, daß sie nicht als Person, sondern als Vertreter einer Gattung (Fahrer einer bestimmten Automarke, Deutscher im Ausland etc.) wahrgenommen werden. Aber auch denen kann ich nur raten, nicht sofort, nicht spontan zu reagieren, den anderen fest anzusehen und sich derweil zu fragen, ob die Angelegenheit überhaupt der Rede wert ist, ob eine Entgegnung wirklich lohnt. Ein langer Blick kann Wunder wirken und den anderen so irritieren, daß er den Ton wechselt und zu einem zivilisierteren Umgang zurückkehrt.

Was uns aber, wie ich befürchte, mehr einzuschüchtern vermag als jeder Skinhead, ist die bedrohlich schweigende Mehrheit der alles tolerierenden Liberalen, die gewohnt ist, ihre Prinzipien auf Großdemonstrationen zur Schau zu stellen und sie im übrigen an die Polizei und die Tabuwächter der Politischen Korrektheit zu delegieren. Mit denen müßte man es sich verderben, soll die Zivilcourage nicht gänzlich aus der Mode kommen. Davon hängt nicht zuletzt die Zukunft der Demokratie ab. Die ist nämlich auf Bürger angewiesen, die nicht davor zurückschrecken, sich auch im Alltag als Menschen mit Prinzipien zu erkennen zu geben.

27. Spielregel
Die schweigende Mehrheit gibt uns das Gefühl, daß Anderssein unanständig sei – laß dich davon nicht beeindrucken! Gehe das Risiko ein, vorbildlich zu handeln! Zivilcourage bedeutet, sich beherzt auf die Seite von Menschen zu schlagen, denen Unrecht geschieht – auch da, wo wir nicht zuständig sind.

Wieviel kostet die Zeit? – Über die Kunst des Wartens

»Oft sind wir in dem Falle, daß uns durch Gespräche Langeweile gemacht wird. Vernunft, Vorsicht und Menschenliebe gebieten uns dann, wenn nun einmal nicht auszuweichen ist, Geduld zu fassen und nicht durch beleidigendes Betragen unsern Überdruß zu erkennen zu geben.«

Über den Umgang mit Menschen, 1, 1, 51

Man kann an alten Texten lesen, was man will, die Bibel, die Sagen, die Märchen – irgendwann fragt man sich nur noch eins: Wo haben die Leute bloß diese Geduld hergenommen? Da braucht jemand wie Mose vierzig Jahre für die Strecke Ägypten–Kanaan. Gut, das Volk Israel ist zu Fuß und der Weg führt durch die Wüste – sicher kein Ort, der Höchstleistungen begünstigt –, aber in einem Jahr, meinetwegen auch zwei, hätte man die Sache hinter sich bringen können. Nein, vierzig Jahre vertrödelt der Mann, und niemand setzt ihn nach zwanzig Jahren wegen erwiesener Ineffizienz als Reiseleiter ab.

Oder Odysseus. Nachdem er mit Troja fertig ist – hat lange genug gedauert –, macht er sich mit seinen Freunden auf den Heimweg, und anstatt den kürzesten Weg zu nehmen, vergeudet er seine Zeit mit nutzlosen Abenteuern, steuert mal diese Insel an, mal jene und braucht für einen Weg, den man gut und gerne in zwei bis drei Monaten schaffen kann, geschlagene zehn Jahre. Von Abfahrt bis Heimkehr also mal eben zwanzig Jahre Lebenszeit vergeudet! Und das Unglaublichste: Seine Gattin Penelope hat die ganze Zeit geduldig wartend ausgeharrt.

Oder Schneeweißchen und Rosenrot. Die bekommen es mit einem Zwerg zu tun, einem regelrechten Giftzwerg, helfen ihm dreimal aus der Klemme und werden dafür jedesmal übel beschimpft. Spätestens beim zweiten Mal denkt man, jetzt reicht es ihnen, jetzt platzt ihnen der Kragen, aber nichts da: Völlig unbeeindruckt lassen sie seine Tiraden über sich ergehen, stehen ihm ein ums andere Mal bei, obwohl sie ihn inzwischen kennen sollten, und protestieren nicht einmal gegen soviel Unverschämtheit. Zwerg hin, Zwerg her – als heutiger Leser hätte man dem Kerl längst eine gescheuert.

Und jetzt tritt eine Schar bereits ergrauter, dezent vornehm gekleideter Bildungsbürger auf. Zeit: das 21. Jahrhundert. Ort: die Kirche einer Großstadt. Anlaß: ein Konzertabend mit moderner Kirchenmusik. Gewiß nicht jedermanns Sache, aber Instrumentalisten und Sänger können was. Zehn Minuten vor der Pause geht es los. Unruhe, Getrappel, das erste Grüppchen schleicht sich unter den Augen der Musiker an der Bühne vorbei hinaus, erhobenen Hauptes – schließlich hat man sich selbst nichts vorzuwerfen – und wahrnehmbar verdrossener Miene – schließlich hat man anderen was vorzuwerfen. Weitere Grüppchen folgen. Alles ältere Jahrgänge, alles bessere Gesellschaft, alles Leute, die es wahrscheinlich keine Überwindung kosten würde, in das Klagelied über den Verfall der Sitten einzustimmen.

Nun, in dem Zitat zu Beginn dieses Abschnitts plädiert mein Vorfahr für Geduld mit Langweilern – aus Vernunft, aus Vorsicht und Menschenliebe. Dieser Rat ist schon zu seinen Lebzeiten von fortschrittlichen Menschen heftig kritisiert worden: Die individuelle Spontaneität, hieß es, brauche sich derlei Selbstverleugnung nicht anzutun, und vielleicht schlägt sich hier tatsächlich ein antiquiertes Höflichkeitsideal nieder. Ich ziehe diese Höflichkeit trotzdem, mehr als 200 Jahre später noch, einer Einstellung vor, die Menschen dazu bringt, ihre kostbare Zeit nach Minuten zu wiegen. Jeder der Fahnenflüchtigen wußte, daß es in Kürze eine Pause geben würde, in der man sich unauffällig verdrücken könnte, aber nein: Der eigene Unmut geht vor, die Musiker zählen nicht, man will seine Zeit nicht vergeuden und fühlt sich zu dieser Geste der Verachtung berechtigt. Mag schon sein, daß diese Menschen nicht zu den mentalen Rasern gehören; auf jeden Fall haben sie sich – wahrscheinlich ohne es selbst zu bemerken – von Bildungsbürgern längst in Konsumenten verwandelt, und die kennen kein Pardon: Entweder das Produkt überzeugt, oder man kauft es nicht – gleichgültig, ob Camembert oder Musik. Und so verläßt man dann ein Konzert wie einen Supermarkt, dessen Käseangebot enttäuscht hat.

Vermutlich gehört die Geduld nicht zur Grundausstattung des Menschen. In Geduld muß man sich daher üben, wie in manch anderer Fähigkeit, die den Charakter dann prägt, auch. Ich glaube, daß nicht zuletzt die Geduld den reifen Menschen ausmacht, daß sie entscheidend zur Charakterstärke und Lebenstüchtigkeit beiträgt und um so wertvoller wird, je mehr es um uns her von mühsam beherrschten, drängelnden, hupenden, rasenden und rotierenden Temponarren und Effizienzanbetern wimmelt. Geduldige Menschen verfolgen eine eigene Strategie: Sie entschleunigen. Sie lassen sich nicht von dem Feuereifer anstecken, mit dem Tagesabläufe programmiert, Karrieren geplant und ganze Leben gestylt werden. Sie wissen, daß Menschen Zeit zum Reifen brauchen, Beziehungen sich allmählich entwikkeln müssen und Eindrücke oder Erfahrungen oft erst auf längere Sicht wirken. Sie kalkulieren die Macht des Zufalls ein, die unvorhersehbaren Umstände, all das, worauf letztlich niemand Einfluß hat. Mit anderen Worten: Sie halten den kürzesten und schnellsten Weg nicht für den einzigen und längst nicht immer für den besten.

Wie unpopulär mittlerweile die Geduld mit ihren verschiedenen Facetten wie Gleichmut, Gelassenheit und Zuversicht ist, habe ich in meinem Studium erlebt. Seinerzeit befaßten wir uns in einem Seminar mit der Kontrolltheorie, einem sozialpsychologischen Konzept, das von mehreren Kontrollebenen ausgeht: Auf der höchsten Ebene hat man eine Situation vollständig im Griff, auf den nächsten Ebenen nimmt der eigene Einfluß auf das Geschehen dann stetig ab, und auf der untersten begegnet man schließlich der schieren Hilflosigkeit, die sich als Resignation und Passivität äußert. Soviel zur Erklärung. Die Diskussion entzündete sich nun an der »sekundären Kontrolle«, also der Fähigkeit, nach einer überraschenden Wendung der Dinge umzudenken und aus der neuen Lage das Beste zu machen. Keiner konnte sich damit anfreunden! Sich mit einer unvorhergesehenen Situation abfinden? Seine ursprünglichen Pläne ändern? Seine Zeit auf andere Weise nutzen? Es stellte sich heraus, daß ich der einzige war, der das für klug hielt. Mein Professor lehnte die sekundäre Kontrolle ab, weil er sie für Selbstbetrug hielt, meine Kommilitonen, weil sie ihnen als Kapitulation, als völliger Kontrollverlust erschien.

Ich halte das eine wie das andere für falsch. Ich glaube, daß es ein Zeichen von Klugheit ist, das Unvermeidliche genauso als eigenes Schicksal zu akzeptieren wie jene Lebensphasen, in denen alles nach Wunsch verläuft. Und ich bin davon überzeugt, daß wir bei vielen Gelegenheiten mit Geduld weiter kommen als mit der Brechstange.

Geduld kann man lernen, man muß es sich nur zum Ziel

setzen – und üben. Damit fängt man in ganz alltäglichen Situationen an, am vereinbarten Treffpunkt zum Beispiel, wenn der andere nicht kommt, man langsam unruhig wird und sich plötzlich bei der Frage ertappt: Ist das Schikane? Gezielte Boshaftigkeit vielleicht? Mißachtung meiner Person womöglich? Und jetzt beginnt das Training. Gehen wir bis zum Beweis des Gegenteils niemals davon aus, daß andere unsere Geduld absichtlich strapazieren. Stellen wir uns vor, was alles dazwischengekommen sein könnte: eine leere Autobatterie, Arbeitsüberlastung, überraschender Besuch. Wäre es nicht auch möglich, daß der andere die Adresse vergessen hat und uns verzweifelt sucht? Nehmen wir – das ist ein Hauptgebot der Geduld – so lange wie möglich die harmloseste, simpelste, unverfänglichste Ursache für eine Verspätung an, und bleiben wir bei dieser Erklärung auch dann, wenn wir das Feld räumen, weil unsere Geduld erschöpft und der andere immer noch nicht da ist.

Später dehnen wir unsere Geduldübungen aus, zum Beispiel auf eigene Fehler und die anderer Leute. Lernen wir, begangene Fehler nicht unbedingt als Versagen, sondern als wertvolle Erfahrung zu verstehen. Vertrauen wir darauf, daß man aus Fehlern tatsächlich lernen kann. Warum wird in unserem Land so oft von »unverzeihlichen Fehlern« gesprochen, viel häufiger als anderswo? Liegt es daran, daß wir gerne sofort das Schlechteste annehmen, bei jedem Fehler böse Absicht, bei jedem Versagen heillose Dummheit, bei jedem Patzer angeborene Trotteligkeit unterstellen? Jeder verdient eine zweite Chance, und mancher hoffnungslose Fall hat später alle Erwartungen übertroffen. Oft ist es die Angst vor Fehlern, die uns erst recht Fehler begehen läßt, und oft ist es die Ungeduld der anderen, die uns die Furcht vor Fehlern einjagt. Leute, die sich aus Angst vor Fehlern schon als junge Menschen schwören, nie etwas falsch zu machen, neigen später zu dem zweifelhaften Lebensmotto: »Wer nichts macht, macht auch nichts falsch. Und wer nichts falsch macht, wird befördert.«

Die hohe Kunst der Geduld beherrschen wir, wenn wir aufhören, Dinge erzwingen zu wollen, uns auch mal zurückziehen und Gras über eine Sache wachsen lassen können. Nach einer Weile überwiegt die Freude, jemanden zu sehen, den Ärger, in dem man das letzte Mal auseinandergegangen ist. Nur nicht partout jedes, auch das kleinste Mißverständnis aufklären wollen! Dadurch wird Unerhebliches aufgebauscht und aus Unabsichtlichem eine Staatsaktion gemacht. Selbst eine Kränkung, die als solche gemeint war, verdient es oft eher, vergessen als bei nächster Gelegenheit hervorgekramt und durchgekaut zu werden. Geduld beweist sich auch immer wieder in der Gelassenheit, mit der man die Zeit ihre Wirkung tun läßt.

Um schließlich noch einmal auf die ungeduldigen Konzertbesucher zurückzukommen: Meist ist es damit getan, daß man sich entschuldigt, wenn man deutlich zu spät kommt oder eine Gesellschaft, eine Besprechung, eine Party vor allen anderen verläßt. Wenn die Situation, wie in diesem Fall, jedoch keine Entschuldigung zuläßt, muß man davon ausgehen, daß ein vorzeitiger Aufbruch als Mißfallenskundgebung verstanden wird, und was für die übrigen Konzertbesucher nur eine zumutbare Störung darstellt, bedeutet für die, die auf der Bühne ihr Bestes geben, eine Beleidigung. Wir sollten uns in solchen Fällen fragen, ob das eigene Behagen wirklich grobe Unhöflichkeit aufwiegt.

Geduld kann sich also nicht nur als Verständnis, Einfühlungsvermögen und die Bereitschaft äußern, grundsätzlich Gutwilligkeit zu unterstellen, sie ist bisweilen auch ein schlichtes Gebot der Höflichkeit. Geduldig sein heißt jedoch keinesfalls, sich alles gefallen und bieten zu lassen. Unsere Geduld darf, ja, muß begrenzt sein, schon damit uns niemand für einfältig oder zahnlos hält und auf die Idee kommt, sie auszunutzen. Wer uns ein ums andere Mal versetzt, wer dieselben Fehler immer wieder begeht, wer mit enormem Selbstbewußtsein auftritt und dann bloß klägliche Resultate abliefert, der darf nicht mehr mit unserer Nachsicht rechnen. In diesem Fall aber zeigt sich ein weiterer Vorzug der Geduld. Denn jetzt können wir mit dem besten Gewissen genauso unerbittlich sein, wie wir zuvor verständnisvoll und erbittlich waren.

28. Spielregel
Geduld ist Ausdruck einer zuversichtlichen Grundhaltung, sie erleichtert den eigenen Erfolg wie den Umgang mit anderen Menschen. Laß dich deshalb nicht zu schnell dazu verleiten, etwas für unerträglich oder unzumutbar zu halten.

Kühlen Kopf bewahren! – Über Souveränität und Selbstbeherrschung

»Will man ohne Angst in dem Umgange mit Menschen leben, so darf es uns nicht beunruhigen, wenn nicht alle Menschen uns für gut und weise halten … Es steht nicht immer in unsrer Willkür, geliebt, aber es hängt immer von uns ab, nicht verachtet zu werden.«
Über den Umgang mit Menschen, II, II, I

Der Kinderbuchautor Ali Mitgutsch berichtete mir von folgender Begebenheit: »Ich sollte in einer Aula vor zweihundert, dreihundert Leuten einen Vortrag halten, setzte mich aufs Podium, hatte mein Konzept mit Stichwörtern vor mir, wollte den ersten Satz sagen – und in diesem Moment, als würde mir das Blut in die Füße sacken, war mein Kopf vollkommen leer! Alles, was ich sagen wollte, wie ausgelöscht. Da habe ich blitzschnell hin und her überlegt, verlegen gelacht und gesagt: ›Entschuldigen Sie, aber – ich bin weder ein Wanderprediger noch ein Politiker. Ich sitze normalerweise allein in meinem stillen Kämmerlein und male. Tagaus, tagein arbeite ich mutterseelenallein vor mich hin. Und jetzt, wo ich unter Menschen bin, habe ich soviel Lampenfieber, daß mir der Faden gerissen ist.‹ Woraufhin alle lachten. Ich habe mich dann kurz in mein Konzept vertieft, das Blut kam zurück, ich fing an, zunächst stockend, dann fließend, und der Abend war ein voller Erfolg. Und hinterher klopfte mir ein Bekannter auf die Schulter und sagte: ›Wahnsinnig geschickt von dir, diese Eröffnung.‹ Er glaubte, das wäre so geplant gewesen, und war nicht davon abzubringen.«

Ich meine, aus dieser Geschichte läßt sich mindestens zweierlei lernen. Einmal, daß Souveränität nichts mit einem forschen Auftreten im Formel-1-Stil zu tun hat – eher mit Unbefangenheit und Gelassenheit – und sich häufig in der Art zeigt, wie man sich aus einer Verlegenheit hilft: zum Beispiel, indem man beherzt in die Offensive geht, eine Schwäche mit entwaffnender Offenheit bekennt und den Leuten ohne zu zögern reinen Wein einschenkt, wenn man sich anders nicht mehr zu helfen weiß; die Kompetenz, die man in solchen Augenblicken einbüßt, wird durch den Sympathiegewinn mehr als wettgemacht. Und dann: Souveränität bewährt sich weniger in den Routinesituationen als in den kleineren und größeren Katastrophen des Alltags – die es eigentlich gar nicht geben dürfte. Wir leben ja in einer Welt, in der böse Überraschungen nicht mehr vorgesehen sind, in der jeder jedes Ziel erreichen kann, wenn er nur will (»Ich will es, ich schaff' es!«), und alle sich als erbärmliche Versager fühlen müssen, die hinter den Erwartungen zurückbleiben. Die Mär von der Perfektion, die in unserer Macht liegt, und der hunderprozentigen Beherrschbarkeit des Lebens hat sich in vielen Köpfen festgesetzt – kein Wunder, daß wir so selten diese gelassene, unbefangene Souveränität erleben.

Kindliche Allmachtsphantasien sind jedenfalls das Gegenteil von Souveränität. Nobody is perfect – das ist vielleicht die wahrste Botschaft Hollywoods, die sich in Billy Wilders Film »Manche mögen's heiß« mit einem uralten Lehrsatz der Lebensklugheit verbindet: daß uns in jedem Fall die Freiheit bleibt zu bestimmen, welche Haltung wir gegenüber dem Unerwarteten einnehmen, was wir aus einer überraschenden Situation machen, was wir dem Zufall abgewinnen wollen. Es zeichnet den souveränen Menschen aus, daß er sich dieser Freiheit in jedem Augenblick bewußt ist, wie Ali Mitgutsch in der eingangs zitierten Begebenheit – oder der alternde Millionär in Wilders Film, der in seiner komödiantisch zugespitzten Unerschütterlichkeit hinnehmen würde, daß seine Angebetete strenggenommen ein Mann ist.

Denn wirklich beherrschen können wir nur eins auf dieser Welt: uns selbst. Und das sollten wir dann auch. Selbstbeherrschung ist nämlich die erste Voraussetzung für ein klug geführtes, selbstbestimmtes Leben – darüber herrscht in allen Jahrhunderten Einigkeit, egal, wie weit man die Geschichte der Menschheit zurückverfolgt. Es ist ja ganz einfach: In allen kritischen Lagen kommt es darauf an, die Nerven zu behalten und kühlen Kopf zu bewahren, und das gelingt uns nicht, wenn wir gewohnt sind, impulsiv, spontan und unbeherrscht zu reagieren. Selbstbeherrschung ist eine entscheidende Bedingung für die Beherrschung heikler und unvorhergesehener Situationen, und Souveränität äußert sich nicht zuletzt in der Beherrschung solcher Situationen.

Ich weiß, das ist leichter gesagt als getan. Viele von uns leben permanent mit einem unterschwelligen Gefühl der Panik und kämpfen Tag für Tag dagegen an, von diesem Gefühl überwältigt zu werden. Unentwegt werden wir in unserem Alltag mit einem Dutzend Anforderungen gleichzeitig konfrontiert, wissen nicht mehr, wo uns der Kopf steht, was wir als Erstes, was als Drittes machen sollen, was vordringlich ist, was warten kann, und tatsächlich ist es oft unmöglich, auf Anhieb die Priorität oder Nebensächlichkeit einer Sache zu erkennen. Hinzu kommt, daß wir unablässig vor einer Vielfalt von Wahlmöglichkeiten stehen, was dazu führt, daß wir unsere Entscheidungen oft mechanisch treffen und gar nicht mehr begründen könnten. Ganz egal, ob wir die Wahl zwischen fünf Brotsorten beim Frühstücksbuffet oder zwei Frauen (wahlweise Männern) treffen müssen – zurück bleibt das nagende Gefühl, sich immer für das Falsche entschieden zu haben, nie mit seiner Wahl wirklich zufrieden sein zu können, und meist haben wir schon im Hinterkopf, das nächste Mal eine andere Wahl zu treffen – deren Richtigkeit wir im selben Moment wieder bezweifeln würden.

Unentschlossenheit ist mittlerweile zu einer Volkskrankheit geworden, die in den USA bekämpft wird, indem man entscheidungsunfähige junge Menschen zum »vision finding« mit Zelt und Vorräten buchstäblich in die Wüste schickt, damit sie in völliger Isolation endlich einmal zum Nachdenken über sich selbst kommen. Denn gegen die unentwegte Überforderung durch den Alltag hilft nur eins: wissen, wer ich bin, um zu wissen, was ich will. Herausfinden, was für mich Vorrang hat, weil es mir mehr als anderes bedeutet. Eigene Prioritäten setzen. Mit anderen Worten: mich vom Urteil anderer unabhängig machen.

Was die Souveränität des eigenen Urteils angeht, war mein Vater mein größtes Vorbild. Er handelte mit Bordeaux-Weinen, kannte sich aus, wußte, was gut und edel war, und hätte es auch begründen können – dennoch hielt er nichts vom Nimbus großer Namen oder dem Einfluß bekannter Weinkritiker und verlangte von jedem, auf seine Zunge zu hören, statt auf Preis und Etikett zu achten, kurz: auch auf diesem Gebiet allein dem eigenen Urteil zu vertrauen. Ich erinnere mich an den gemeinsamen Besuch eines vornehmen italienischen Restaurants in der Gesellschaft einiger seiner Geschäftspartner. Sie wußten um die Kennerschaft meines Vaters und überließen es ihm nur zu gerne, den Wein auszusuchen. Zur allgemeinen Verwunderung legte mein Vater die Weinkarte nach einem kurzen Blick beiseite, winkte dem Kellner und sagte: »Wenn ich mich nicht irre, verfügen gute Restaurants über einen hervorragenden offenen Hauswein. Den nehmen wir.«

Gelassenheit, Offenheit, Unbeirrbarkeit, Unabhängigkeit des Urteils – das muß zusammenkommen, bevor wir mit Baltasar Gracián von »edler, freier Unbefangenheit« oder eben »Souveränität« sprechen können. Ich möchte hier noch einen weiteren Begriff einführen, der ebenso aus der Mode gekommen ist wie die Ehre: den Stolz. Heute lassen wir den Stolz allenfalls noch im Zusammenhang mit einer Leistung gelten, die »zum Stolz berechtigt«. In der Geschichte, der abendländischen wie der außereuropäischer Völker, bezeichnet der Stolz aber eine Hochachtung, die sich auf alles bezieht, was die kulturelle und soziale Sphäre einer Person ausmacht: Sprache, Geschichte, Familie etc. Diese Hochachtung ist keineswegs irrational – im Gegensatz zum modernen Selbstbewußtsein berücksichtigt der Stolz, daß sich kein Mensch allein sich selbst verdankt, und in diesem Bewußtsein fällt es entschieden leichter, einerseits zu den eigenen Schwächen zu stehen und sich gleichzeitig im Vollbesitz seiner Kräfte zu fühlen. Der Stolz schützt uns also davor, abfällig über uns selbst zu denken und uns kleiner zu machen, als wir sind. Wissen, wer ich bin – dazu gehört eben auch die Kenntnis der eigenen kulturellen Tradition, vielleicht auch der meiner Familie.

Nach alledem dürfte klar sein, daß das, was uns bestimmte Ratgeber als Souveränität verkaufen wollen, irreführend ist, nämlich Selbstmarketing zu betreiben, eine Handvoll Stärken wie ein Firmenschild herauszuhängen und sich selbst als marktgerechtes Kompetenzbündel anzudienen – womit der Umgang untereinander dann irgendwann zur gegenseitigen Verkaufsveranstaltung würde. Aber auch mit der vielgepriesenen Authentizität kommt man nicht weit, solange darunter nur das unverfälschte Wesen einer Person verstanden wird. Diese Authentizität ist heute einem Anpassungsdruck ausgesetzt, dem man sich nur durch ein Repertoire kluger Verhaltensweisen und Strategien der Selbstbehauptung widersetzen kann. Wer auch außerhalb seines eigenen Kreises, seines vertrauten Milieus souverän wirken und angemessen reagieren möchte, sollte deshalb die folgenden Empfehlungen berücksichtigen.

1. *Nichts verschleppen!* Alles, was zu tun ist, unverzüglich angehen, wenn man den Überblick behalten und nicht den

Kopf verlieren will. Eine Sache vor sich herzuschieben kostet mehr Energie, als sie zu erledigen. Also: Was getan werden muß, wie unangenehm auch immer, irgendwie hinter sich bringen, es zur Not schlecht und recht machen, aber auf jeden Fall abschließen – und dann auf zu neuen Horizonten!

2. *Einen Augenblick lang nachdenken!* Nicht dem ersten Impuls nachgeben, seine Antwort kurz überdenken! Zum Beispiel dann, wenn jemand mit einem Vorwurf auf unser schlechtes Gewissen spekuliert – reagieren wir nicht automatisch mit einer Entschuldigung! Bevor wir uns ducken und Abbitte leisten, überlegen wir einen Augenblick lang, ob der Vorwurf tatsächlich zutrifft. Wer sich immer gleich erwischt fühlt, wirkt alles andere als souverän.

3. *Kühlen Kopf bewahren!* Lassen wir uns niemals von Horrormeldungen oder Hiobsbotschaften in Panik versetzen! In solchen Fällen muß man immer die Erregung des anderen abziehen und sich auf die nackten Tatsachen konzentrieren. Was genau ist vorgefallen? Eine Katastrophe läßt sich meist schnell auf die Dimension eines kleinen Betriebsunfalls reduzieren, wenn man sich von der Aufregung anderer nicht anstecken läßt und nur die reinen Fakten in Betracht zieht.

Überhaupt sollte man alles mit Ruhe angehen, immer einen Schritt nach dem anderen tun und sich möglichst durch nichts beirren lassen, wenn man seine Entscheidung einmal gefällt hat. Leute, die über ihre eigenen Füße stolpern oder sich durch jeden Einwand irritieren lassen, würde niemand für souveränen halten. Überzeugend wirkt, wer nicht den Eindruck erweckt, um seinen Platz in einer Gesellschaft und seine Geltung bei anderen strampeln und kämpfen zu müssen.

4. *Kein mäkeliges Wesen haben!* Viele Menschen wissen genau, was sie nicht wollen – nur was sie wollen, könnten sie kaum sagen. Das zeigt sich dann zum Beispiel in der geschmäcklerischen Art, mit der sie an jeder Speisekarte etwas auszusetzen haben und unter fünfundzwanzig Gerichten nichts für ihren ach so raffinierten, anspruchsvollen Geschmack finden können. Und dann gibt es die, die ein Essen aus der Bistroküche bemäkeln, als befänden sie sich in einem Feinschmeckerlokal, oder von einem Wein für 2,50 verlangen, daß er wie ein Médoc schmeckt. Das heißt, Lebensart vortäuschen aus Mangel an Souveränität.

5. *Sich nicht anbiedern!* Wir unterschätzen unser Publikum, wenn wir glauben, es würde auf Verstellung oder Anschleimerei hereinfallen. In meiner Jugend arbeitete ich im Lager eines Unternehmens, dem der Geschäftsführer regelmäßig Besuche abstattete. Dieser Mensch hielt es für angebracht, sich für die fünf Minuten, die er bei uns zubrachte, in einen Lagerarbeiter zu verwandeln und den Gang, die Haltung und die Sprache eines Gabelstaplerfahrers zu imitieren. Das Ergebnis war eine Jovialität, von der alle peinlich berührt waren. Solche Auftritte sollte man sich für den Maskenball aufheben – souverän wirken sie nicht.

6. *Zurückhaltung üben!* Nicht die eigene Überlegenheit in jedem Augenblick herauskehren! Souverän ist, wer andere zu Wort kommen läßt, sich ihre Meinungen in aller Ruhe anhört und niemandem das Gefühl gibt, nur ausführendes Organ zu sein. Wer seine Überlegenheit nicht ständig ins Spiel zu bringen versucht, wird in dem Augenblick, in dem sie wirklich gefragt ist, um so mehr Wirkung erzielen. Man muß die Stunde seines großen Auftritts abwarten können!

7. *Großzügig und gefällig sein!* Gesten der Großzügigkeit, ein unerwartetes Geschenk oder eine überraschende Ver-

söhnungsgeste sind Zeichen von Souveränität. Vor allem aber sollten wir nicht kleinlich in unserem Urteil sein! Lassen wir jeden zu seinem Recht kommen, auch wenn wir selbst nicht einverstanden sind, und beklagen wir uns nicht aufbrausend über die kleinen Verfehlungen eines anderen. Radikale Verurteilung wird leicht als Zeichen für einen niedrigen Charakter verstanden. Die aufgeplusterte Entrüstung steht den kleinen Geistern zu und Leuten mit wenig Erfahrung und Überblick. Souveränität verträgt sich auch durchaus mit der Bereitschaft, anderen gefällig zu sein oder ihnen den Vortritt zu lassen.

8. *Eine eigene Sprache haben!* Souveränität zeigt sich unter anderem in der unbefangenen Benutzung von Wörtern. Muß man Wörter wie »vernünftig« oder »konservativ« meiden, bloß weil einige sofort »spießig« oder »altmodisch« heraushören? Darf man nicht mehr auf gutem Deutsch bestehen, nur weil einem dann gleich »Deutschtümelei!« entgegenschallt? Muß man wirklich fleißig die gängigen Amerikanismen verwenden, um der Clique, der Zunft oder dem Zeitgeist seinen Tribut zu zollen? Unabhängigkeit des Urteils – das gilt mehr denn je gegenüber denen, die uns einer klaren, verantwortungsbewußten Sprache wegen in diese oder jene Ecke drängen wollen.

9. *Mit Vorwürfen und eigenen Fehlern umgehen können!* Man höre sich Vorwürfe an, ohne sofort zu widersprechen. Sind sie ungerechtfertigt, halte man sich nicht zu lange mit seiner Verteidigungsrede auf – endlose Rechtfertigungen führen zu gar nichts, damit macht man sich eher verdächtig. Es ist immer besser, Fehler, auch eigene, bald auf sich beruhen zu lassen und nach vorn zu schauen, das Gespräch also auf die Möglichkeit zu lenken, aus der einmal eingetretenen Situation doch noch das Beste zu machen.

Vorwürfen, die man unweigerlich zu gewärtigen hat, kann man dadurch die Schärfe nehmen, daß man ihnen zuvorkommt. Wer mit seinem Fehler von selbst herausrückt, zeigt dem anderen, daß er seine Verfehlung für verzeihlich hält, und stimmt ihn im selben Moment versöhnlich. Einsicht kommt immer gut an, und meist erübrigt sich dann ein längerer Streit. Sollte es sich aber um Kleinigkeiten handeln, mache man kein Aufhebens davon. Und auf keinen Fall sollte man sich allzu schnell selbst bezichtigen! Letztlich gilt natürlich: Souveränität fällt dann am leichtesten, wenn man sich in dem sicheren Bewußtsein, alles so gut und gewissenhaft wie möglich erledigt zu haben, nicht täuscht.

29. Spielregel
Vertraue darauf, daß man jede Fähigkeit entwickeln kann! Niemand wird mit der Unabhängigkeit des Urteils, der gelassenen Unbefangenheit und der entwaffnenden Offenheit geboren, die einen souveränen Menschen auszeichnen. Täusche nichts vor, biedere dich nicht an! Fühle dich aber jederzeit zu dem natürlichen Stolz berechtigt, du selbst zu sein!

Freiheit gegen Verlässlichkeit – Über Vertrauen

Vom Optimismus der Pessimisten

»Vor allen Dingen bessere und bemoralisiere die Menschen nicht, rate ihnen nicht, ohne entschiedenen Beruf dazu! Mische dich auch nicht in Familienhändel! Ich bin ein paarmal mit der besten Absicht sehr übel dabei gefahren. Vor allen Dingen hüte Dich, Zwistigkeiten schlichten und Versöhnung stiften zu wollen! Mehrenteils werden beide Parteien einig, um über dich herzufallen!«

Über den Umgang mit Menschen, 1, 1, 13

Wir sind unheilbare Optimisten. Jeden haben wir zunächst einmal im Verdacht, vertrauenswürdig zu sein. Wir trauen der Unschuldsmiene unseres Schusters, der Kompetenz unseres Weinhändlers, den Beteuerungen unserer Autowerkstatt; wir zählen an der Ladenkasse in der Eile das Wechselgeld nicht nach und nehmen es nicht einmal mit der Restaurantrechnung immer so genau. Was das Vertrauen angeht, gewähren wir laufend großzügig Kredit. Wir müssen unheilbare Optimisten sein.

Wir können auch gar nicht anders, wenn wir einander überhaupt über den Weg trauen wollen. Selbst in den fernsten Ländern, unter den fremdesten Menschen, rechnen wir mit einer grundsätzlichen Solidarität. Wie selbstverständlich gehen wir davon aus, daß sich jeder, der unsere Pfade kreuzt, eher von Wohlwollen leiten läßt als von rücksichtslosem Egoismus. Es scheint sich hier um eine lebensnotwendige Annahme zu handeln – glauben wir nicht mehr an Gott, so glauben wir doch immer noch an den Menschen. Und fahren in der Regel gar nicht schlecht damit: Wie lange ist es her, daß jemand versucht hätte, uns über den Tisch zu ziehen? Daß die Verkäuferin an der Wursttheke uns neulich wieder zwölf Gramm zu viel abgewogen hat – nun gut, das soll unerwähnt bleiben.

Dieses Anfangsvertrauen hat nichts mit Naivität oder Vertrauensseligkeit zu tun – es ist die Bedingung aller menschlichen Beziehungen. Wir haben guten Grund, von krankhaftem Mißtrauen zu sprechen, wenn jemand gar keinen Vertrauensvorschuß gewährt. Wenn wir hingegen mit unserem Vertrauensvorschuß nicht gegeizt haben und nun vertrauter miteinander werden, ist Wachsamkeit durchaus angebracht. Lebensklugheit und Welterfahrung lehren, daß Vertrauen ausgenutzt werden kann. Und darum achten wir nicht ohne Grund auf Anzeichen, die unser Mißtrauen erregen könnten, deswegen sind wir zu Recht skeptisch gegenüber Kollegen, die alles können, alles wissen und die Kompetenz mit Löffeln gegessen haben; gegenüber Mitarbeitern, die eben noch höflich und kooperativ waren und im nächsten Augenblick belehren, befehlen, bestimmen und andere für sich springen lassen, kaum, daß sie Oberwasser haben; gegenüber Haustürverkäufern, die alle Register der Überzeugungskunst ziehen und dann behaupten, neu im Geschäft zu sein; gegenüber allen Menschen, die Indiskretionen und Gerüchte streuen oder als Selbsterlebtes ausgeben, was sie nur vom Hörensagen wissen; die jedem recht geben, alles für »easy« halten und schnell mit Versprechungen bei der Hand sind; die große Pläne schmieden und nach zwei Tagen schon wieder vergessen haben, was besprochen und verabredet wurde; schließlich auch gegenüber all jenen, die immerzu geliebt werden wollen oder denen es umgekehrt ganz gleichgültig ist, was man über sie denkt.

Wissen, mit wem man es zu tun hat, um einschätzen zu können, wie weit man mit seinem Vertrauen gehen darf – darauf kommt es nicht zuletzt im Geschäftsleben an. Vertrauensvorschüsse werden hier nicht gewährt. Hier zählen Fakten, und zwar, je nach Land, ganz unterschiedliche. Hält man sich bei uns vor allem an den Ruf einer Firma, an geschäftliche Referenzen und Verträge, so verlassen sich spanische Geschäftsleute beispielsweise lieber auf den persönlichen Eindruck. Jenseits der Pyrenäen ist das Geschäftemachen daher in einen umgangreicheren, vertrauenbildenden Prozeß eingebettet, zu dem gesellschaftliche Rituale wie das Gespräch über ganz allgemeine Dinge gehören, am besten bei einem Kaffee, dem sich wahrscheinlich ein Essen anschließen wird, in dessen Verlauf der spanische Geschäftsmann Genaueres über den sozialen, familiären und persönlichen Hintergrund seines potentiellen Partners herauszufinden versuchen wird, bevor er ganz allmählich zum Kern der Sache kommt. Deutsche könnten da den Eindruck gewinnen, viel Zeit zu verschwenden – auf diese Idee käme ein Spanier nie. Noch weitaus größere Anstrengung aber kostet es, das Vertrauen japanischer Geschäftsleute zu gewinnen, und man darf sicher sein, auf Herz und Nieren geprüft zu werden, bevor sich Japaner von der Vertrauenswürdigkeit eines Europäers überzeugen lassen. Nicht nur, daß man für soziale Rituale wie gemeinsames Essen und Zechen noch mehr Zeit als in Spanien veranschlagen muß – was in allererster Linie zählt, sind absolute Zuverlässigkeit, Glaubwürdigkeit, auch Pünktlichkeit. Sollte einem dann das Mißgeschick unterlaufen, seinen japanischen Geschäftsfreund durch eine unvorsichtige Bemerkung vor anderen bloßzustellen, hat man mühsam erworbenes Vertrauen in einem einzigen Augenblick wieder verspielt.

Wieviel – nicht nur im Geschäftsleben – von persönlicher Vertrauenswürdigkeit abhängt, wird in Deutschland zuweilen übersehen, wo man nicht nur traditionell an die Überzeugungskraft objektiver Faktoren wie Effizienz und Leistung glaubt, sondern, Umfragen zufolge, immer stärker dazu neigt, die Meinung anderer über die eigene Person für gänzlich belanglos zu halten. Täuschen wir uns da nicht! Auch bei uns spielt die Vertrauensbasis im Geschäftsleben eine entscheidende Rolle. Und was das Privatleben angeht: Mir ist unklar, wie man mit Menschen auskommen will, die einen kalt lassen, es sei denn, man begnügt sich mit den oberflächlichsten Beziehungen, geht allen schwierigen, umstrittenen, persönlichen Fragen einfach aus dem Weg und pflegt eine Art technischen Kontakt zu seinen Mitmenschen – oder aber man versteigt sich in Träume und Illusionen. Darin liegt vielleicht die größte Gefahr: in einem illusionären Leben mit konstant hohem Erregungspegel, in einem Ausnahmezustand, der keine Entwicklung zuläßt, sich im Atemberaubenden erschöpft und, solange es nicht an Mitspielern fehlt, weder Freunde noch Lebensgefährten erfordert.

Aber sprechen wir vom wahren Leben, vom Alltag, von der Routine des täglichen Miteinanders, wo Vertrauen unser größtes Kapital ist. Wo unser Lob genausoviel wiegt wie unsere Kritik, wenn wir Vertrauen genießen; wo wir kein Blatt vor den Mund zu nehmen brauchen und nichts schönreden müssen, wenn wir Vertrauen genießen; wo wir Menschen für uns gewinnen, uns Freiheiten nehmen und uns Erwartungen entziehen können, wenn wir Vertrauen genießen. Dieses Vertrauen will erworben werden, und das gelingt uns nur, indem wir den großzügig gewährten Vertrauensvorschuß rechtfertigen, indem wir uns nicht allein und nicht in erster Linie von Berechnungen oder Launen, sondern vor allem von Überzeugungen und Grundsätzen leiten lassen, mithin Charakter beweisen. Wer ständig clever kalkuliert und im übrigen erst prüft, aus welcher Richtung der Wind weht, der hat seinen Vertrauensvorschuß bald aufgezehrt. Und wer sich kaltschnäuzig über die Empfindungen anderer hinwegsetzt, hat seine Vertrauenswürdigkeit schon verspielt.

Soviel dazu gehört, sich auf Dauer Vertrauen zu erwerben, sowenig gehört dazu, es zu zerstören. Man muß gar nicht über Leichen gehen oder im Zweifelsfall alle Verantwortung auf andere abschieben – bisweilen reicht es schon, im falschen Moment durch Leichtfertigkeit aufzufallen. So kann jemand, der in kurzen Hosen zu einer internationalen Konferenz erscheint, wahrscheinlich auf die Toleranz der anderen zählen. Aber er beweist damit, daß ihm Selbstdarstellung über alles geht, daß ihm nichts daran liegt, sich an Vereinbarungen zu halten, daß er nicht widerstehen kann, wenn sich die Gelegenheit bietet, gegen Regeln zu verstoßen – und weshalb sollte man so jemandem vertrauen? Menschen halten sich nun einmal an Äußerlichkeiten, solange keine anderen Erfahrungen vorliegen – auch das wird bei uns leicht vergessen.

Auf lange Sicht zählen natürlich Charaktereigenschaften. Offenheit schafft Vertrauen – solange sie nicht in Geschwätzigkeit oder Indiskretion ausartet. Ehrlichkeit schafft Vertrauen – solange man nicht meint, vor anderen überhaupt keine Geheimnisse haben zu dürfen; so edel ist keiner, daß er nicht gut beraten wäre, das eine oder andere für sich zu behalten. Glaubwürdigkeit schafft Vertrauen – solange man sie nicht mit sturem Festhalten an einmal gefaßten Meinungen verwechselt. Zuverlässigkeit schafft Vertrauen – solange sie einen nicht dazu verleitet, krampfhaft Fehler zu vermeiden oder abzustreiten. Fairneß schafft Vertrauen – solange man nicht ängstliche Neutralität damit verbindet und grundsätzlich davor zurückschreckt, in einem Streitfall Partei zu ergreifen. Mut schafft Vertrauen – kaum etwas ist vertrauenerweckender, als wenn man sich einmal beherzt für eine Sache oder einen Menschen öffentlich eingesetzt hat, während Feigheit Vertrauen unweigerlich und gründlich zerstört. Und schließlich wäre eine Eigenschaft zu nennen, die ich als Noblesse bezeichnen würde: gewissermaßen die Garantie dafür, daß wir nicht aus niederen Motiven handeln. Erwecken wir also niemals den Eindruck, etwas aus Mißgunst oder Gehässigkeit gesagt oder getan zu haben, wenn das Vertrauen, das uns entgegengebracht wird, von Dauer sein soll!

Doch selbst dann, wenn wir nie einen Grund zu Mißtrauen geliefert hätten, begeben wir uns auf sehr dünnes Eis, wenn wir uns mit Kritik in private Verhältnisse einmischen oder als Schlichter in Familien- und Eheangelegenheiten auftreten. Wer beispielsweise glaubt, als Außenstehender einer Mutter seine Meinung über deren Erziehungsmethoden sagen zu müssen, der muß seine Uneigennützigkeit vorher in vielen anderen, weniger heiklen Fällen bewiesen haben. Erziehung ist ein heikler Punkt, und der Verdacht, ein kritischer Kommentar könne als Kränkung gemeint sein, als Vorwurf, als Verriß einer ganzen Lebenseinstellung womöglich, dieser Verdacht regt sich in dergleichen Fällen sehr schnell. Es stimmt zwar: Je größer das Vertrauen, desto eher wird ein solcher Verdacht als ungerechtfertigt beiseite gewischt – Vertrauen verschafft eine Autorität, die auch in heiklen Situationen anerkannt wird. Eine derart persönliche Kritik wäre trotzdem eine Belastungsprobe; man sollte sie nicht leichtfertig riskieren.

Noch schwerer ist es, wenn Paare streiten, sich das Vertrauen beider Parteien zu erhalten. Selbst wenn wir mit dem einen wie der anderen gleichermaßen befreundet sind, wird uns der eine heimlich das Vertrauen vorwerfen, das der zweite bei uns genießt. In solchen Fällen möchten die Streitenden ganz exklusiv in den Genuß unseres Vertrauens kommen und finden die Vorstellung, wir könnten von der anderen Seite ebenfalls mit intimen Informationen beliefert werden, unerträglich. Wer da versucht, unparteiisch zu bleiben, bringt womöglich beide gegen sich auf; wer Position bezieht, macht sich auf jeden Fall den anderen zum Feind. Und manche Freundschaft ist daran zerbrochen, daß sich ein Paar irgendwann wieder vertragen und dann gegen den Vermittler verbündet hat. Man bespreche also die Probleme besser unter sechs Augen als unter vier, versuche, seine Solidarität gleichmäßig zu verteilen und um Verständnis für den jeweils anderen zu werben, und mische sich bloß nicht ungebeten ein!

Im übrigen setzt Vertrauen immer Risikobereitschaft voraus. Es bewährt sich in Belastungsproben, nicht in den Tagen herzlichen Einvernehmens. Ein Mann, der es als Selbstverständlichkeit empfindet, Jahr für Jahr mit seinen Freunden zu verreisen, aber ungemütlich wird, wenn seine Freundin dasselbe Recht für sich reklamiert, hat offenbar nicht begriffen, was Vertrauen ist – nämlich ein Handel, bei dem wir Freiheit gegen Verläßlichkeit tauschen. Verlangen wir nicht, daß der Mensch, dem wir vertrauen, alle unsere Erwartungen erfüllt! Das kann keiner. Vertrauen heißt, so lange wie möglich an der Überzeugung festhalten, daß der andere nicht aus niedrigen Motiven handelt, daß er uns nicht absichtlich und planvoll hintergeht und sich allenfalls aus Schwäche etwas zuschulden kommen läßt. Seien wir also tolerant und realistisch in unseren Ansprüchen an andere. Daß jemand persönliche Ziele verfolgt, seinen Vorteil im Auge behält und eigene Interessen nicht um unseretwillen vernachlässigt, das macht ihn noch nicht zum schlechten, vertrauensunwürdigen Menschen. Vollkommene Selbstlosigkeit gibt es auf dieser Welt nicht. Vertrauen ist stets ein Wagnis.

30. Spielregel
Vertrauen ist die Kunst, sich Freiheit zu verschaffen, indem man Freiheit gewährt. Man erwirbt sich Vertrauen, indem man zu seinem Wort und den Folgen seines Handelns steht. Wer Vertrauen genießt, kann offen sprechen und frei handeln, weil niemand auf die Idee käme, ihm niedrige Motive oder unlautere Absichten zu unterstellen.

Vertrauen wagen

»Hat man Ursache, mit dem Betragen des Mannes zufrieden zu sein, mit welchem man Handlungsgeschäfte getrieben hat, so wechsle man nicht ohne Not, laufe nicht von einem Kaufmanne zu dem andern! Man wird treuer bedient von Leuten, die uns kennen, denen an der Erhaltung unserer Kundschaft gelegen ist, und sie geben uns auch, wenn es ja unsre Umstände erforderten, leichter Kredit, ohne deswegen den Preis der Waren zu erhöhn.«
Über den Umgang mit Menschen, III, 6, 4

Eine Autobahnraststätte nach Einbruch der Dunkelheit. Wir sind auf dem Weg zu unserem Wagen. Ein Auto hält neben uns, die Scheibe fährt herunter, die Innenbeleuchtung glimmt auf, ein Mann mit italienischem Akzent spricht uns an, greift hinter sich, hält ein Jackett hoch, einen Anzug, einen Mantel, alles fabrikneu, italienische Designerware, hundert statt fünfhundert Euro. Wir werden mißtrauisch, fragen uns aber im selben Moment, warum. Tun wir dem Mann unrecht? Haben wir vielleicht Vorurteile? Ist uns die Sache zu Recht nicht geheuer? Lassen wir uns aus übertriebener Ängstlichkeit die Gelegenheit entgehen – oder steckt noch etwas ganz anderes dahinter? Steht unser

Auto überhaupt noch an seinem Platz? Ja, es steht noch. Wir lehnen trotzdem dankend ab. Der andere fährt davon, die Angelegenheit war harmlos. Oder doch nicht?

Schwer zu sagen. In manchen Situationen muß man sich einfach auf sein Gefühl verlassen. In anderen Fällen gibt es klare Anhaltspunkte, Klugheitsregeln, Vernunftstrategien, wenn wir vor der Frage stehen, ob Vertrauen angebracht ist oder töricht wäre. Auf einige davon will ich in diesem Abschnitt eingehen.

1. *Seine Karten auf den Tisch legen!* Ehrlich wirken kann auf Dauer nur, wer tatsächlich ehrlich ist. Tricksereien fliegen früher oder später auf. Und selbst, wenn man nicht alle seine Pläne aufdeckt – bis zu dem Grade, in dem man sich in die Karten schauen läßt, muß man tatsächlich ehrlich sein. Aufrichtigkeit entwaffnet Skeptiker und Kritiker. Man decke also, als Privatmann wie als Geschäftsmann, seine Prinzipien und seine Absichten auf, gebe seine wahren Interessen zu, schiebe keine philantropischen oder sonstwie edlen Ziele vor, die man entweder gar nicht hat oder die sich allenfalls als Nebeneffekt einstellen würden – und man wird erleben, daß diese Haltung der eigenen Glaubwürdigkeit in weit höherem Maß zugute kommt als alle Beweise und Belege, die man zur Untermauerung seiner Glaubwürdigkeit auch noch anführen könnte. Hätte der Italiener auf der nächtlichen Autobahnraststätte als erstes eine plausible, womöglich wahre Geschichte über die Herkunft seiner Ware erzählt, wer weiß – unser Mißtrauen hätte sich vielleicht gelegt.

2. *Möglichst nicht zum Offenbarungseid zwingen!* Zivilisation beruht auf Solidarität; zivilisiertes Verhalten darauf, daß wir einander Wohlwollen unterstellen. Wittern wir nicht bei jedem Versehen Absicht, nicht bei jedem Fehler Verrat!

Selbst wenn die Restaurantrechnung nach Betrug riecht, einigt man sich mit dem Kellner besser auf ein Mißverständnis. Können wir beweisen, daß böser Wille am Werk war? Das dürfte schwer werden, die Atmosphäre aber mit Sicherheit vergiften. Meist reicht es, zu demonstrieren, daß man sich nicht hinters Licht führen läßt – im übrigen verhalte man sich so, daß jeder sein Gesicht wahren kann. In aller Regel hängt die Gesprächsbereitschaft der Beteiligten davon ab, daß wir die Fiktion des Vertrauens aufrechterhalten, selbst wenn wir guten Grund zum Mißtrauen haben. Vor allem im Ausland sollten wir uns alle moralische Empörung und Rechthaberei sparen – in vielen Ländern Asiens und Afrikas wird schon der Hauch einer Anschuldigung als tödliche Beleidigung aufgefaßt.

Grundsätzlich meine ich, daß man anderen sein Vertrauen nur in gravierenden Fällen entziehen sollte und jemandem, der bereut, wieder sein Vertrauen schenken sollte. Vom Vertrauen geht nämlich eine erhebliche suggestive Kraft aus: Vertrauen erzeugt Vertrauen, und gleichzeitig stärkt es das Selbstvertrauen des anderen. Ich kenne kein anderes Verfahren, mit dem man Menschen so nachhaltig zu Mitarbeit oder Solidarität bewegen kann.

3. *Wachsamkeit und Umsicht haben nichts mit Mißtrauen zu tun.* Die Werbung führt unentwegt das Wort »Vertrauen« im Mund – es gibt aber keinen Grund, einem Waschmaschinenhersteller, Gebrauchtwagenhändler oder Handwerksbetrieb zu vertrauen, es sei denn, wir hätten in der Vergangenheit mit ihnen nur gute Erfahrungen gemacht. Grundsätzlich brauchen wir uns als Kunden nur von der Qualität des Produkts oder der Leistung überzeugen zu lassen. Die Erfahrungen mit manchen Handwerkern beispielsweise sind dazu angetan, sie besser nicht aus den

Augen zu lassen, solange sie für uns arbeiten. Nehmen wir ruhig in Kauf, daß sich der eine oder andere womöglich gekränkt fühlt, wenn wir uns für jeden seiner Handgriffe interessieren, bestehen wir freundlich, aber bestimmt auf unseren Vorstellungen, auf unserem Recht auf saubere Arbeit. Nur – beweisen wir auch, daß wir klare Vorstellungen haben, und besprechen wir vorab das Wichtigste.

Hingegen spielt Vertrauen bei unseren täglichen Einkäufen sehr wohl eine Rolle, und ich zahle gern etwas mehr für die Gewißheit, mich auf die Empfehlungen meines Weinhändlers, die Tips meiner Gemüsehändlerin und die Qualität meiner Metzgerei verlassen zu können. In solchen Fällen sollten wir dann auch bereit sein, unsere Kompetenz abzutreten, und dem Weinhändler zugestehen, daß er mehr von der Sache versteht als wir.

Übrigens rate ich auch dann zu einem gesunden Mißtrauen, wenn die eigene Sicherheit auf dem Spiel steht. Es kann nicht schaden, in größeren Hotels etwa als erstes den Fluchtweg in Augenschein zu nehmen – man ahnt gar nicht, wie häufig Gerümpel das Treppenhaus verstopft oder die Tür ins Freie zugesperrt ist. Dergleichen sollte man rechtzeitig reklamieren.

4. *Ein vertrauensvolles Arbeitsklima erzeugen!* Im Büro müssen wir tagein, tagaus mit denselben Menschen auskommen, gleichgültig, ob man zueinander paßt oder sich unter anderen Bedingungen aus dem Weg gehen würde. Bei einem neuen Kollegen, einer neuen Kollegin können wir in der Anwärmphase immerhin viel zu einem vertrauensvollen Arbeitsklima beisteuern. Bedenken wir vor allem, daß sich ein Neuer anfangs stets auf die Probe gestellt und von allen beobachtet fühlt, vermeiden wir alles, was seine Unsicherheit vergrößern könnte! Zeigen wir ein gewisses persön-

liches Interesse – auch, um herauszufinden, mit wem wir es zu tun haben –, aber gehen wir dabei so zurückhaltend vor, daß er nicht den Eindruck bekommt, kontrolliert oder ausgefragt zu werden. Machen wir ihm gleichzeitig den Einstieg so leicht wie möglich, klären wir ihn darüber auf, was von ihm erwartet wird, geben wir ihm einen Überblick über die Anforderungen und Abläufe seines künftigen Arbeitsalltags, enthalten wir ihm keine wichtigen Informationen vor. Lassen wir ihm aber auch die Freiheit, Dinge anders zu machen, als wir es gewohnt sind – wer weiß, vielleicht können wir auch von ihm lernen.

Lösen wir uns im Gespräch mit ihm ein wenig vom Tagesgeschäft, lassen wir ruhig anhand von Beispielen einfließen, was wir uns unter guter Zusammenarbeit vorstellen. Offenheit schafft Vertrauen! Wahren wir aber die Balance zwischen Nähe und Distanz – der Arbeitsalltag erfordert ständig sachliche Entscheidungen, die man sich unnötig erschwert, wenn man den anderen gleich ins Herz schließt, bloß weil er dasselbe Hobby oder die gleichen Abneigungen hat wie wir. Gehen wir aber mit gutem Beispiel voran, was die Freundlichkeit des Umgangstons angeht; man kann konzentriert arbeiten, ohne abweisend und unzugänglich zu wirken. Scheuen wir uns nicht, das Gespräch gelegentlich auf die Dinge zu lenken, die uns wirklich wichtig sind. Darunter können Eigenschaften fallen, die nicht unumwunden anzusprechen sind, wie die Schweißausdünstung eines neuen Kollegen zum Beispiel. Derlei sollte nicht gleich zu Anfang und nicht während der Arbeitszeit Erwähnung finden, sondern auf neutralem Boden, bei einem Cappuccino nach Dienstschluß etwa, und in Form einer persönlichen Empfehlung. Vergessen wir aber nie, daß Vertrauen von Toleranz lebt.

5. *Vertrauen gezielt einsetzen!* Der Vertrauensvorschuß ist gelegentlich das wirksamste Mittel, um jemanden zu höherer Leistung anzuspornen. In diesem Fall läßt man durchblicken, daß man von den Fähigkeiten des anderen felsenfest überzeugt ist, ohne daß er bisher den Beweis dafür erbracht hätte, schenkt ihm also von vornherein, auf Verdacht, ein Vertrauen, das er sich eigentlich erst mit der Zeit erwerben müßte. Haben wir es mit einem zuverlässigen Menschen zu tun, wird er versuchen, das unverdiente Vertrauen durch ein besonderes Engagement zu rechtfertigen, weil er gewissermaßen einen Akt der Großzügigkeit wiedergutzumachen hat. Der Vertrauensvorschuß ist also eine kluge Form der Schmeichelei; er verpflichtet den anderen in weit höherem Maße zu Einsatz und Leistung als jeder Appell an die Arbeitsmoral. Nur schaue man sich die betreffende Person vorher gut an: Der Gewissenhafte wird das Vertrauen, das er auf Kredit erhält, nicht enttäuschen wollen, der Gewissenlose wird sich davon nicht beeindrucken lassen.

6. *Unser Handlungsspielraum hängt von dem Vertrauen ab, das wir genießen.* Bisweilen sind wir von Leuten abhängig, die in unseren Augen alles falsch machen. Da ist man dann in der Zwickmühle: Lassen wir durchblicken, daß wir an jeder ihrer Entscheidungen etwas auszusetzen haben, verlieren wir in kürzester Zeit ihr Vertrauen und bringen sie gegen uns auf. Machen wir schicksalsergeben bei allem mit, schlägt das Vorhaben aller Wahrscheinlichkeit nach fehl; dann wird es schwer, unsere Unschuld zu beweisen. In dieser Lage befand sich der spätere preußische Generalfeldmarschall Helmuth von Moltke als junger Offizier. Im Jahr 1835 war er in die Türkei entsandt worden, um als Militärberater bei der Reorganisation der türkischen Streitkräfte

mitzuwirken. Er stellte bald fest, daß die Sache aussichtslos war – die Truppen erwiesen sich als hoffnungslos undiszipliniert, die Offiziere als hoffnungslos unfähig, allein auf ihre Ehre bedacht. Gegen Ende seines Aufenthalts nahm er an einem Feldzug gegen arabische Aufständische teil, erkannte bald, daß die Türken auf eine Niederlage zusteuerten, hatte aber nicht genug Einfluß, um Fehlentscheidungen der türkischen Kommandeure zu verhindern. Eine prekäre Situation. Hätte er gegen jede Maßnahme des türkischen Generalstabs Widerspruch eingelegt, hätte man ihn zu den Beratungen gar nicht mehr hinzugezogen, hätte er zu allem geschwiegen, wäre die Katastrophe unausweichlich geworden. »Es war zu jener Zeit sehr peinlich für mich«, schreibt er in seinen Erinnerungen, »immer abzuwehren, stets der Hemmschuh für alle Unternehmungen zu sein, immer auf die Ankunft der übrigen Korps zu verweisen, und es blieb mir, um meinen Kredit zu retten, nur übrig, den tätigsten Anteil an solchen Expeditionen zu nehmen, deren Ausführung zu hintertreiben mir nicht gelungen.«

Moltke entscheidet sich also für das einzig Richtige: eine Art elastischen Widerstand. Er ist mit vollem Einsatz dabei, wo er ein Unternehmen nicht zu verhindern vermag, erhält sich auf diese Weise das Vertrauen seiner Vorgesetzten, kann auf dieser Grundlage dann um so wirkungsvoller seinen Einspruch gegen andere Pläne geltend machen und verhütet so wenigstens das Schlimmste. Wenn also unser Einfluß nicht ausreicht, um ein Projekt, das durch die Fehler anderer gefährdet ist, zum Erfolg zu führen, so lassen wir uns auf Kompromisse ein, beschränken uns zur Not auf Schadensbegrenzung – und setzen im übrigen alles daran, uns das Vertrauen unserer Vorgesetzten und Mitarbeiter zu erhalten. Verspielen wir dieses Vertrauen, wird niemand mehr auf uns hören, gleichgültig, wie scharfsinnig unsere Analysen, wie hellsichtig unsere Prognosen, wie klug unsere Vorschläge auch sein mögen.

7. *In allen Rollen wiedererkennbar sein!* In unseren Tagen reicht es nicht mehr, eine einzige Rolle lebenslang überzeugend auszufüllen, heute sind wir gezwungen, ständig gleichzeitig sowie auch nacheinander verschiedene Rollen zu übernehmen. Das setzt Wandlungsfähigkeit voraus, darüber hinaus aber auch die Fähigkeit, in allen Rollen derselbe zu bleiben. Wir büßen schnell an Vertrauen ein, wenn wir nach einer Beförderung die alten Kollegen nicht mehr kennen – man wird uns dann zu Recht den Vorwurf machen, daß unsere frühere Freundlichkeit Verstellung war. Unser Ziel sollte also sein, in wechselnden Rollen stets dieselbe Person zu bleiben. Übrigens waren Rolle und Person ursprünglich tatsächlich dasselbe, denn »persona« ist das lateinische Wort für die Maske, die der Schauspieler im antiken Theater trug und die er je nach Rolle wechselte, ohne seine Identität aufzugeben. Wandlungsfähigkeit und Identität – beides gehört von Anfang an zur Person dazu, und beides macht bis heute die Glaubwürdigkeit eines Menschen aus.

Bleiben wir uns also in allen Rollen treu! Man muß durchaus nicht immer und überall dasselbe Bild abgeben, aber man sollte immer und unter allen Umständen für dasselbe stehen und einstehen. Wir können uns übrigens selbst zur Authentizität zwingen, indem wir uns angewöhnen, bei Meinungsäußerungen und Entscheidungen nicht hinter dem unpersönlichen »man« in Deckung zu gehen, sondern grundsätzlich in der Ich-Form zu sprechen. Wer sich bei jeder Entscheidung hinter der Autorität eines ganzen Unternehmens, einer höheren Moral oder der Zivilisation als solcher verschanzt, wirkt jedenfalls sehr viel weniger vertrauenerweckend als jemand, der mit seiner eigenen Person dafür geradesteht.

31. Spielregel
Halte die Fiktion des Vertrauens so lange wie möglich aufrecht, auch wenn du Grund zu Mißtrauen hast. Laß dich aber nicht zu Vertrauen hinreißen, wo allein die Qualität einer Leistung oder eines Produkts zählt. Bedenke vor allem, daß du deine Ideen und Vorstellungen nicht durchsetzen kannst – auch wenn du hundertmal recht haben solltest –, wenn du das Vertrauen deiner Vorgesetzten oder Mitarbeiter und damit jeden Einfluß auf sie verlierst.

DA PASST AUCH NOCH EIN STUHL DAZWISCHEN – ÜBER GASTFREUNDSCHAFT

VON GEBETENEN UND UNGEBETENEN GÄSTEN

»Auch ist es wahrlich zu verzeihen, wenn bei immer zunehmenderem Luxus und dem mannigfaltigem Mißbrauche, den man in unsern Zeiten von der Gutherzigkeit der Menschen macht, man vorsichtig in Erzeigung solcher Gefälligkeiten wird und wenn man genauere Rücksprache mit seinem Geldbeutel nimmt, bevor man jedem Müßiggänger und freundlichem Schmarotzer Haus, Küche und Keller öffnet.«
Über den Umgang mit Menschen, II, 9, 2

»Wen habt ihr denn da mitgebracht?« fragte meine Mutter, als wir uns wie jeden Morgen vor der Schule zum gemeinsamen Frühstück einfanden. Wir Geschwister schauten etwas ratlos in die Runde – nein, von uns hatte diesmal keiner einen Übernachtungsgast mitgebracht. Wer aber lag dann friedlich schlummernd in unserem Gästezimmer? Ein Landstreicher, wie sich herausstellte, jemand, der letzte Nacht das seltene Glück gehabt hatte, ein unverschlossenes Haus mit einem unbenutzten Gästezimmer zu finden.

Die Bekanntschaft dieses Glücklichen habe ich nie gemacht, schließlich mußten wir zur Schule, und Gäste unseres Hauses haben bis heute das Recht auszuschlafen. Jedenfalls erhielt der Überraschungsgast von meiner Mutter noch ein reichhaltiges Frühstück, bevor er seiner Wege zog. Zugegeben, solche Gäste hatten auch wir nicht alle Tage. Aber die Gastfreundschaft war meinen Eltern heilig und wurde bei Bedarf auch auf Menschen ausgedehnt, die sich selbst eingeladen hatten. Aber – war das nicht viel eher fahrlässige Gutherzigkeit? Hätte meine Mutter nicht besser die Polizei gerufen? Können wildfremde Eindringlinge, deren Harmlosigkeit keineswegs erwiesen ist, überhaupt Anspruch auf diese besondere Art der Freundschaft erheben?

Nun, ich finde es bis heute bewundernswert, daß meine Eltern stets nach der tatsächlichen Bedürftigkeit eines Menschen entschieden und die Sorge um eventuelle Belästigung hintangestellt haben. Hier äußert sich ein geradezu orientalisches Vertrauen zu der gegenseitigen Verbindlichkeit, die man sich als Gastgeber und Gast auferlegt, ein tiefsitzender Glaube daran, daß man Menschen durch nichts leichter für sich gewinnen kann als durch Großzügigkeit. Und mir scheint, daß sich diese Großzügigkeit durchaus mit dem eingangs zitierten Rat meines Vorfahren vereinbaren läßt, der ja keine Ermunterung zu Hysterie und Ängstlichkeit ist, sondern zu entschiedenem Auftreten gegen unverschämte Menschen, wie ich sie Jahre später in unserem Garten beim Picknick überraschte.

Da lagerten sie, etwa ein Dutzend jüngerer Leute, im Gras. Blumen hatten sie auch schon gepflückt. Nun haben wir in der Tat einen großen, einladenden Garten, auch Blumen wachsen dort üppig – nichtsdestoweniger ärgerte mich ihre Eigenmächtigkeit, und ich bat die Eindringlinge, sich für ihr Picknick einen anderen Ort zu suchen. Es kam zu einem Wortwechsel, man wollte sich nichts verbieten lassen, zog dann schließlich aber doch murrend ab. Ihre Blumensträuße ließ ich ihnen – eine Entscheidung, die mir nicht ganz leichtfiel, weil ich ihnen das Blumenpflücken auch dann verboten hätte, wenn sie meine Erlaubnis für ihr Picknick eingeholt hätten.

Anders als im Fall des Landstreichers konnte man hier wohl kaum von Bedürftigkeit sprechen, so daß ich keinen Grund sah, ein Auge zuzudrücken. Denn gegen den obersten Grundsatz der Gastfreundschaft hatten natürlich beide verstoßen: daß sie freiwillig erwiesen wird. Gleichgültig, wie hoch einer die Gastfreundschaft veranschlagt, sie ist ein aktives Recht – es steht eben ganz im Ermessen des Gastgebers, sie zu gewähren oder zu verweigern, und ein anderer kann sie weder erzwingen noch irgendwelche Rechte für sich daraus ableiten. Wird sie jedoch gewährt, verpflichten sich beide Seiten zu einem bestimmten Verhalten, ähnlich wie einer den anderen durch ein aufwendiges Geschenk zu Entgegenkommen verpflichtet.

Tatsächlich beruht die Gastfreundschaft auf der Idee des gegenseitigen Beschenkens. In alten Zeiten ging man nämlich davon aus, daß beide, Gastgeber wie Gast, gleich wertvoll füreinander seien: der Gastgeber, indem er dem Gast vorübergehend das Zuhause ersetzt, der Gast, indem er dem Gastgeber Gesellschaft leistet und durch allerlei Neuigkeiten oder auch die Erzählung von Reiseerlebnissen zu dessen Unterhaltung beiträgt. Die Griechen der Antike jedenfalls fanden, daß das Maß des Glücks erst dann voll ist, wenn man einen – am besten weitgereisten – Gast unter seinem Dach beherbergen darf. Ich kann dieses Glück gut nachvollziehen. Auch für mich zählt es zu den größten Vergnügen, einen Freund zu beherbergen und für Freunde zu kochen. Ob dabei allerdings tatsächlich jeder auf seine Kosten kommt, hängt nach wie vor davon ab, daß beide Seiten sich an die Spielregeln der Gastfreundschaft halten. Und die erste dieser Regeln lautet: Einander nicht bedrängen!

Die gegenseitige Verpflichtung darf in keinem Augenblick spürbar werden. Das heißt: Die Gastfreundschaft des einen muß umstandslos und selbstverständlich wirken, das Verhalten des anderen so unaufdringlich wie möglich sein. Auf keinen Fall sollte ein Gastgeber durchblicken lassen, welche Opfer er für seinen Gast in Kauf zu nehmen bereit ist, wie viele Termine er seinetwegen absagen muß, auf welche Vorhaben er verzichten wird und zu welchen Einschränkungen er sich hochherzigerweise verpflichtet fühlt – selbst wenn er tatsächlich gezwungen sein sollte, seine Pläne umzustoßen. Dies alles muß ganz lautlos geschehen! Im übrigen rate ich dazu, sich nicht allzu viele Rücksichten gegen einen Gast aufzuerlegen. Je mehr offensichtliche Mühe man sich als Gastgeber macht, desto eher wird den Gast das Gefühl überkommen, allen Beteuerungen des Gegenteils zum Trotz doch zur Last zu fallen oder zumindest tief in der Schuld seines Gastgebers zu stehen. Erwecken wir deshalb bei unseren Gästen auf keinen Fall den Eindruck, uns ihretwegen »ein Bein auszureißen«.

Allerdings: Je weiter entfernt das Heimatland eines Gastes, je größer die Mühe der Anreise, je höher die Reisekosten, desto mehr Aufmerksamkeit sollten wir ihm schenken.

Da dürfen wir dann ruhig den Ehrgeiz entwickeln, ihm etwas zu bieten – kein Programm rund um die Uhr, wohl aber eine Besichtigung heute, einen Veranstaltungsbesuch morgen und vielleicht ein Festessen im größeren Kreis guter Freunde vor seiner Abreise. Und zwar aus zwei Gründen. Zum einen, weil es in seiner Heimat womöglich Ehrensache ist, sich für einen Gast tatsächlich aufzureiben und ungeachtet aller Kosten wirklich alles Erdenkliche für sein Wohlbefinden zu tun – unsere Gastfreundschaft sollte dagegen nicht allzu stark abfallen. Und zum zweiten, weil unsere Großzügigkeit als Gastgeber die Visitenkarte unseres Landes ist.

Jedenfalls waren dies in etwa meine Gedanken, als ich eines Tages einen jungen Russen als Tramper mitnahm. Er war auf dem Weg nach Hause, und während der Fahrt wurde mir klar, welche Strecke noch vor ihm lag. Ich bot ihm also an, die Nacht bei uns zu verbringen und seine Reise anderntags erfrischt und gestärkt fortzusetzen. Er nahm hocherfreut an, und meine Mutter hat ihn dann am nächsten Morgen noch zur nächsten Autobahntankstelle gefahren. Nicht, daß ich meine Freundlichkeit immer so weit treiben würde. Aber in diesem Fall, das gebe ich zu, hatte mich nicht zuletzt der Wunsch bewogen, etwas für den Ruf eines Landes zu tun, dessen Menschen in anderen Weltgegenden manchmal als etwas spröde im Umgang gelten.

Ob der Besuch eines Menschen nun aber ein besonderes Ereignis darstellt oder nicht – zwei Dinge sollte jeder Gast von uns erwarten dürfen: daß wir ihn bei der Organisation unseres Tagesablaufs berücksichtigen und daß wir ihn gut bewirten. Wenn ein Gast Bier bevorzugt, sollten wir genug davon im Haus haben, trinkt er gerne Wein, sollten uns die Weinflaschen nicht ausgehen, und auch die Wahl zwischen

Tee und Kaffee zum Frühstück sollten wir ihm lassen. Im übrigen aber: Übertreiben wir nicht, damit sich unser Gast nicht am Ende wie ein Fremdkörper in einer Inszenierung vorkommt, die über seinen Kopf hinweg abrollt. Und beladen wir ihn nicht dermaßen mit Freundlichkeiten, daß er sich zu Gegenleistungen bemüßigt fühlt, um sich wenigstens halbwegs von der drückenden Last unserer Großherzigkeit zu befreien. Um es in den Worten meines Vorfahren zu sagen: »Es müsse jeder unter unserem Dache sich so frei wie unter seinem eignen fühlen; man lasse ihn seinen Gang gehen, renne ihm nicht in jedem Winkel nach, wenn er vielleicht allein sein will, und verlange nicht von ihm, daß er für die Kost, welche er genießt, uns unterhalten, und dadurch seine Zeche bezahlen solle …«

Natürlich wird Gastfreundschaft grundsätzlich gratis gewährt, doch ganz ohne Verpflichtung geht es auch für den Gast nicht ab. So sollten wir das Angebot, so lange zu bleiben, wie es uns beliebt, nicht wörtlich nehmen. Ein Ende muß absehbar sein – nicht, daß dem Gastgeber ein Stein vom Herzen fällt, wenn er endlich die Tür hinter seinem Dauergast ins Schloß drücken darf! Länger als drei, allerhöchstens fünf Tage sollten wir also auch die Gastfreundschaft des besten Freundes nicht in Anspruch nehmen – es sei denn, jeder kann völlig unbehelligt vom anderen seinen Beschäftigungen nachgehen, weil das Haus Platz genug bietet oder einer von beiden sich ohnehin kaum blikken läßt. Was allerdings auch wieder problematisch ist – wir dürfen nämlich sicher sein, daß Gastgeber in den allermeisten Fällen gelegentlich auf die Gesellschaft und Unterhaltung ihres Gastes zählen. Ist es absehbar, daß unser Aufenthalt deutlich länger als geplant ausfallen wird, rate ich dringend, auf einer halbwegs fairen Kostenbeteiligung zu bestehen, damit sich die Waage der Verbindlichkeit nicht allzu tief zu unserer Seite neigt. Im übrigen sollte man sich als Gast ohnehin wenigstens einmal revanchieren – und sich dabei nicht lumpen lassen. Mit einer Einladung zur Curry-Wurst ist es kaum getan.

Und dann: Erwarten wir nicht den Service eines Vier-Sterne-Hotels! Gäste sind Familienmitglieder auf Zeit – es kommt niemals gut an, wenn man sich als Gast ungerührt bedienen läßt. Drängen wir unsere Mithilfe im Haushalt nicht auf, aber bieten wir sie an! Halten wir die Augen offen, beobachten wir, wie es bei unserem Gastgeber zugeht. Fassen wir mit an, wenn sich alle nach der Mahlzeit am Abräumen beteiligen, machen wir uns gelegentlich auf andere Weise nützlich, wenn der Hausherr oder die Hausfrau gerade davon nichts wissen will. Wem einmal der Ruf eines Schmarotzers anhängt, der wird womöglich keine Gelegenheit mehr erhalten, ihn zu korrigieren.

Übrigens steht es – nach allem, was man hört – um die Gastfreundschaft in unserem Land gar nicht schlecht. Viele scheinen dieselbe Erfahrung zu machen wie ich und das Recht auf Übernachtung genauso selbstverständlich von ihren Freunden einzufordern, wenn es sie in andere Städte verschlägt, wie sie ihrerseits Freunden ihre Wohnung anbieten, wenn die in ihre Gegend kommen. Denn auch das gehört zur Selbstverständlichkeit der Gastfreundschaft: das Recht, sich selbst einzuladen – und das Recht des anderen, gegebenenfalls eine Absage zu erteilen.

32. Spielregel
Gastfreundschaft muß selbstverständlich und ohne große Umstände erwiesen werden. Als Gastgeber lasse niemals durchblicken, welche Opfer du für deinen Gast in Kauf nimmst! Lasse dir

Gastfreundschaft gerne gefallen, glaube nicht, dich für jede Freundlichkeit revanchieren zu müssen, aber beachte, daß es eine Grenze des Zumutbaren gibt. Am besten wird Gastfreundschaft durch Gastfreundschaft vergolten.

»Da kenne ich doch keinen!«

»Man bitte nicht Menschen zusammen, oder setze solche an Tafeln nebeneinander, die sich fremd, oder gar feind sind, sich nicht verstehen, nicht zueinander passen, sich Langeweile machen! Manche Menschen unterhalten sich und andre am besten, wenn man sie zu großen Zirkeln bittet; andre muß man, wenn sie glänzen, oder sich an ihrem Platze finden sollen, ganz allein, oder nur zu einem kleinen Familienmahl einladen …«

Über den Umgang mit Menschen, II, 9, 2

Was für ein hochlöbliches Möbelstück ist der Tisch, Schauplatz unserer allerletzten Alltagsrituale! Selbst die Sprache wird ein wenig zeremoniös, wenn sie auf den Tisch kommt und wir zum Beispiel »zu Tisch bitten«, an einem Eßtisch »Platz nehmen« oder uns »um eine Tafel versammeln«. Erst der Tisch macht einen Raum bewohnbar – in unseren Breiten zumindest. Auf den Rest der Einrichtung könnte man zur Not verzichten … Der Tisch ist der Ort der Begegnung. Hier kommt man ins Gespräch, hier widmet man sich einander so ausgiebig wie nirgendwo sonst, hier macht man die Erfahrung der Zusammengehörigkeit. Der Tisch ist der Ursprungsort der Gastfreundschaft.

Denn mit den gemeinsamen Mahlzeiten fängt alles an. Sie sind die Grundlage der Zivilisation. Sie sind das Urerlebnis jeder Gemeinschaft. Ein Essen, das man im größeren

Kreis einnimmt, hat bis heute diese Aura von Feierlichkeit, durch die es sich von allen anderen Tätigkeiten abhebt, aus denen der Tagesablauf sonst noch besteht. Und dabei geht es gar nicht in erster Linie ums Essen. Das Essen ist nur ein Anlaß; es kann gelungen oder versalzen sein, das ist gar nicht so entscheidend. Entscheidend ist, daß die Tischgenossen soviel wie möglich voneinander haben. Mit dem Wegfall der gemeinsamen Mahlzeiten in den Familien bricht nicht nur der Stützpfeiler der Zivilisation weg, es bricht auch die Kommunikation in den Familien zusammen.

Im antiken Griechenland folgte das Gastmahl einer Dramaturgie, wie sie sich heute nur noch ansatzweise in der Menüfolge niederschlägt. Seinerzeit war es üblich, auch Fremde und ungeladene Gäste einzubeziehen, was Improvisation erforderte, sich aber gewiß animierend auf die Stimmung auswirkte. Die Gesprächsthemen wurden vorab bestimmt und ihre Abfolge von einem Symposiarchen, gewissermaßen dem Präsidenten des Abends, geregelt. Und bevor man sich schließlich trennte, gab es noch einen fröhlichen Umzug der Betrunkenen durchs Haus.

Wir kommen heute ganz gut ohne Symposiarchen aus, und auch der fröhliche Umzug wird schon wegen eher beengter Wohnverhältnisse in aller Regel entfallen – ich entnehme dem antiken Vorbild dennoch einige Anregungen. So sollten uns, wie ich finde, Überraschungsgäste keine Kopfschmerzen bereiten. Zur Gastfreundschaft gehört die »offene Tür«, und erfahrungsgemäß belebt der Zwang zur Improvisation jede Gesellschaft. Kein Tisch ist so klein, daß nicht noch ein weiterer Stuhl daran passen würde, und wenn es die Räumlichkeit erlaubt, ergänzt man die Tafel zur Not eben um den Küchentisch. Ja, selbst Schreibtische lassen sich in Eßtische verwandeln. Und dann ist es gar nicht so dumm, sich als Gastgeber vorab das eine oder andere Gesprächsthema einfallen zu lassen – sollte sich die Unterhaltung zäher als erwartet gestalten, kann man es zur Diskussion stellen. Es gibt ja nichts Schlimmeres als ein bedrücktes, dumpfes Schweigen am Tisch, und wenn es erst so weit ist, fällt auch den gescheitesten Köpfen bisweilen nichts mehr ein. Und schließlich finde ich, daß der Rausch dazugehört – solange es sich nicht um ein Geschäftsessen handelt, bei dem jeder Anschein von Unkontrolliertheit tunlichst vermieden werden muß. Aber warum sollte ein geselliger Abend so nüchtern enden, wie er begonnen hat? Es gibt Menschen, die sich schon von Tischnachbarn in einem Frühstadium der Trunkenheit peinlich berührt oder belästigt fühlen – das ist gewiß Geschmackssache, aber ich finde doch, daß man sich nicht grundsätzlich zu fein für eine Unterhaltung sein sollte, die die Gefilde des Unsinns streift. Gewähren wir für ein paar Stunden Narrenfreiheit, und tun wir, wenn nötig, anderntags so, als hätte es den letzten Abend nie gegeben.

Zur klugen Dramaturgie eines Essens im großen Kreis gehört im übrigen eine Tischordnung – die Lebhaftigkeit der Unterhaltung hängt nämlich wesentlich von der ausgeklügelten Mischung der Gäste ab. Die Stillen, die Phlegmatischen und Schüchternen sollte man so setzen, daß sie zwischen den Lebhaften und einfallsreichen Köpfen zu sitzen kommen. Leute, die sich noch nie begegnet sind, aber füreinander interessant sein könnten, sollte man zusammenbringen, Ehepaare auf jeden Fall trennen und verhindern, daß Arbeitskollegen Klübchen zum Zweck des Austauschs von Büroklatsch bilden. Also altvertraute Paarungen unerbittlich auseinanderreißen! Über die ganze Tafel verteilt müßte es gewissermaßen Brandherde geben, von denen Funken auf alle anderen überspringen. Ich würde auch Menschen von bekanntermaßen unterschiedlicher Denkweise und konträren Auffassungen miteinander kombinieren – und zwar eher einander gegenüber als nebeneinander –, in der Hoffnung, daß eine Diskussion zwischen ihnen auf die ganze Gesellschaft übergreift.

Darüber hinaus fällt den Gastgebern neben der Bewirtung auch die Aufgabe zu, den ganzen Abend lang unmerklich Regie zu führen, also zum Beispiel neue, den anderen unbekannte Gäste kurz vorzustellen, um ihren Nachbarn Anknüpfungspunkte für ein Gespräch mit ihnen zu liefern, die Unterhaltung in Gang zu halten und dafür zu sorgen, daß jeder einzelne Gast im Lauf des Abends zum Zuge kommt. Ähnliches trifft auch auf größere Gesellschaften zu. Gerade auf Partys, auf denen sich viele nicht kennen, sollten die Gastgeber neu eingetroffene Gäste nicht gleich nach der Begrüßung sich selbst überlassen, sondern den bereits anwesenden Gästen vorstellen und so lange mit ihnen plaudern, bis sie Anschluß an eine Gruppe gefunden haben. Manchem Menschen von zurückhaltenderem Wesen eröffnet dieses Verfahren überhaupt erst die Chance, mit anderen ins Gespräch zu kommen.

In der Vergangenheit wurde Gastgebern zumindest in den Kreisen der besseren Gesellschaft ein beträchtliches Maß an Selbstverleugnung abverlangt, wie man bei Marcel Proust nachlesen kann. Da heißt es von einer Dame der Pariser Gesellschaft, daß sie die Kunst beherrschte, »die Leute zusammenzubringen, die richtigen Gruppen zu bilden, jemanden herauszustellen, sich selbst ganz auszuschalten und nur als Bindeglied eine Rolle zu spielen« (aus »Auf der Suche nach der verlorenen Zeit«). Wir brauchen uns heute gottlob nicht mehr dermaßen konsequent im Hintergrund zu halten, aber nach wie vor fällt ein amüsanter wie ein öder Abend auf die Gastgeber zurück. Rundum zufrieden dürfen wir mit uns deshalb nur sein, wenn sich kein einziger Gast bei uns unwohl gefühlt oder gelangweilt hat.

33. Spielregel
Gastgeber bewirten nicht nur, sie führen auch Regie. Stelle neu eingetroffene Gäste den bereits anwesenden vor, bringe Leute miteinander ins Gespräch, sorge durch eine wohlüberlegte Tischordnung für die richtige Mischung der Gäste und vergiß nicht, daß auch zurückhaltende, stillere Gäste im Lauf des Abends zum Zug kommen möchten.

»Das ist mir zuviel!« – Über den Umgang mit Leid und Tod

»Klagt Dir ein Freund seine Not, seine Schmerzen, so höre ihn mit Teilnehmung an. Halte Dich nicht mit moralischen Gemeinsprüchen auf, mit Bemerkungen über das, was anders hätte sein und was er hätte vermeiden können, da es doch einmal nicht anders ist. Hilf, wenn Du es vermagst, tröste und verwende alles, was ihm Linderung geben kann, aber verzärtle ihn nicht an Leib und Seele durch weibische Klagen.«
Über den Umgang mit Menschen, II, 6, 9

Es stimmt nicht, daß wir den Tod verdrängen würden. Wahr ist, daß wir einen altbewährten Verharmlosungszauber anwenden und den Tod bannen, indem wir ihn auf Leinwand und Bildschirm verbannen. Jetzt ist der Tod nicht mehr Teil des Lebens, sondern Teil eines fortwährenden Informations- und Unterhaltungsspektakels – für alle sichtbar, aber unwirklich, virtuell.

Der reale Tod ist nicht spektakulär, er ist oft genug erbärmlich. Und anders als auf der Leinwand sterben im wirklichen Leben auch nicht die, denen wir keine Träne nachweinen, weil sie den Tod »verdient« haben – im wirklichen Leben kommt er vielmehr als grausames, zutiefst ungerechtes Geschick daher und rührt uns mit einer kalten Majestät an, die um so schwerer zu ertragen ist, je mehr wir uns an den spektakulären Leinwandtod gewöhnen. Die Folge davon ist, daß wir unsere Toten entsorgen wie Dinge, für die wir keine Verwendung mehr haben – dieser Eindruck drängt sich zumindest auf, wenn man von einem Menschen erfährt, der den Beerdigungstermin seiner Frau um einen Tag verschiebt, weil er sein Training nicht verpassen will, oder von jemandem hört, der mal eben mit einem nichtssagenden »Kopf hoch!« per SMS kondoliert.

Als beredtes Zeugnis für die Peinlichkeit des Todes erscheint mir die Sprachlosigkeit unserer Grabsteine. Moderne Grabsteine bleiben stumm – kein Aufschrei, keine Trauer, keine Hoffnung, kein Schmerz, von dem ein Grabstein noch künden würde. Mit keinem Wort ist mehr von der Liebe die Rede, mit der Angehörige an einem Toten gehangen haben – stupide-todesbuchhalterisch erwähnt die Inschrift gerade noch den Namen, die Lebenszeit. In unseren Tagen werden Tote kommentarlos der Verwesung anheimgegeben.

Nicht drüber reden, nicht daran denken. Ein Freund liegt im Krankenhaus, er ist plötzlich schwer krank geworden, er könnte sterben, und – gar keine Frage – eigentlich müßten wir ihn besuchen. Wir stellen uns vor, wie wir an seinem Bett sitzen werden und nicht wissen, was wir sagen sollen, nicht einmal wissen, wie wir die halbe Stunde herumkriegen sollen, die der Anstand nun mindestens erfordert, und schieben den Besuch vor uns her. Einmal ist es mir so gegangen. Ich selbst war der Kranke, ein Freund hatte seinen Besuch angekündigt, und dann kam der Anruf: »Moritz, ich schaffe es leider doch nicht, ich stecke im Stau, hier geht gar nichts mehr.« Schade – der gute Wille immerhin ein schwacher Trost. Jahre später eröffnete mir dieser Freund, daß er mitnichten im Stau gestanden hätte, daß ihn einfach der Mut verlassen habe, daß er überfordert gewesen sei. Unsere Freundschaft hat nicht darunter gelitten; seine Ehrlichkeit war ein Freundschaftsbeweis, seine Hilflosigkeit damals, als ich im Krankenhaus auf ihn wartete, vielleicht auch. Dennoch finde ich, daß wir uns der Herausforderung stellen sollten, die die Begegnung mit dem realen Leiden bedeutet, und zwar aus zwei Gründen: weil wir dem Leidenden sein Los erleichtern können und weil wir, als Gesunde oder Nicht-Betroffene, selbst davon profitieren.

Ich halte jede Gelegenheit, mit Schmerz und Tod ein wenig vertrauter zu werden, für einen Gewinn. Das Leben spannt sich zwischen Schmerz und Lust – alles, was uns daran erinnert, befähigt uns zu einem intensiveren Leben, macht uns reifer und nicht zuletzt auch für das Glück empfänglicher. Denn in der Begegnung mit dem Leid bietet sich uns die Chance, über unsere alltägliche, schwingungsarme Existenz hinauszuwachsen; es sind die Stürme des Lebens, die uns wachsen lassen und zu erwachsenen Menschen machen. Hier ist dann einmal Betroffenheit angebracht, nämlich das Eingeständnis vor uns selbst, daß uns fremdes Leid angeht. Vor allem das Gespräch mit Schwerkranken oder Sterbenden erfordert die Bereitschaft, der eigenen Vergänglichkeit ins Auge zu sehen, und so beunruhigend das ist, es macht uns auf jeden Fall um eine wesentliche Erfahrung reicher und obendrein selbstgewisser – wie immer, wenn man standgehalten hat, wo man am liebsten ausgewichen oder weggelaufen wäre.

Im übrigen kann man Menschen, die ein Schicksalsschlag getroffen hat, auf mancherlei Art beistehen. Nutzen wir die Gelegenheit, anderen ihr Leid erträglicher zu machen – die Erfahrung, von Freunden in der Not verlassen zu werden, ist oft nicht weniger schlimm als das Unglück selbst. Lassen wir uns also nicht von unserer eigenen Unsicherheit so sehr irritieren, daß wir uns ganz zurückziehen und die Betroffenen sich selbst überlassen! In solchen Situationen ist jeder unsicher; niemand weiß, was er einem Schlaganfallpatienten, der nicht mehr sprechen kann, sagen soll, und es gibt auch keine Routine, auf die man beim Sterben eines Menschen zurückgreifen könnte. Jeder ist da gleich hilflos, und wir dürfen sicher sein, daß Trauernde und Kranke Verständnis für unsere Befangenheit haben – sie erwarten keine Profis im Trösten. Der einzige echte Fehler, den man begehen kann, wäre der, sich überhaupt nicht sehen und gar nichts von sich hören zu lassen.

Ich weiß, das kostet Überwindung. Sterben und Tod konfrontieren uns mit einer Einsicht, der wir zeitlebens ausweichen, nämlich der, daß es keine Lösung gibt. Wir leben ja in einer Welt, der nichts über das Funktionieren geht, und sind geradezu darauf geeicht, in Problemen und Lösungen zu denken. Nach einer Lösung zu suchen ist das erste, was uns in den Kopf kommt, sobald ein Problem auftaucht. Aber zu Leid und Tod wird uns beim besten Willen keine Lösung einfallen, weil es keine gibt. Gestehen wir uns also unsere eigene Ohnmacht ein, und verschonen wir Betroffene mit gutgemeinten, aber sinnlosen Ratschlägen – niemand will in dieser Lage etwas von praktischen Tips wissen oder hören wollen, daß in allem Schlechten auch etwas Gutes stecke. Machen wir uns klar, daß wir auch da helfen können, wo nichts zu ändern ist, einfach, indem wir zugegen sind und, zum Beispiel, schweigend zuhören.

Menschen, die Schreckliches erlebt haben, wollen bisweilen nur erzählen, womöglich zwanzigmal am Tag dasselbe. Sie wollen keine gescheiten Antworten und keine aufmunternden Kommentare hören, sie wollen nur, daß jemand sich für ihre Geschichte interessiert und die Welt das Ungeheuerliche, das ihnen widerfahren ist, wenigstens zur Kenntnis nimmt. Bei einem Abendessen saß mir eine junge Frau gegenüber. Ich kannte sie nicht. Sie war schön, hatte einen verkrüppelten rechten Arm, und an ihrer rechten Hand fehlten zwei Finger. Ich war mir unsicher, ob ich sie darauf ansprechen sollte, tat es dann nach einer Weile doch, und als hätte sie darauf gewartet, erzählte sie, weniger mir als vielmehr der ganzen Tischgesellschaft, den Hergang ihres Autounfalls mit allen Folgen, auf eine sachliche, kühle Art, durchaus nicht mitleidheischend. Wie oft mochte sie den Vorfall, der ein knappes Jahr zurücklag, schon erzählt haben – dennoch war sie froh, auch an diesem Abend wieder Menschen gefunden zu haben, die für ihr Schicksal Interesse aufbrachten.

Ein Unglück ist für den, den es trifft, das Wichtigste auf der Welt. Es ist von einer Bedeutung, die kein Außenstehender ermessen kann. Versuchen wir nicht, den Verlust, die Tragödie, den Schmerz eines anderen herunterzuspielen, ihm womöglich mit der Bemerkung, das Leben gehe weiter, die Zeit heile alle Wunden und dergleichen Spruchweisheiten, auf die Schulter zu klopfen oder zu seinem Trost gar Geschichten von Leuten zum besten zu geben, die es noch viel schlimmer erwischt hat! Jeder hat ein Recht auf die

Einzigartigkeit seines Schmerzes, niemand fühlt sich besser, nur weil das Schicksal anderen noch übler mitgespielt hat, und die Trauer über den Verlust eines Menschen läßt sich nicht wegrationalisieren. Es ist auch wenig hilfreich, einem Kranken oder Trauernden das eigene Mitleiden gewissermaßen plastisch vor Augen zu führen und, um nicht herzlos oder kalt zu erscheinen, in seiner Gegenwart einen aufgelösten, konfusen oder mitgenommenen Eindruck zu machen. Sparen wir uns ruhig alle gutgemeinten, aber unangebrachten Demonstrationen von Mitgefühl, quälen wir uns nicht aus Hilflosigkeit etwas ab, das uns selbst nicht überzeugt. Denn das einzige, was einen Unglücklichen wirklich zu trösten vermag, ist die Gewißheit, nicht verlassen zu sein, nicht ins Bodenlose zu stürzen.

Tun können wir gleichwohl eine Menge, nämlich den anderen in den Arm nehmen, ihm die Hand halten, ihn jammern und sich ausweinen lassen, und vor allem: ihm den Rücken freihalten, praktische Hilfe anbieten, alltägliche Arbeiten übernehmen, Angelegenheiten regeln, zur Verfügung stehen. Aber drängen wir uns nicht auf, ziehen wir uns nach einer Weile auch wieder zurück – Trauernde und Kranke ertragen bisweilen die längere Anwesenheit von Menschen schwer und möchten mit sich allein sein; es reicht dann, wenn sie wissen, daß sie jederzeit mit uns rechnen können. Treiben wir unsere Fürsorglichkeit nicht so weit, daß sie sich entmündigt und wie Kinder behandelt vorkommen müssen. Entscheiden wir nicht über ihren Kopf hinweg, tasten wir ihre Würde nicht an. Es ist eine grausame, aber verbreitete Unsitte, mit Schlaganfallpatienten beispielsweise so zu sprechen, als seien sie unzurechnungsfähig, nur weil sie sich nicht mehr verständlich ausdrücken können, oder gar in ihrer Gegenwart über sie zu reden, als wären sie nicht da. Derlei Respektlosigkeit sollte man sich grundsätzlich weder gegenüber Kindern noch gegenüber Alten oder Kranken herausnehmen.

Und dann können wir dazu beitragen, daß Trauernde aus ihrer Rolle als Leidtragende auch wieder herausfinden. Gemeinsam etwas planen, ausgehen, verreisen – jede Art von Ablenkung ist geeignet, sie behutsam in die Normalität zurückzuholen. Vergessen wir aber nicht, daß die Zeit für Trauernde langsam vergeht. Wer einen geliebten Menschen verloren hat, für den ist das Leid nicht einfach nach einer Weile vorbei. Kalkulieren wir Rückschläge ein, rechnen wir mit einem Tränenausbruch im vollbesetzten Restaurant oder einem Gefühlsausbruch im Kino. Bedenken wir auch, daß Menschen sich nach einer Tragödie verändern, andere Maßstäbe entwickeln und Bekannte oder Freunde mit anderen Augen sehen, je nachdem, was sie in der Zeit des größten Leids mit ihnen erlebt haben. Vor allem aber: Begehen wir nicht den Fehler, den Namen des Verstorbenen nicht mehr zu erwähnen und so zu tun, als habe er gar nicht gelebt! Das wäre falsche Rücksicht, so läßt sich ein Schicksal nicht abhaken, und mit schamhafter Befangenheit macht man es sich selbst und allen anderen nur schwerer.

Schließlich rate ich, sich nicht zwanghaft gegen die Erfahrung des Schmerzes abzuschotten. Gewiß, mancher Schmerz ist so groß, mancher Verlust so schrecklich, daß man ihm nichts als Verbitterung abgewinnen kann. Wenn wir jedoch jeden Schmerz fliehen, jedes seelische Leid schon im Ansatz ersticken zu müssen meinen, berauben wir uns der Möglichkeit, existentielle Erfahrungen zu machen. Denn nichts erzeugt eine größere Intimität mit sich selbst als das Leid, und durch nichts findet der Mensch so sicher zu sich zurück wie durch Schmerz. Krankheit kann deshalb eine Chance sein, die Beziehung zu sich selbst wiederherzustellen, die in der Routine eines glatt verlaufenden Daseins verlorengegangen ist, und sich selbst wieder mit der Aufmerksamkeit zu begegnen, die man sich schuldet.

Auf jeden Fall aber erinnern uns erschütternde Erfahrungen daran, daß es einen letzten Tag geben wird. Sie können uns dazu veranlassen, unser Leben auf ganz andere Weise zu leben als bisher, sie können uns aber auch in dem bestärken, was wir wollen und immer schon gewollt haben. So oder so ist der Tod der Motor des Lebens – schließlich gestalten wir unser Leben überhaupt nur deshalb, weil wir nicht ewig Zeit haben, weil wir aus unserem Leben etwas gemacht haben müssen, bevor es zu spät ist. Daß es zuweilen tatsächlich heilsam ist, aus der gewohnten Existenz herausgerissen zu werden – wir sollten es zumindest nicht völlig ausschließen.

34. Spielregel
Alles, was man unternimmt, um anderen ihr Leiden ein wenig erträglicher zu machen, ist gut. Einen einzigen Fehler nur kann man begehen: sich weder blicken noch von sich hören zu lassen.

Teil III
Lebensklugheit im Umgang mit unterschiedlichen Menschen

Wenn wir nicht erziehen, erziehen andere – Über Erziehung

»Sie (die Fürsten) werden in der Erziehung verwahrlost, von Jugend auf durch Schmeichelei verderbt, durch andre und sich selbst verzärtelt. Sie lernen sich selbst nicht kennen, weil man sie, aus Furcht oder Hoffnung, die widrigen Eindrücke, welche ihre Fehler und Gebrechen würken, nicht empfinden läßt.«

Über den Umgang mit Menschen, III, 1, 1

Es gehört nicht viel Pessimismus dazu, Erziehung in Zukunft für unmöglich zu halten. Schon heute findet sie in vielen Elternhäusern nicht mehr statt. Das hat weniger mit der Pflichtvergessenheit der Eltern zu tun als mit den Kräften, die in unserer Zivilisation am Werk sind. Sollte Erziehung eines Tages gar nicht mehr stattfinden, wäre ein erquicklicher Umgang miteinander allerdings nicht mehr möglich. Ich ziehe es deshalb vor, optimistisch zu bleiben und die Hoffnung auf einen Widerstandskampf zu hegen, zu dem sich alle verbünden müßten, denen an einer Gesellschaft mit menschlichem Antlitz gelegen ist.

Das, was wir heute als Erziehungskrise bezeichnen, nahm im Westen Deutschlands vor knapp vierzig Jahren seinen Ausgang nicht zuletzt mit der antiautoritären Erziehung, sehr treffend auch »Erziehung zum Ungehorsam« genannt. Das Ziel dieser Erziehung war der neue Mensch – gegen äußere Einflüsse immun, nicht manipulierbar, selbstbewußt. Eine Erziehung, in der traditionelle Werte an die folgende Generation vermittelt wurden, galt fortan schon als Manipulation, und davor mußte der neue Erdenbürger sofort beschützt werden. Jede Einübung in gesellschaftlich akzeptables Verhalten hatte zu unterbleiben, jede Verwurzelung in der eigenen Zivilisation war zu verhindern, jedes Vertrauen zu ihren Werten zu erschüttern. Mit anderen Worten: Diese Erziehung hatte keinen Inhalt mehr; der Beitrag der Eltern zum Gedeihen ihrer Kinder beschränkte sich darauf, ihnen soviel Liebe wie möglich zu schenken, und außer menschlicher Wärme gab es für diese Eltern nichts mehr zu vermitteln.

Wie eine inhaltslose Erziehung aussieht, haben wir seither tausendfach erlebt: Eine Mutter läßt ihren Sohn kommentarlos gewähren, bis es ihr zuviel wird, brüllt ihn dann unvermittelt an, macht sich im selben Augenblick schwerste Vorwürfe und übt im nächsten Moment tätige Reue, indem sie ihm für eine Weile wieder alles durchgehen läßt – bis zum nächsten Unmutsausbruch. Ein Hin und Her zwischen Nachgiebigkeit und plötzlicher, folgenloser Strenge. Kinder sind so nicht zu beeindrucken. Sie merken sehr rasch, daß ihre Eltern buchstäblich nichts zu sagen und nichts zu bieten haben – außer dem kläglichen Stillhalteangebot: Wir sind nett zu euch, seid ihr bitte auch nett zu uns … Eine Aufforderung zum Machtkampf, den Eltern nicht gewinnen können und auch gar nicht ernsthaft gewinnen wollen. Viele kapitulieren schon deshalb vor den Unzufriedenheitsbekundungen ihrer Kinder, weil sie keine Sympathieeinbuße bei ihrem Nachwuchs riskieren wollen. Kurz: Die ziel- und inhaltslose Erziehung erlegt Eltern als oberste Pflicht ihre konsequent betriebene Selbstentmachtung auf.

Warum haben sich in den vergangenen Jahrzehnten immer mehr Eltern auf diese Selbstentmachtung eingelassen? Weil sie, wie ich befürchte, handfeste Vorteile davon haben. Unter diesen Umständen können sich Eltern nämlich auf eine Art Leibwächterrolle für ihr Kind beschränken – und die Verantwortung dafür, ob es gerät, welchen Dingen es sich zuwendet, welche Haltung zum Leben es entwickelt, ihm selbst übertragen. Das ist eine große Entlastung. Egal, was passiert, Vorwürfe brauchen sich diese Eltern nicht mehr zu machen – schließlich haben sie sich keinerlei Manipulation zuschulden kommen lassen, schließlich haben sie nur nach dem Motto jenes werdenden Vaters gehandelt, der mir sagte: »Meine Tochter kann doch werden, wie sie will«, und damit seine Unzuständigkeit für den Menschen beteuerte, der einmal aus seiner Tochter werden würde. Fair ist das nicht, aber wer sagt schon nein, wenn ihm der Verzicht auf Verantwortung auch noch als ein Gebot der Moral verkauft wird?

Was als freiwillige Selbstentmachtung zum höheren Zweck einer glücklicheren Menschheit begann, ist im übrigen längst zu unerbittlichem Zwang geworden. Hatten die Vorreiter der antiautoritären Erziehung – Psychologen, Pädagogen, Bildungspolitiker – noch geglaubt, daß man nur die Autorität der Eltern brechen müsse, damit sich Kinder unbehelligt von gesellschaftlichen Einflüssen in paradiesischer Freiheit entwickeln können, müssen wir heute feststellen, daß sich inzwischen andere Autoritäten mit größtem Erfolg unserer Kinder angenommen haben. Über die Werbung hat die Wirtschaft ihre Erziehung zum Guten, Schönen und Teuren übernommen, mit der Verheißung einer Welt ohne Gewissensentscheidungen haben sich die Zeitgeistmedien ihres Seelenheils angenommen, und die Freundesclique bestraft jeden, der dem Zeitgeist untreu wird, mit Ächtung.

Damit geht eine nie zuvor gekannte Verlagerung der Macht von den Erwachsenen auf Kinder und Jugendliche einher. Denn die Fixierung unserer Gesellschaft auf Jugend und Körperschönheit bedeutet für die Jugendlichen einen Prestigegewinn, der sie keinerlei Mühe gekostet hat, der ihnen, ohne eigenes Zutun, das Selbstbewußtsein von Siegern verleiht. Und zusätzlich beziehen schon Kinder ein unangreifbares Überlegenheitsgefühl aus der Beherrschung jener Zukunftstechnik, in der es die meisten Erwachsenen niemals so weit bringen werden, wie sie es bereits gebracht haben. Nicht genug damit, spielt die derzeit gängige Diffamierung des Alters jungen Menschen einen weiteren Trumpf in die Hand – in einer Welt, in der Alter, Erfahrung und Charakterfestigkeit zum Makel geworden sind, dürfen Erwachsene allenfalls noch auf Duldung hoffen. Mit anderen Worten: Eltern haben Kindern derzeit nichts voraus, worauf sich Autorität begründen lassen würde.

Folglich erleben wir seit geraumer Weile, daß sich Kinder in Eltern und Eltern in Kinder verwandeln. Für die Erziehung verbleiben Eltern nämlich höchstens die ersten elf, zwölf Lebensjahre ihrer Kinder, danach büßen sie ihren Einfluß auf sie rapide ein. Aus Furcht, nach Ablauf dieser Frist abserviert zu werden, behelligen viele Eltern ihren Nachwuchs erst gar nicht mit ernstgemeinten Erziehungsversuchen, sondern setzen von Anfang an alles daran, von ihm akzeptiert zu werden; an die Stelle der Erziehung tritt ein ohnmächtiges Betteln um Gegenliebe, und wie früher Kinder um die Anerkennung ihrer Eltern kämpften, ringen heute Eltern um die Anerkennung ihrer Kinder. Die letzte Rolle, die Eltern dann noch spielen dürfen, ist die einer Schutzmacht – gleichgültig, was sie ausgefressen haben, die Kinder unserer Tage finden in ihren Eltern deshalb unbeirrbare Verteidiger.

Ist Erziehung unter diesen Umständen überhaupt noch möglich?

Gewiß. Schließlich gibt es nach wie vor Eltern, die ihrem Erziehungsauftrag, wenn auch unter erschwerten Bedingungen, nachkommen. In Zukunft wird es nur immer größerer Anstrengungen bedürfen, wird Erziehung gewissermaßen zu einem Widerstandsakt werden, der Mut, Selbstvertrauen und strategisches Denken erfordert.

Allen praktischen Erwägungen muß die Einsicht vorausgehen, daß Erziehung einen Inhalt haben muß. Ein Kind braucht für seine Entwicklung mehr als Liebe und menschliche Wärme; es reicht auch nicht aus, daß Eltern ihre Versorgungs- und Leibwächterfunktion wunschgemäß erfüllen. In der Erziehung müssen Eltern ihre Kinder schrittweise mit dem bekannt machen, was für sie selbst Bedeutung hat, also ein Weltwissen vermitteln, das zur Orientierung im Leben taugt und jungen Menschen zu moralischer Autonomie und geistiger Selbstbehauptung verhilft. Der Stoff einer solchen Erziehung besteht aus den Erfahrungen, den Stil- und Wertvorstellungen der Eltern – Material für eine Auseinandersetzung zwischen den Generationen, die sogar die kritischen Jahre der Pubertät überdauern kann, wenn Kinder gelernt haben, ihre Eltern auch im Streit als ernsthafte Gesprächspartner zu akzeptieren.

Das wichtigste aber: Eine derartige Erziehung macht Kindern bewußt, daß ihr eigenes Verhalten Bedeutung hat, daß alles, was sie tun und sagen, etwas bedeutet – für andere wie für sie selbst. Wer aus vermeintlicher Liebe immer wieder beide Augen zudrückt, gibt seinen Kindern zu verstehen, daß ihr Verhalten im Grunde gleichgültig ist – und es darüber hinaus auf sie als Menschen gar nicht ankommt. Wie soll da ein gesundes Selbstbewußtsein entstehen? Nichts fördert die Selbstachtung von Kindern mehr, als wenn man sie beizeiten an den Gedanken gewöhnt, daß ihr Verhalten von Bedeutung ist, weil es für alle Beteiligten in irgendeiner Form Folgen hat.

Das heißt, daß Kinder beides brauchen – Liebe wie auch Grenzen, also Spielregeln, die sie einüben, und Gebote, die sie sich einprägen müssen. Nichts kann auf Dauer im Leben gelingen, wenn man kein Gespür für Grenzen hat, denn nur wenn jeder einzelne von sich aus Grenzen respektiert, ist die individuelle Freiheit aller garantiert. Stellen wir uns diese Spielregeln wie ein Geländer vor, das einerseits die Grenzen des eigenen Bezirks markiert und es andererseits dem Kind ermöglicht, sich daran aufzurichten. Es erlaubt eine allmähliche Eroberung des eigenen Territoriums, es erlaubt aber auch, sich in seinem Bezirk zunächst einmal sicher zu fühlen, bevor die nächsten Schritte über das bekannte Terrain hinaus gewagt werden. Also keine Angst vor Regeln – sie bedeuten nicht, daß man sein Kind nicht lieb hat, ganz im Gegenteil: Sie bedeuten, daß man es auf den verantwortungsvollen Gebrauch seiner Freiheit vorbereitet, und welches höhere Ziel könnten Erzieher sich setzen?

Kindern ein Gefühl für die eigene Bedeutung geben, Spielregeln aufstellen, unmißverständliche Verhaltensanweisungen geben – es ist klar, daß Eltern dafür ein stabiles Selbstbewußtsein und Autorität brauchen, um so mehr, als sie von der Gesellschaft kaum Unterstützung erwarten dürfen. Autorität ist aber auch insofern von Nutzen, als nur der respektiert wird, der Respekt erwartet. Außerdem bieten Eltern mit Autorität ihren Kindern eine Reibfläche – Reibung ist ja die Voraussetzung für die Entwicklung einer eigenen Identität, und nur in der Auseinandersetzung mit Menschen, die ihnen Widerstand leisten, gewinnen Kinder und Jugendliche Klarheit über sich selbst. Und schließlich bringen nur Eltern mit Autorität jene Gelassenheit auf, die unbedingt nötig ist, um Kinder vom Sinn der Erziehung zu überzeugen.

Ich weiß, es ist leichter gesagt als getan, aber es sollte doch gesagt werden: Eltern, die ernst genommen werden wollen, sind konsequent, sie stehen zuverlässig zu ihrem Wort, sie halten sich selbst an die aufgestellten Regeln, sie sind für ihre Kinder berechenbar. Regeln taugen überhaupt nichts, wenn sie von denen, die sie aufgestellt haben, auch wieder in Frage gestellt werden. Souveräne Eltern lassen sich auch nicht durch die gezielt eingesetzten Unmutsausbrüche ihrer Kinder beeindrucken, sie reagieren nicht auf jedes Wehwehchen, sie ertragen es, ihre Kinder auch einmal nicht zu beachten, so daß sie für sich allein schimpfen und toben und sich abreagieren können. Auf gar keinen Fall schüchtern sie ihre Kinder durch Drohungen ein, meckern und nörgeln auch nicht an ihnen herum, überschütten sie nicht bei jedem Fehler mit Vorwürfen und Ermahnungen. Sie registrieren aber aufmerksam, wenn ihre Kinder etwas richtig gemacht haben, sie übergehen nicht kommentarlos ihre Erfolge, sie nehmen jede Gelegenheit zum Lob wahr – und solche Gelegenheiten bieten sich zum Beispiel immer dann, wenn Kinder gelernt haben, sich an Regeln zu halten.

Das entscheidende vielleicht aber ist, daß Eltern und Kinder im Gespräch bleiben. Wichtiger als jede Saxophonstunde, jede Frühförderung in dieser oder jener Fremdsprache, jede Fernsehsendung ist, daß man miteinander redet. Dazu gehören die Geschichten, die Eltern ihren kleinen Kindern vorlesen oder erzählen, genauso wie in späterer Zeit die Diskussionen, zu denen alle jene elterlichen Erfahrungen und Vorstellungen Anlaß bieten, die den Inhalt der Erziehung ausgemacht haben. Ich glaube, daß Erziehung dann gelungen ist, wenn Kinder einmal sagen können, daß sie von ihren Eltern etwas gelernt, etwas mitbekommen haben, das als Wegzehrung für den Rest ihres Lebens taugt.

35. Spielregel
Erziehung muß einen Inhalt und ein Ziel haben. Inhalt der Erziehung sollten die Erfahrungen, die Stil- und Wertvorstellungen der Eltern sein. Das Ziel der Erziehung sollte darin bestehen, Kinder auf den verantwortungsvollen Gebrauch ihrer Freiheit vorzubereiten.

Wissen allein macht nicht glücklich – Über Schule und Bildung

»Es ist wahrlich eine höchst schwere Arbeit, Menschen zu bilden – eine Arbeit, die sich nie mit Gelde bezahlen läßt. Schämen sollten sich die Menschen, die den Erzieher ihrer Kinder wie eine Art von Dienstboten behandeln!«
Über den Umgang mit Menschen, II, 10, 5

An der deutschen Schule ist etwas faul. Aber was? Glaubt man den Lehrern, haben sie es immer häufiger mit kleinen Monstern zu tun – »Aus denen müßte man erst einmal Menschen machen«, meinte einer. »Keine Distanz. Keinerlei Respekt.« Glaubt man den Eltern, handelt es sich bei den meisten Lehrern um pflichtvergessene Schufte: »Denen ist ihr Beruf eine lästige Pflicht«, befand eine Mutter. »Kinder sind für sie störendes Beiwerk oder notwendiges Übel.« Glaubt man Schulbehörden und Bildungspolitikern, müßten zum Beispiel ganz neue Fächer von allgemein-menschlichem Interesse kreiert und der Unterrichtsstoff stärker der Lebenswirklichkeit angepaßt werden. Glaubt man der Wirtschaft, müßte Bildung viel größere Rücksicht auf die Erfordernisse der Arbeitswelt nehmen.

Einigkeit herrscht nur, was den Befund angeht: Unser Bildungssystem leistet nicht mehr das, was wir von ihm erwarten. Was möglicherweise daran liegt, daß wir gar nicht mehr so genau wissen, was wir von ihm erwarten. Tatsache ist jedenfalls, daß die Schule wie keine andere Institution zum Austragungsort gesellschaftlicher Spannungen geworden ist. Vielleicht können die folgenden Überlegungen zur Klärung beitragen, was sich an der Schule ändern – und was sich nicht ändern sollte.

1. *Bildung soll zu souveräner Distanz befähigen.* Von Menschen, die sich auf ihren Wirklichkeitssinn einiges zugute halten, wird die Forderung erhoben, Bildung müsse praxisnah sein, auf den gesellschaftlichen Wandel reagieren, einen starken Realitätsbezug haben und am besten gezielt auf Berufskarrieren vorbereiten. Ich befürchte, eine solche Bildung würde ihren Zweck kraß verfehlen. Wenn Bildung einen Sinn haben soll, darf sie sich nicht in Wissen oder Anwendungskompetenz erschöpfen, dann muß sie auf den Menschen in der Gesamtheit seiner Neigungen, Fähigkeiten und Talente, seinen Charakter und seine Wertvorstellungen zielen, kurz: Menschen hervorbringen, die ihr Handeln vor sich selbst verantworten können.

Der preußische Bildungsreformer Wilhelm von Humboldt (1767–1835) verstand Bildung als »innere Ordnung«, die dem Individuum auch dann Sicherheit verleiht, wenn sich äußere Ordnungen auflösen. Das derzeit herrschende Kosten-Nutzen-Denken in der Bildung aber läßt gar keine individuelle Vorstellung von Leben mehr zu; Praxisnähe und Anwendungskompetenz bieten keine Perspektive, die über berufliche Erfolgschancen hinausgeht. Ich meine deshalb, daß Schule vor allem Kenntnisse und Einsichten vermitteln sollte, die junge Menschen dazu qualifizieren, sich dem Anpassungsdruck durch die herrschenden Ideologien und Zeitströmungen zu widersetzen und eine eigene Einstellung zum Leben zu gewinnen. Sollte erst einmal die Arbeitswelt die Bildungsziele vorgeben, dann dürfen wir uns davon flexible, biegsame, beliebig modellierbare Menschen versprechen, aber nie und nimmer selbstbewußte.

2. *Der Zweck der Geisteswissenschaften ist es, den Nutzen zu definieren.* Man hört immer häufiger, daß die Geisteswissenschaften nutzlos seien, weil sie anders als die Naturwissenschaften keinen konkreten Zwecken dienen. Das ist falsch. Die Geisteswissenschaften definieren, was überhaupt unter »Nutzen« zu verstehen ist. Die praktischen Zwecke, die die Naturwissenschaften verfolgen, können nützlich, sie können aber genausogut auch schädlich sein, und nur mit Hilfe der Geisteswissenschaften läßt sich zwischen Nutzen und Schaden unterscheiden. Mit anderen Worten: Die Geisteswissenschaften versetzen uns in den Stand, den Prozeß unserer technischen Zivilisation mit wachen Sinnen und der nötigen Portion Skepsis zu verfolgen. Ganz abgesehen davon, daß jene Kultur, mit der die Geisteswissenschaften vertraut machen, im Zentrum menschlicher Identität steht.

3. *Von der Schule keine schnellen Antworten erwarten!* Umfragen zufolge halten die meisten Eltern vieles im herkömmlichen Fächerkanon für überflüssig, vor allem Geschichte und Religion. Ich möchte dazu folgendes anmerken: Wer glaubt, daß das Vergangene – einfach, weil es vergangen ist – kein Interesse mehr verdient, der überträgt seine Erfahrungen als Konsument auf sein Leben als Bürger. In der Welt der Waren und Konsumgüter zeichnet sich das Alte ja

tatsächlich gegenüber dem Neuen durch seine geringere Leistungsfähigkeit oder seine völlige Unbrauchbarkeit aus, weshalb es verdient, ausrangiert zu werden. Doch was auf Waren zutrifft, trifft auf Ideen nicht zu. Ideen veralten nicht, sie verlieren mit der Zeit auch nichts von ihrer Brauchbarkeit. Erst wenn man anfängt, über Ideen so zu denken wie über Produkte, kann man dem Irrtum verfallen, sie für wertlos zu halten.

Tatsächlich ist das, was vor Jahrzehnten oder Jahrhunderten gedacht wurde, unverzichtbar zum Verständnis der Gegenwart, und nur, wer sich mit der Geschichte auseinandersetzt, gelangt zu einem Verständnis von Zusammenhängen, die zur Einschätzung aktueller Situationen genauso bedeutsam sind wie für die persönliche Lebensführung. Und was das Fach Religion angeht: Wo, wenn nicht hier, bietet sich die Chance, vor diesem jüdisch-christlichen Erbteil unserer Kultur über den Sinn des Lebens nachzudenken? Längst geht es ja nicht mehr darum, christliche Glaubensvorstellungen kritiklos zu schlucken, sondern darum, sich unter fachmännischer Anleitung mit den existentiellen Fragen zu beschäftigen, die die Religion aufwirft. Warum sollten diese Fragen uns auf einmal nichts mehr angehen?

4. *In der Schule muß die Leistung im Vordergrund stehen!* Die Schulzeit sollte eigentlich dazu ausreichen, Menschen in die Lage zu versetzen, sich mündlich oder schriftlich in verständlichem Deutsch auszudrücken – aber nicht einmal bei Studenten darf man davon noch ausgehen. Die Schule kann ihren Zweck eben in keiner Weise erfüllen, wenn sie die Hoffnung der Schüler erfüllt, so mühelos wie möglich durchzukommen, sich dem Wunsch der Eltern beugt, ihre Sprößlinge einfach durchzuwinken, und der Anweisung von Bildungspolitikern nachkommt, fünf gerade sein zu las-

sen. Tun wir also nicht weiterhin so, als sei Bildung ohne Anstrengung zu haben! Nichts spornt mehr zu Leistung an als hohe Erwartungen, und ein Ziel wird überhaupt erst zum Ziel durch die Mühe, die es kostet, es zu erreichen. Solange ein Ziel nicht als Belohnung für Mühen empfunden wird, erscheint es auch nicht als lohnend. Die Aufgabe von Lehrern wäre es also, Kindern Leistung zu ermöglichen – wobei sie nicht nur den nachweisbaren Erfolg, sondern auch die Anstrengung zu bewerten hätten, die einer auf sich genommen hat.

5. *Lehrer brauchen Autorität!* Ganz gleich, was von einem Lehrer verlangt wird – Wissen vermitteln, motivieren und Neugierde wecken, zur Verantwortung erziehen, demokratisches und staatsbürgerliches Bewußtsein fördern –, für alles braucht er Autorität. Diese Autorität aber wird ihm von allen Seiten beschnitten. Die Politik verweigert ihm die Rückendeckung, die Gesellschaft die Anerkennung, die Bürokratie die disziplinarischen Mittel; gegen Schüler, die sich nicht an die Regeln des Umgangs oder der Selbstbeherrschung halten, ist er praktisch machtlos – sollte er dennoch mit Konsequenzen drohen, muß er damit rechnen, daß Eltern beim Schulamt protestieren oder einen Anwalt hinzuziehen. Dahinter steckt offenbar die Vorstellung, daß Lehrer ungerechte und grausame Tyrannen sind, die mit allen Mitteln daran gehindert werden müssen, ihre tyrannische Willkür an armen Schülern auszulassen. Ihre praktische Ohnmacht hat zur Folge, daß immer mehr Lehrer resignieren und auch bei offensichtlichen Verfehlungen lieber wegschauen.

Ich frage mich, welchen Vorteil Schüler eigentlich davon haben, wenn Lehrer viel Zeit und Energie darauf verschwenden müssen, im Klassenraum erst einmal eine

Atmosphäre zu schaffen, in der Unterrichten überhaupt möglich ist? Wie man Lehrern eigentlich zumuten kann, in Klassen zu unterrichten, die keinen lernbereiten Eindruck machen? Und ob man an der Schule nicht ein sichtbares Entgegenkommen von beiden Seiten erwarten sollte, von Lehrern wie von Schülern? Abgesehen davon ist es ohne disziplinarische Mittel unmöglich, Kindern klarzumachen, daß ihr Verhalten Konsequenzen hat. Kinder brauchen Grenzen, sie wollen sogar Grenzen gezogen bekommen – es wäre also allen damit gedient, wenn Schüler genau wüßten, welche Folgen respektloses Verhalten nach sich zieht – und diese Folgen gegebenenfalls auch eintreten würden.

Allerdings – vor allem ältere Lehrer sollten sich klarmachen, daß sich die Lebenswirklichkeit ihrer Schüler dramatisch gewandelt hat, daß Kinder und Jugendliche heute direkter kommunizieren und weniger Hemmungen als früher haben. Wenn sich Respektlosigkeit als selbstbewußte Offenheit und Unbefangenheit im Verkehr mit Lehrern äußert, kann sie belebend auf den Unterricht wirken und wäre folglich zu begrüßen.

6. *Lehrer sollten mit der Lebenswirklichkeit von Schülern vertraut sein!* Mir scheint, daß junge Menschen heute in zwei Wirklichkeiten leben. Seitdem Erziehung in den Ruch der Manipulation gekommen ist, ist es für viele Kinder normal, zwischenmenschliche Beziehungen im wesentlichen als Machtkämpfe zu verstehen und zu gestalten, weil ihre Eltern als Erzieher keine Ziele mehr verfolgen. Gleichzeitig haben sie als Wohlstandskinder gelernt, daß Wünsche »wie von selbst« in Erfüllung gehen, wobei sie an kurze Wartezeiten zwischen Wunsch und Wunscherfüllung gewöhnt sind. Mit anderen Worten: Außerhalb der Schule machen sie die Erfahrung, daß man eher durch Machtkämpfe als durch

Anstrengung etwas erreicht, daß sie als Kinder Machtkämpfe meist gewinnen und daß sie durch gewonnene Machtkämpfe am schnellsten zum Ziel kommen.

In der Schule, und vor allem später in der Arbeitswelt, machen junge Menschen Bekanntschaft mit den Grenzen dieses Verfahrens. Hier gelten andere Regeln, zum Beispiel das von der Außenwelt her unbekannte Leistungsprinzip, hier werden sie erstmals mit der Erfahrung der Ohnmacht konfrontiert, und auf einmal hat ihr Verhalten Konsequenzen. Nur – keine gesellschaftliche Erfahrung motiviert sie dazu, Ziele durch Anstrengung oder Leistung zu erreichen. Und keine gesellschaftliche Erfahrung hat sie bisher davon überzeugt, daß ein bestimmtes Verhalten bestimmte Konsequenzen hat. Das heißt, viele Jugendliche können mit ihren Erfahrungen in Schule und Arbeitswelt wenig anfangen – Schule und Arbeitswelt wiederum können mit den Erfahrungen vieler Jugendlicher kaum etwas anfangen.

Von den Jugendlichen wird mithin erwartet, eine Art Doppelleben zu führen. Und die Lehrer haben nachzuholen, was früher von der Gesellschaft geleistet wurde, nämlich: junge Menschen zum Lernen motivieren, ihnen den Sinn von Leistung vermitteln, sie an Konsequenzen gewöhnen und gegen die einzige Motivation vorgehen, die Jugendlichen aus Elternhaus und Gesellschaft bekannt ist: die unmittelbare Bedürfnisbefriedigung. Lehrer müssen Schüler also immer wieder für ein Lebensmodell gewinnen, das mit dem der Außenwelt in Konkurrenz steht. Das gelingt ihnen nur, wenn sie die ungeheure Anpassungsleistung würdigen, die ihren Schülern abverlangt wird, wenn sie sich für die außerschulische Lebenswirklichkeit der Kinder interessieren, wenn sie ein gewisses Verständnis für deren MTV-Faszination, Handyleidenschaft und Computerspielbegeisterung aufbringen. Mit Haut und Haar in die Welt der Jugendlichen einzutauchen ist allerdings weder nötig noch ratsam – welcher Schüler möchte seinen Lehrer schon in der Disko treffen, welche Schülerin erleben, daß ihre Lehrerin genauso herumläuft wie sie?

7. *Eltern sollten Lehrer nicht als Feinde betrachten!* Nicht wenige Eltern verfolgen den schulischen Werdegang ihres Kindes, wie sie die Börsenkurse beobachten. Für sie ist Lebenszeit ein Kapital, das laufend vermehrt werden muß, weshalb sie äußerst empfindlich auf alles reagieren, was den Schulerfolg ihrer Sprößlinge beeinträchtigen könnte. Solche Eltern verstehen sich als Lobbyisten ihrer Kinder, bereit, deren »Recht« auf gute Noten und einen glänzenden Abschluß mit allen Mitteln zu verteidigen. Lehrern mißtrauen sie grundsätzlich; im Zweifelsfall schlagen sie sich blindlings auf die Seite ihres Nachwuchses und wehren sich auch mit der Hilfe der Gerichte gegen Pädagogen, die ihrem Kind nicht die erhoffte Karrieretauglichkeit bescheinigen. Das Winken mit dem Rechtsanwalt gehört inzwischen zum schulischen Alltag.

Offenbar besteht das Hauptziel der Erziehung für manche Eltern darin, ihre Kinder instinktiv vor allem und gegen alles in Schutz zu nehmen. Sie identifizieren sich bedingungslos mit ihrem Nachwuchs und beziehen deshalb jede Kritik, jeden Tadel, jede Zurechtweisung auf sich selbst. In Lehrern sehen sie augenscheinlich vor allem Hindernisse auf dem Karriereweg ihrer Kinder. Ich bezweifle, daß diese Einstellung es Schülern erleichtert, Motivation, Leistungsbereitschaft und Selbstverantwortung zu entwickeln. Und ich frage mich auch, ob ein Schüler auf Dauer mehr von einem Sieg profitiert, der durch Einschüchterung der Schule errungen wurde, als durch einen Erfolg, der auf Anstrengung und Leistung beruht. Ganz abgesehen davon, daß Kooperation ein Gebot der Klugheit ist, da Kinder und Eltern nun einmal mit ihren Lehrern auskommen müssen – gleichgültig, wie mißgünstig, engstirnig und verständnislos der eine oder andere Lehrer ist.

8. *Je authentischer als Mensch, desto besser als Lehrer!* Glaubt man den Kindern, kommt es in der Schule hauptsächlich auf menschliche Qualitäten an. Da erhält man dann auf die Frage nach ihrem Traumlehrer Antworten wie: »In Geschichte paßt jeder auf, weil unsere Geschichtslehrerin so gut erzählen kann.« »Unser Traumlehrer muß uns was beibringen, gerecht sein und verständnisvoll.« »Alle Superlehrer an unserer Schule sind streng.« »Bei strengen Lehrern lernt man mehr.« »Ein Lehrer darf nicht die Kontrolle über uns verlieren.« »Respekt ist alles.«

Junge Menschen scheinen sich geradezu nach Autorität zu sehnen – aber eben nicht nach jener bequemen Amtsautorität vergangener Tage, der man nicht nachzutrauern braucht, sondern jener Überzeugungskraft, die von authentischen Menschen ausgeht. Bei Lehrern kommt es also ganz entscheidend auf die Persönlichkeit an; sie müssen, was ihr Fach angeht genauso wie als Menschen, kompetent und glaubwürdig sein, konsequent, streng und fordernd, aber eben auch ein hohes Maß an Verständnis für den einzelnen aufbringen. Schüler wollen nicht als formbare Masse behandelt, sondern als individuelle Persönlichkeiten ernst genommen werden und sehen im Lehrer ihrerseits jemanden, der sich vor allem als Mensch zu bewähren hat. Abgesehen von seinem Wissen müßte ein Lehrer seinen Schülern deshalb auch die eigene Einstellung, die eigene Erfahrung zugänglich machen – Authentizität wird einem Menschen ja nur dann zugestanden, wenn der andere dessen Handeln auf eine dahinterliegende Erfahrung oder Einstellung zurückführen kann. Ein Lehrer, der seinen Schülern gegenüber Stellung bezieht, vermittelt ihnen den Eindruck eines Menschen, der gesucht hat, der auch Antworten gefunden hat und deshalb von dem, was er macht, selbst überzeugt ist. Nach wie vor genießen solche Lehrer Respekt.

9. *Ein Wort übers Erzählen im Unterricht.* Gewiß, kaum etwas ist bei Didaktikern verpönter als das Erzählen, und sicherlich stimmt es auch, daß Schüler Erzählungen schon deshalb lieben, weil sie sich gern berieseln lassen – trotzdem finde ich, daß Lehrer gute Erzähler sein müßten. Einmal, weil sich auf diese Weise Neugier und Interesse an einem Stoff wecken lassen. Zum anderen, weil man als Lehrer seine Schüler durch Erzählen mit der eigenen Begeisterung für sein Fach anstecken kann. Und drittens, weil Erzählen die Glaubwürdigkeit des Lehrers untermauert. Etwas gut zu erzählen bedeutet nämlich, daß man eine persönliche Beziehung zu dem Thema hat, daß man eigene Erfahrungen damit verbindet und nicht nur Angelesenes vermittelt, bloß weil es der Lehrplan verlangt. Ich könnte mir vorstellen, daß sich Schüler in den Augenblicken des gebannten Zuhörens am ehesten davon überzeugen lassen, einen Menschen und keinen Pauker vor sich zu haben.

36. Spielregel

Lehrer leisten der Gesellschaft einen unermeßlichen Dienst. Weder Schüler noch Eltern profitieren davon, wenn sie ihnen mit grundsätzlichem Mißtrauen begegnen oder ihre Autorität untergraben. Für alle Beteiligten ist es ein Gebot der Klugheit, so eng wie möglich zusammenzuarbeiten, in dem Bewußtsein, daß es an der Schule in erster Linie um Leistung geht.

Eltern, Verwandte, Nachbarn – Über den Umgang mit Menschen, die ich mir nicht ausgesucht habe

»Wenngleich das Zeugungs-Geschäft nicht eigentlich absichtliche Wohltat für die folgende Generation ist, so gibt es doch wenig Menschen, die nicht ganz gut damit zufrieden wären, daß jemand sich die Mühe gegeben hat, sie in die Welt zu setzen ...«

Über den Umgang mit Menschen, II, 2, 1

Für viele bedarf das keiner weiteren Erklärung – Verwandtschaft ist nun mal anstrengend. Wer am Wochenende zu den Eltern muß, darf des Mitgefühls seiner Freunde sicher sein. Schließlich geht es manchem so: Man sitzt da, hat sich nichts zu sagen, verstrickt sich unweigerlich in den altbekannten Kleinkrieg oder betreibt – in dem Bemühen, allen heiklen Punkten auszuweichen – angestrengten Smalltalk und atmet erst auf, wenn die Anstandsfrist abgelaufen ist und man fürs erste wieder Ruhe vor seinen Eltern hat; mehr, als daß man sich hinterher nicht wie gerädert fühlt, darf man kaum erwarten.

Und warum?

Gründe gibt es genug. Die Eltern-Kind-Beziehung sei eben verlogen und verkrampft, heißt es. Schon deshalb, weil sie aufgezwungen ist, schicksalhaft, nicht auf freier Wahl beruht. Und dann die übermächtige Vater- bzw. Mutterfigur, die das Gemüt ein Leben lang belastet, immer fordernd, nie zufriedenzustellen, selten zu einem anerkennenden Wort zu bewegen, von merkwürdigem Desinteresse für die Unternehmungen und Erfolge der eigenen Kinder. Immer hört man bei seinen Eltern diesen leicht spöttischen

Unterton heraus, wenn sie etwas sagen, und immer wissen die Kinder dann, was er bedeutet: daß sie wieder mal hinter den Erwartungen ihrer Eltern zurückgeblieben sind und daß sie dort hinten immer bleiben werden. Kinder sind ihren Eltern doch niemals gut genug – von den Schwiegersöhnen und Schwiegertöchtern ganz zu schweigen. In diesem Punkt kann man es einer Mutter nie recht machen.

Und was wird nicht alles voreinander verheimlicht! Welche Lebenslügen muß man nicht kommentarlos ertragen! Das Unausgesprochene, es steht der Verständigung womöglich noch mehr im Wege als das Ausgesprochene. Dazu die ewig gleichen Kontrollfragen, die Leute mit einem so feinen Gehör, wie nur Kinder es haben, jedesmal heraushören! Das kennt man, seitdem man auf der Welt ist, da ändert sich nichts, und trotzdem treffen Eltern immer wieder den schwachen Punkt, trotzdem fühlt man sich ein ums andere Mal zu einer Rechtfertigung genötigt und ärgert sich über sich selbst. Einmal Kind – immer Kind. Kein Entrinnen?

Doch, es gibt ein Entkommen, aber nicht durch Flucht, sondern durch ein bewußtes, wohlüberlegtes Bemühen, das erst allmählich Früchte trägt. Bevor wir soweit sind, daß wir nicht mehr in erster Linie unseren Eltern gefallen wollen (als wäre deren Urteil das einzige, was zählt), müssen wir sie aus ihrer alten Funktion entlassen, innerlich und äußerlich auf Abstand zu ihnen gehen und uns andere Vorbilder, Autoritäten und Richter suchen. Irgendwann zwischen dem zwanzigsten und dreißigsten Lebensjahr sollte uns das gelingen. Möglich ist das nur, wenn wir den Auffassungen und Ansprüchen unserer Eltern begründete eigene Ansichten, sichtbare eigene Leistungen und eine selbstbewußte eigene Lebensform entgegensetzen können – was um so leichter fällt, je entschlossener Kinder beruflich beispielsweise einen anderen Weg einschlagen als die Eltern. Auf beide, Kinder wie Eltern, warten in dieser Zeit neue Rollen, und die Umstellung fällt erfahrungsgemäß allen Beteiligten oft schwer: Eltern müssen ihren Kindern nun mit dem Respekt und der Zurückhaltung begegnen, die sie auch anderen Erwachsenen gegenüber an den Tag legen, und Kinder müssen sich als Erwachsene gegen ihre Eltern behaupten. Einfühlungsvermögen bedeutet in dieser Situation, sich in die Schwierigkeiten hineinzuversetzen, die der jeweils andere mit seiner neuen Rolle hat.

Es wäre nun ein allzu billiger Trick, die Beziehung zu den Eltern normalisieren zu wollen, indem man sie einfach wie x-beliebige andere Menschen behandelt! Es würde auch nicht funktionieren. Wer zu einem guten Einvernehmen mit seinen Eltern kommen will, darf die unabänderliche Einzigartigkeit dieser Beziehung nicht leugnen. Worin ihre Besonderheit besteht? Auf keinen Fall darin, daß Eltern, indem sie uns in die Welt gesetzt haben, eine Schuld auf sich geladen haben, die sie ihr Leben lang abtragen müssen – wie es manch einer zu glauben scheint. Wenn wir ihnen unsere Existenz verdanken, bedeutet das nicht zuletzt, daß wir einen unbezweifelbaren Ursprung haben, eine nachvollziehbare Vergangenheit, daß wir uns über unsere Herkunft im klaren sein dürfen, kurz: daß wir Menschen mit einem konkreten, erforschbaren Schicksal sind und keine Wesen, die in der Luft hängen, weil der Anfang ihres Lebens im dunkeln liegt. Diese Gewißheit ist für das Selbstbewußtsein entscheidend und für alle Zeiten an unser Elternhaus geknüpft – daß wir unsere Eltern irgendwann aus ihrer Funktion entlassen müssen, bedeutet mithin nicht, ihnen den besonderen Rang abzusprechen, der ihnen auch vor den besten Freunden gebührt.

Kinder wie Eltern müssen also lernen, Vergangenheit und Gegenwart zu trennen und Gelegenheiten, Parallelen zu früher zu ziehen, verstreichen zu lassen. Völlig unangebracht wäre es, mit seinen Eltern abrechnen zu wollen, weil sie »alles falsch gemacht« haben, und ihnen gewissermaßen ihre Erziehung um die Ohren zu schlagen. Lassen wir uns nicht dazu verleiten, uns als Opfer unserer Eltern zu fühlen, unsere gegenwärtigen Probleme ihrer Erziehung anzulasten und sie womöglich als wahre Ungeheuer darzustellen – das Täter-Opfer-Schema paßt hier noch weniger als sonst. Die perfekte Erziehung gibt es gottlob nicht; Eltern sind, wie alle Menschen, fehlbar, und wenn wir eine ehrliche Rechnung aufmachen, müssen wir ihnen in den allermeisten Fällen zubilligen, vor allem zu unserem Glück beigetragen zu haben. Verweigern wir einander innerhalb der Familie nicht die Anerkennung; man hat immer mehr Grund zur Dankbarkeit, als man sich im allgemeinen eingesteht.

Was entscheidend zur Befangenheit zwischen Eltern und Kindern beitragen kann, sind unausgesprochene Ansprüche des einen an den anderen. Eltern erwarten oftmals mehr Aufmerksamkeit und Beachtung, als ihre Kinder ihnen zugestehen wollen; Kinder wiederum legen auf Distanz und Abgrenzung Wert, was Eltern leicht als Zurückweisung und Kaltherzigkeit erscheint. Ich finde, daß Eltern sich in der Kunst der Unabhängigkeit üben und sich eher rar machen sollten – Kinder honorieren es, wenn sie ihren Eltern nicht auf drastische Art beibringen müssen, daß sie nicht mehr ganz so unentbehrlich sind wie früher. Geben wir unseren Eltern aber nicht das Gefühl, aus unserem Leben ausgeschlossen zu sein, kommen wir ruhig ihrer verständlichen Neugier entgegen, erzählen wir ihnen nicht weniger, als wir guten Freunden erzählen würden, und verwahren wir uns nur gegen jene indiskrete Neugier, die beim besten Willen als unerbetene Einmischung verstanden werden muß und das Klima vergiftet. Eltern, die sich an ihren Kinder festsaugen wie Blutegel, darf man allerdings mit deutlichen Worten in ihre Schranken verweisen; Mißachtung der eigenen Privatsphäre braucht man sich von niemandem gefallen zu lassen.

Ich warne auch davor, sich von seinen Eltern kaufen zu lassen. Manche versuchen, ihre Kinder durch finanzielle Zuwendungen bis ins hohe Erwachsenenalter hinein in Abhängigkeit zu halten, und manche Kinder lassen sich das auch gefallen. Da bekommen sie eine Reise bezahlt – unter der Bedingung, daß die Eltern mitfahren dürfen –, und dann waren die fünf gemeinsamen Tage in Dublin ein einziger Streß, von dem man sich zwei Wochen lang erholen muß. Es war furchtbar, aber gratis. Wer sich derart korrumpieren läßt, weiß irgendwann nicht mehr, wen er mehr verachtet – sich selbst oder seine Eltern.

Grundsätzlich meine ich, daß sich Kinder und Eltern mit mehr als dem üblichen Quantum Toleranz begegnen sollten. Da gibt es Kinder, die ihren Eltern jede Extravaganz verübeln und jede kleine Torheit zum Vorwurf machen. Ich finde, man sollte Eltern – vor allem, wenn sie schon alt sind – großzügig ihren Spaß gönnen, das Auto, das zwei Nummern zu groß ist, genauso wie das Faible für ausgefallene und vielleicht viel zu jugendliche Kleider. So reich an Vergnügen ist ihr Leben meist nicht mehr, da sollte man ihnen nachsehen, wenn sie für Vernunftgründe bisweilen taub sind.

Und schließlich müßte der Nutzen neu definiert werden, den man aus dem Umgang miteinander zieht. Daß man einander beisteht, einander hilft, wenn einer den anderen braucht, war früher selbstverständlicher als heute – man opfert sich nicht mehr für seine Familie auf. Neben dem praktischen Nutzen, der darin besteht, seine eigenen Kinder von Fall zu Fall bei den Eltern unterzubringen, könnte dieser Nutzen im Erfahrungsaustausch zwischen den Generationen bestehen. Ein Erfahrungsaustausch, der auf gegenseitigem Interesse basiert sowie der Fähigkeit, seine Eltern als Menschen zu sehen, die jenseits der familiären Beziehungen ein eigenes Leben geführt haben und weiterhin führen. Da darf dann auch die Vergangenheit wieder eine größere Rolle spielen, jene Vergangenheit nämlich, die den Erinnerungsschatz der Eltern ausmacht, angefangen mit der Zeit ihrer eigenen Jugend.

Ältere Menschen genießen ja das Vorrecht, ihr Leben als eine Geschichte zu betrachten. Nicht selten äußern sie den Wunsch, ihr Leben aufzuschreiben. Man sollte sie dazu ermutigen. Es ist eine sinnvolle Beschäftigung, sowohl für den Schreiber selbst als auch für die Kinder, denen solche Aufzeichnungen meist zugedacht sind. Mir scheint das eine moderne Variante des traditionellen Verfahrens zu sein, Erfahrungen mündlich, in Form von Belehrungen und Lebensregeln weiterzugeben, was uns heute nicht mehr angemessen erscheint, in außereuropäischen Kulturen aber noch gang und gäbe ist. Die Eltern als Zeitzeugen ernst nehmen und befragen, das könnte doch eine unverfängliche Methode sein, den Dialog zwischen den Generationen in Gang zu halten.

Im übrigen bekenne ich mich zu einer Schwäche für Verwandtschaft. Allein die Tatsache, mit jemandem verwandt zu sein, gemeinsame Wurzeln zu haben, löst ein Gefühl der Nähe und Vertrautheit aus, das mich tief berührt.

Verwandte runden das Bild der eigenen Herkunft ab, und man darf sich von ihnen weitere Aufschlüsse über sich selbst versprechen. Wahrscheinlich ist es also das Interesse am eigenen Ursprung, das mich dazu bringt, Verwandtschaft für eine großartige Sache zu halten, nicht zuletzt aber wohl auch die Erfahrung, daß man unter seinen Verwandten mitunter die besten und treusten Freunde findet. Ich meine also, daß es sich lohnt, Verwandtschaft nicht weniger zu pflegen als Freundschaft.

Über die Bedeutung guter Nachbarschaft schließlich braucht man nicht viele Worte zu verlieren. Jeder weiß, wie angenehm und hilfreich gute Nachbarn sein können, jeder weiß, wie ärgerlich ein kleinlicher oder böswilliger Nachbar ist. Man lebt freier in einem Haus, in dem man sich kennt und freundschaftlich miteinander verkehrt, einfach, weil man auf größere Nachsicht rechnen kann, wenn es bei uns bis tief in die Nacht hinein noch hoch hergeht, weil man sich ganz selbstverständlich mit Dingen aushilft, die dem anderen gerade fehlen, weil man in allen Fragen, die das Haus, den Waschkeller, den Trockenraum betreffen, ohne umständliche Diskussionen zu einer Einigung kommt. Im guten Einvernehmen mit seinen Nachbarn zu leben, das ist Gold wert.

Und es ist gar nicht so schwer, wenn man eine Grundregel beherzigt: die Kommunikation aufrechterhalten! Das beginnt damit, daß man sich zumindest bei den nächsten Nachbarn vorstellt, sobald man eingezogen ist, und setzt sich dann fort, indem man sich – nicht nur im Treppenhaus – grüßt, im Waschkeller ein Schwätzchen hält, sich für Gefälligkeiten mit einer Flasche Prosecco bedankt, vor einer Party um Verständnis dafür bittet, daß es lauter werden könnte, und Bescheid sagt, wenn ein neuer Parkettfußboden verlegt und tagelang gehämmert wird. Sollte es Ärger geben, wende man sich nicht gleich an die Hausverwaltung, nehme nicht sofort einen drohenden Ton an, erhebe auch keine anonymen Anschuldigungen, etwa auf einem Aushang neben den Briefkästen, sondern spreche mit den Leuten. Manchmal reicht ein Mieter, der seine Nachbarn nicht wie lästige Begleiterscheinungen behandelt, um in einem Haus ein freundliches Klima zu schaffen.

Und um zu guter Letzt noch einmal auf die Eltern zurückzukommen: Eines werden wir ihnen nie abgewöhnen können – daß sie mit ihren Kindern Hoffnungen verbinden und deshalb stets versucht sind, Einfluß auf deren Leben zu nehmen. Diese Hoffnungen können das Verhältnis schwer belasten, und bisweilen besteht der Weg in die Freiheit darin, diese Hoffnungen entschlossen zu enttäuschen. Vergessen wir aber bei aller Empörung eines nicht: Die Hoffnung ist ein wesentliches Element der elterlichen Fürsorge und Liebe. Ohne das eine wäre auch das andere nicht zu haben.

37. Spielregel
Wir sollten unsere Eltern als Menschen verstehen, die jenseits der familiären Beziehungen ein eigenes Leben führen, eine eigene Lebensgeschichte haben, und uns dafür interessieren. Rechnen wir nicht mit unseren Eltern ab – sie könnten die Gegenrechnung aufmachen! Verlassen wir uns darauf, daß wir ihnen Erfahrungen verdanken, deren Wert im Lauf der Zeit immer weiter steigt.

Nicht zurechnungsfähig? – Über den Umgang mit ziemlich jungen und ziemlich alten Menschen

»Über viele Dinge urteilen Kinder, von Systemgeist, Leidenschaft und Gelehrsamkeit unverführt, weit richtiger als Erwachsene; sie empfangen manche Eindrücke weit schneller, haben noch eine große Anzahl Vorurteile weniger gefaßt – kurz! wer Menschen studieren will, der versäume nicht, sich unter Kinder zu mischen!«
Über den Umgang mit Menschen, II, I, 7

Einerseits sind Kinder und Alte die großen Verlierer unserer Tage, und so, wie wir von einer kinderfeindlichen Welt sprechen, müßten wir erst recht von einer altenfeindlichen Welt reden. Eine Zeit, die mit derartigem Ungestüm in die Zukunft drängt wie unsere, hat nämlich wenig für diejenigen übrig, die nicht im Dienst dieser Zukunft stehen – wer da das Pech hat, älter als vierzig zu sein, der darf nicht glauben, daß sein Geschmack, seine Ansprüche und seine Bedürfnisse berücksichtigt würden oder sein Beitrag gefragt wäre. Alles, was ein gewisses Alter aufweist, gleichgültig ob Produkt oder Mensch, geht in dieser Welt allenfalls noch als Vorläufermodell mit musealem Wert durch – kein Wunder, daß viele peinlichst vermeiden, altmodisch zu erscheinen oder den Eindruck zu erwecken, in puncto Vitalität und Effizienz nicht mithalten zu können. Altwerden, ja schon Älterwerden ist zu einer Art Krankheit geworden, einer unheilbaren dazu, und muß mit aller Gewalt bekämpft werden. So gesehen sind alte Menschen nicht weniger zu bedauern als Kinder, die bei der großen Leistungsschau unserer Turbo-Zivilisation zwangsläufig ähnlich schlecht abschneiden.

Andererseits ist kaum etwas bereichernder als der Umgang mit sehr alten und sehr jungen Menschen, und zwar aus eben diesen Gründen. Weil die einen noch nicht, die anderen nicht mehr zum Erfolg gezwungen sind, können uns beide daran erinnern, daß wir uns mit unserer Erfolgsbesessenheit womöglich einem unwürdigen Zwang unterwerfen. Beide genießen außerdem die Freiheit, offen reden zu dürfen, beide besitzen darüber hinaus einen sehr eigenen Sinn für Relationen, weshalb Kinder wie Alte unsere Vorstellungen von dem, was wesentlich und unwesentlich ist, gründlicher in Frage stellen können als sonst jemand. Und beide müssen sich, wahrscheinlich gerade deshalb, von uns, wenn wir in mittleren Jahren sind, gefallen lassen, nicht wirklich ernst genommen zu werden.

Nun brauchen wir uns gottlob nicht schicksalsergeben dem Lauf der Dinge zu fügen und dürfen uns die Freiheit nehmen, auch den Verlierern mit Ehrerbietung zu begegnen – was den Vorteil hätte, mit einer Weltsicht vertraut zu werden, die ihre Überlegenheit gerade aus dem Abstand zu einer Zeit schöpft, die für die einen noch nicht angebrochen und für die anderen längst abgelaufen ist. Das erste Gebot im Umgang mit sehr alten wie mit sehr jungen Menschen lautet deshalb: ernst nehmen!

Was alte Menschen angeht: Man erlebt immer wieder, daß sie mit herablassender Jovialität behandelt werden, als könnten sie dankbar dafür sein, daß man ihnen Narrenfreiheit zubilligt oder daß man ihnen nur mit halbem Ohr zuhört, ihre Meinung im Gespräch einfach übergeht und ihre Argumente mit begütigender Nachsicht nur eben so zur Kenntnis nimmt. Man erlebt auch, daß über ihren Kopf hinweg für sie entschieden oder gar in ihrem Beisein über sie geredet wird, als wären sie Luft. Dies alles sind Formen der Entmündigung, die wir uns auf keinen Fall erlauben sollten. Im Gespräch, in einer Diskussion sollte es nicht die geringste Rolle spielen, ob jemand dreißig oder achtzig ist. Würdigen wir alte Menschen genauso unseres Widerspruchs oder unserer Zustimmung wie jüngere, und machen wir höchstens insofern einen Unterschied, als wir einem alten Menschen besondere Aufmerksamkeit entgegenbringen und ihn in aller Ruhe ausreden lassen. Und machen wir uns zur Not zum Anwalt seines Selbstbestimmungsrechts, wenn er übergangen oder ignoriert wird.

Wir sollten alten Menschen auch nicht das Geschlecht absprechen! Machen wir die feinen Unterschiede im Umgang mit ihnen, die wir auch bei jüngeren Männern und Frauen machen, behandeln wir eine alte Dame als Dame, einen alten Herrn als Herrn, lassen wir es nicht an Charme, Respekt und Ritterlichkeit fehlen. Der Umgang mit ihnen bekommt dadurch etwas Spielerisches, Leichtes – unbefangener als jüngere sind sie in aller Regel ohnehin. Bieten wir ihnen, wenn nötig, unsere Hilfe an, bevor sie uns darum bitten, aber beiläufig, wie eine selbstverständliche Höflichkeit, nicht auf die spröde Art eines Krankenpflegers. Verdoppeln wir unser Entgegenkommen auch aus einem weiteren Grund: Alte Menschen wissen natürlich, daß sie keinen prägenden Einfluß mehr haben, daß sie gewissermaßen zu Zuschauern ihrer Zeit geworden sind, und es ist ein Gebot der Höflichkeit, sie das nicht spüren zu lassen. Im übrigen haben sie ein Recht auf unsere Geduld und Toleranz: Respektieren wir ihre bisweilen unorthodoxen Ansichten, ihre sonderbaren Vorlieben und Abneigungen, und verzichten wir darauf, sie zu dem zu bringen, was wir unter Vernunft verstehen – sie haben ihre Gründe.

Für den Umgang mit Kindern gilt im Grunde Ähnliches – auch sie wollen ernst genommen und mit Respekt behandelt werden. Kinder sind keine Anhängsel von Erwachsenen, keine minderen Wesen, die sich erst allmählich aus ihrem Schattenreich ans Licht der Erwachsenenwelt emporarbeiten müssen, sondern vollwertige Menschen. Man sollte sie grundsätzlich nicht anders als Erwachsene behandeln, also ihnen zutrauen, daß sie etwas wissen und eigene Meinungen haben, und sie spüren lassen, daß man auf ihre Ansichten Wert legt. Lassen wir uns also nicht dazu verleiten, sie bloß als Produzenten drolliger Kommentare zu goutieren und im übrigen nicht so genau hinzuhören; suchen wir, wenn sich die Gelegenheit ergibt, das Gespräch mit ihnen, schenken wir ihnen unsere volle Aufmerksamkeit, gehen wir ernsthaft und mit Ausdauer auf sie ein.

Nehmen wir auch nicht aus falscher Rücksicht auf ihr zartes Alter ihre Meinung einfach hin wie das Wort eines Königs oder Irren, sondern stellen wir ruhig unsere eigene Meinung dagegen, greifen wir das, was sie sagen, auf, messen wir ihm Bedeutung bei. Berücksichtigen wir dabei ihren Horizont, beschämen wir sie nicht, indem wir ihnen unverständliche Begriffe benutzen, sprechen wir aber auch keine künstliche Kindersprache – Kinder merken sehr schnell, ob sich einer verstellt, weil er glaubt, sich auf ihr Niveau herablassen zu müssen, oder ob jemand sie als seinesgleichen akzeptiert. Es ist ganz erstaunlich, wie das Selbstvertrauen in sie fährt, wenn man ruhig, klar und ernsthaft mit ihnen spricht – mit einem Mal sind sie dann auch bereit, sich Spielregeln zu unterwerfen, zu denen sie sonst nicht so leicht zu überreden sind, einfach, weil ihnen durch die Achtung, die sie erfahren, die Selbstachtung leicht gemacht wird.

Um noch eine letzte Parallele zwischen sehr alten und sehr jungen Menschen anzusprechen: Auch Kinder müssen sich immer wieder gefallen lassen, daß Erwachsene sich über ihre Köpfe hinweg über sie unterhalten, als wären sie gar nicht anwesend, und auch in diesem Fall verletzt ein derartiges Verhalten das Selbstwertgefühl. Prüfen wir uns also immer wieder, ob wir denen, die noch nicht oder nicht mehr mithalten können, nicht mit Überheblichkeit begegnen.

38. Spielregel
Es spielt keine Rolle, ob ein Mensch drei Jahre alt ist oder achtzig – er hat ein Recht darauf, mit Respekt behandelt und ernst genommen zu werden. Begegne ihm nicht mit Herablassung oder Jovialität, vermeide alles, was von ihm als Entmündigung empfunden werden könnte.

»Der meldet sich ja nie!« – Über Freundschaft

»Es gibt Menschen, die gar keinen vertrauten Freund, sondern nur Bekannte haben; entweder weil ihnen der Sinn für dies Seelenbedürfnis fehlt oder weil sie keinem lebendigen Wesen trauen oder weil ihre Gemütsart kalt, unverträglich, verschlossen, eitel oder zänkisch ist. Andre sind aller Welt Freunde; sie werfen ihr Herz jedermann vor die Füße, und deswegen bückt sich keiner, greift niemand darnach, es aufzunehmen – lasset uns zu keiner von beiden Klassen gehören!«
Über den Umgang mit Menschen, II, 6, 19

Am Wert der Freundschaft hat wohl noch nie jemand gezweifelt. Aber in einer Zeit der Ex-und-hopp-Kontakte wird es immer schwieriger, Freunde zu finden. Ich staune jedenfalls, wie viele Menschen in Verlegenheit kommen, wenn man sie nach ihrem besten Freund, ihrer besten Freundin befragt. Es erscheint mir deshalb nicht überflüssig, der Frage nachzugehen, wie Freundschaften entstehen und wie man sie pflegt.

Ganz allgemein läßt sich wohl sagen, daß Männerfreundschaften aus einem etwas anderen Stoff gemacht sind als Frauenfreundschaften. Die Freundschaft unter Männern gründet sich in vielen Fällen auf gemeinsame Erlebnisse, auf Abenteuer, die man auf Reisen bestanden hat, oder eine schwierige Lebensphase, in der man zusammengehalten hat. Freundschaft unter Frauen scheint eher auf einem Gleichklang der Gefühle und einem innigen Verständnis füreinander zu beruhen. Für Frauen erfüllt sich die Freundschaft daher im gegenseitigen Austausch, im vertrauten Reden miteinander, während Männerfreundschaften sich immer wieder einmal in gemeinsamen Erlebnissen bewähren müssen – und im übrigen oftmals auch ohne viele Worte auskommen. Es trifft also vielleicht eher auf Männer zu, wenn ich behaupte, daß unvergeßliche Erinnerungen an gemeinsam Erlebtes das Kapital der Freundschaft darstellen. Aber wie man diese besondere Intimität auch immer herstellt, aus der die Freundschaft erwächst – man muß den Alltag durchbrechen, um sich einen Fundus außergewöhnlicher, außergewöhnlich schöner und außergewöhnlich tiefsitzender Erinnerungen zuzulegen.

Selbstverständlich muß noch einiges mehr hinzukommen, damit eine Freundschaft entsteht. Das stimulierende Gefühl zum Beispiel, jemanden gefunden zu haben, mit dem man in irgendeiner Weise übereinstimmt, der ähnliche Erfahrungen gemacht hat, eine ähnliche Weltsicht besitzt oder ähnliche Grundsätze vertritt wie man selbst.

Wahrscheinlich möchte man sich in einem Freund, in einer Freundin wiedererkennen, und wahrscheinlich meint der römische Schriftsteller Marcus Tullius Cicero (106–43 v. Chr.) eben dies, wenn er sagt: »Was kann angenehmer sein, als einen Freund zu haben, mit dem man so reden darf wie mit sich selbst?« Aber echte Freundschaft sollte auch große weltanschauliche Differenzen oder Unterschiede im Geschmack, in Vorlieben und Interessen verkraften können, denn um Ähnlichkeit allein geht es bei der Freundschaft eben doch nicht.

Verehrung oder Bewunderung scheint mir ein wesentliches Element vieler Freundschaften zu sein. Es gibt Freunde, auf die man stolz ist, denen man nacheifern, an die man heranreichen, deren Freundschaft man sich würdig erweisen möchte. Diese Freunde beeinflussen uns vielleicht mehr als irgend jemand sonst – nicht zuletzt deshalb, weil sie die Autorität haben, uns unangenehme Wahrheiten zu sagen. Und dann gibt es Freunde, deren Anhänglichkeit oder Ergebenheit man als wohltuend empfindet. Wir schätzen sie eher schwächer ein als uns selbst, verdanken ihnen aber gleichwohl viel, weil sie uns oft Leistungen zutrauen, denen wir uns nicht ohne weiteres gewachsen fühlen würden. Diesen Freunden gegenüber ist man vielleicht am unbefangensten, weil man sich ihnen gegenüber nicht zu beweisen braucht. Völlige Ebenbürtigkeit ist also vielleicht gar nicht unbedingt der beste Kitt einer Freundschaft; dauerhafter sind womöglich Freundschaftsbeziehungen, die uns herausfordern oder aber ermutigen.

Das unsicherste Fundament der Freundschaft ist gewiß die Hoffnung, andere könnten uns nützlich sein. Der Nutzen einer Freundschaft ergibt sich von selbst, aber nur dann, wenn wir sie mit keinem konkreten Zweck verbinden. Lassen wir uns bei der Auswahl unserer Freunde also nicht von einem kurzsichtigen Egoismus leiten – wer über seine Freunde Einfluß gewinnen möchte, wem es nur um den Eindruck geht, beliebt zu sein, der wird sich von Opportunisten umgeben finden und in dem Moment ohne Freunde dastehen, in dem er sie braucht. Denn – was immer wir im einzelnen darunter verstehen mögen, eine Eigenschaft macht jede Freundschaft aus: daß sie auf Dauer hält. Festigkeit und Dauer stellen den wahren Nutzen der Freundschaft dar.

Vielleicht braucht man ein gewisses Alter dafür, um zu verstehen, daß der Sinn der Freundschaft in ihrer Unzerstörbarkeit liegt, in der Erfahrung, daß eine Beziehung viele Jahre gehalten hat, und der Gewißheit, daß sie weiter halten wird. So wie ein altes Gebäude, das nicht einmal besonders schön sein muß, Ehrfurcht einflößt, einfach weil viel Schicksal und viel Leben darüber hinweg oder durch es hindurchgegangen ist, so flößt eine lange Freundschaft Ehrfurcht ein, auch wenn man ihren Gewinn sonst kaum benennen könnte. Der Mehrwert einer solchen Freundschaft besteht im übrigen aus einem Kennenlernen und Sich-Kennen, das ohne lange Dauer nicht zu haben ist. Es ist mehr als ein seliges Vertrautsein, es ist das Einsickern eines anderen Lebens in das eigene und des eigenen Lebens in ein anderes. Der beste Freund ist also vielleicht der, der die genaueste und wahrste Geschichte unseres Lebens schreiben könnte, weil er mehr als jeder andere von uns weiß. Daß man sich so gut kennt, ist wiederum ein Gewinn an sich, der sich mit keinem Spaßaufzeichnungsgerät nachweisen und mit keinem Unterhaltungsbarometer messen läßt.

Wo die Zeit eine so große Rolle spielt, kann es nicht überraschen, daß man sich auch in der Anfangsphase einer Freundschaft Zeit lassen muß. Gleichgültig, wie sehr wir uns nach Freundschaft sehnen, sollten wir uns vor Aufdringlichkeit hüten und den anderen nicht bedrängen – er könnte sonst den Eindruck gewinnen, daß wir nur jemanden suchen, der uns aus unserer Einsamkeit befreit. Ein armes Hascherl aber löst keine freundschaftlichen Gefühle, sondern allenfalls Mitleid aus. Abgesehen von allem anderen ist es eine gewisse Ebenbürtigkeit und Selbständigkeit, die uns für andere attraktiv macht, so daß man sagen könnte: Das beste Mittel, Freunde zu gewinnen, ist, keiner zu bedürfen. Nur was rar ist, ist kostbar, und wer die Freundschaft eines anderen sucht, sollte mit dem Bewußtsein seines eigenen Werts zu Werke gehen. Ähnliches trifft im übrigen auch auf gefestigte Freundschaften zu: Sie sind fruchtbarer, wenn man sich nicht allzu häufig sieht, sie bleiben länger frisch, wenn man eine kluge Dramaturgie walten läßt, die jede Begegnung zu einer nicht-alltäglichen Begebenheit macht. Ich rate also, immer wieder einmal auf Distanz zu gehen, damit der – man könnte fast sagen: festliche – Charakter der Freundschaft gewahrt bleibt.

Verstehen wir Freundschaft überhaupt nie als etwas Selbstverständliches – gleichgültig, wie selbstverständlich sie uns geworden ist. Weil jeder mit großen Erwartungen an eine Freundschaft herangeht, müssen Freundschaften gepflegt werden. Was dürfen wir erwarten, was wird von uns erwartet? Verläßlichkeit und Treue vor allem. Wenn ein Freund uns ruft, weil er uns braucht, sollten wir alles stehen- und liegenlassen. Bieten wir ihm unsere Hilfe an, wenn er umzieht, und überwinden wir unseren Widerwillen gegen Not und Siechtum, wenn er ernstlich erkrankt ist oder einen Unfall hatte. Mit seinem Freund muß man durch dick und dünn gehen, also jederzeit bereit sein, ihm unsere Bequemlichkeit, unsere Seelenruhe, unsere Zeit zu opfern. Zur

Treue gehört aber auch, nicht schlecht über den Freund zu reden und seine Partei zu ergreifen, wenn andere über ihn lästern – ganz besonders dann, wenn wir uns selbst schon genau deswegen über ihn geärgert haben. Begehen wir auch nicht den Fehler, Freundschaften aus früheren Jahren wegen neuer, wichtiger, womöglich einflußreicher Freunde zu vernachlässigen – Verlaß ist letztlich nur auf die alten, bewährten Freunde.

Sodann dürfen wir von Freunden Ehrlichkeit und Offenheit erwarten. In einer Freundschaft schenkt man sich reinen Wein ein, gebraucht keine Ausflüchte, erlaubt sich nicht die kleinste Lüge. Man kann offen miteinander sprechen, weil man keine Unterstellungen zu gewärtigen braucht, weil Neid oder Mißgunst als Beweggründe wegfallen und weil Freunde ein Recht darauf haben, auf Fehler oder Dummheiten hingewiesen zu werden. Wer seinen Freund immer nur bestärkt, etwa in Auseinandersetzungen mit seiner Frau, der schwächt ihn und trägt zu seinem Unglück bei. Einerseits keinen Zweifel an der eigenen Solidarität zu lassen und andererseits kein Blatt vor den Mund zu nehmen, das ist allerdings ein Balanceakt, der auch in der Freundschaft bisweilen Fingerspitzengefühl erfordert. Und nur in wirklich langbewährten Freundschaften sollte man die Offenheit so weit treiben, von einer Hochzeit mit einer nach unserem Ermessen völlig unmöglichen Frau oder einem ganz und gar indiskutablen Mann abzuraten.

Im übrigen ist es wichtig, seinen Freunden immer wieder einmal zu beweisen, daß man auf ihre Meinung Wert legt und ihrer Urteilskraft traut. Gehen wir deshalb niemals davon aus, daß der Freund ohnehin genauso denkt wie wir, ziehen wir ihn gelegentlich zu Rate, fragen wir ihn nach seiner Meinung, erkennen wir seine Überlegenheit auf diesem oder jenem Gebiet an – ihn als Kapazität neidlos anzuerkennen beweist, daß wir ihm gegenüber tatsächlich ohne Neid sind, und Freundschaften leben nicht zuletzt von solchen Beweisen gegenseitiger Achtung.

Ich rate also dringend, Freundschaften zu pflegen – aber nicht nach Vorschrift! Haben wir Geduld, nehmen wir einen Freund so, wie er ist. Da kommt einer regelmäßig zu spät, ist furchtbar leicht erregbar oder läßt drei Briefe unbeantwortet – ärgerlich, gewiß, aber können diese Schwächen wirklich die Freundschaft gefährden? Prüfen wir uns, ob der eigene Ärger schwerer wiegt als der Gewinn, den wir nach wie vor aus dieser Freundschaft ziehen. Machen wir uns klar, daß es keine böse Absicht oder bewußte Rücksichtslosigkeit ist, was den anderen treibt. Verlangen wir von Freunden nicht mehr, als wir selbst zu geben bereit sind, nehmen wir ihnen vor allem in Krisensituationen das Gefühl, wir könnten übermenschliche Anstrengungen oder Opfer von ihnen erwarten. Vergessen wir nicht, daß ein Freund allein niemals all das bieten, all das leisten kann, was wir uns von einer Freundschaft versprechen. Und hüten wir uns vor allem vor dem Irrglauben, von zwei Freunden müsse jeder 50 Prozent in die Beziehung »einzahlen«, damit sie sich für beide »lohnt«. Die Bereicherung durch eine Freundschaft läßt sich nicht messen, auszählen oder abwiegen, sie läßt sich auch nicht auf einem »Beziehungskonto« verbuchen.

Strapazieren wir aber auch nicht die Langmut unserer Freunde. Jeder hat seine empfindlichen Stellen, die auch für den besten Freund tabu sein sollten – in der Öffentlichkeit kritisiert oder durch den Kakao gezogen werden vielleicht. Erwarten wir auch keine bedingungslose Zustimmung zu unseren Verfehlungen. Überziehen wir unsere Freunde nicht mit endlosem Gejammer, selbst wenn wir Grund dazu hätten – wir können nur dann auf ihren Beistand hoffen, wenn wir unseren Trübsinn nicht hemmungslos an ihnen auslassen. Behelligen wir unsere Freunde nicht mit dem alltäglichen Kleinkram. Geben wir ihnen niemals das Gefühl, sie auszunutzen – revanchieren wir uns für einen großen Gefallen, auch wenn das nicht erwartet wird. Und bedenken wir, daß auch Freunde bisweilen nicht frei von Eifersucht sind. Es kommt vor, daß einer unserer Freunde einen anderen beneidet, weil er den Eindruck hat, wir zögen diesen anderen ihm vor, wir würden unsere Gunst ungleich verteilen. Um Verstimmungen zu vermeiden, die sich kaum wegdiskutieren lassen, sollten wir allen unseren Freunden das Gefühl geben, gleich hoch geschätzt zu sein, was beispielsweise durch eine kluge Einladungspolitik erreicht werden kann.

Und schließlich: Freundschaften können zerbrechen. Es kommt eben vor, daß man sich in jemandem getäuscht oder einander einfach nichts mehr zu sagen hat. Freunde zu verlieren gehört zu den bittersten Erfahrungen. Aber wie sehr man sich auch betrogen fühlen mag, man verfolge den anderen nicht mit übler Nachrede oder Schadenfreude – das ist die Art kleiner Geister, so blamiert man sich unfehlbar. Ich kann mich da nur meinem Vorfahren anschließen, wenn er rät, gegen den ehemaligen Freund nicht »ärger zu Felde zu ziehen, als gegen jeden anderen Schelm«.

39. Spielregel

Suche die Freundschaft eines anderen nicht wegen der Vorteile und Chancen, die er dir eröffnet, sondern um seiner selbst willen. Ehrlichkeit, Mut, Zuverlässigkeit und Loyalität machen die Freundschaft aus – nicht der vorübergehende Nutzen.

Nur keine Heuchelei! – Über den Umgang mit Menschen, die auffallend anders sind

»Entziehe Dich nicht dem Anblick des Jammers! Man muß vertraut sein mit dem mancherlei Elende auf dieser Welt, um teilnehmend mitempfinden zu können bei dem Leiden des unglücklichen Bruders.«

Über den Umgang mit Menschen, 11, 11, 4

Ein behindertes Kind zu haben ist immer mit Entsetzen und Trauer verbunden. Und dieses Entsetzen bleibt nicht auf die Eltern beschränkt. Es teilt sich allen mit, die eines behinderten Menschen ansichtig werden, es äußert sich in der Überwindung, die es kostet, den Anblick eines Behinderten zu ertragen, und immer wieder mal geschieht es, daß einer sich nicht überwinden will. »Der unausweichliche Anblick von Behinderten auf engem Raum bei jeder Mahlzeit verursacht Ekel«, heißt es in einem rechtskräftigen Urteil aus dem Jahr 1992, »und erinnert ständig in ungewöhnlich eindringlichem Maße an die Möglichkeit menschlichen Leidens.« Mit diesem Urteil hatte eine Familie recht bekommen, die sich an ihrem Urlaubsort von Behinderten belästigt gefühlt und ihren Reiseveranstalter deshalb auf Schadenersatz verklagt hatte.

Brechen wir nicht zu schnell den Stab über Menschen, die die Begegnung mit Behinderten scheuen. Der Anblick menschlichen Leidens macht unseren Glauben an die Möglichkeit einer planmäßig verlaufenden, womöglich schmerzfreien Existenz zunichte – wen würde diese Erfahrung nicht irritieren? Die Eltern eines behinderten Kindes aber haben keine Wahl – sie müssen sich auf ein ganz anderes Leben als das erhoffte mit einem ganz anderen Kind als das erhoffte einstellen. Und machen dann in aller Regel eine Erfahrung, die schwer in Worte zu fassen und für Außenstehende vielleicht auch schwer zu glauben ist. »Man lernt, daß es andere Formen des Menschseins gibt, andere Arten, die Welt wahrzunehmen, und andere Möglichkeiten, glücklich zu sein«, drückte es eine Mutter aus. »Man erfährt an seinem eigenen Kind, was man selbst an Wahrnehmungsmöglichkeiten besitzt, aber nicht entwickelt hat, weil man es in unserer Welt der gesunden und erfolgsorientierten Menschen nicht braucht«, sagte eine andere. »Es steckt in diesen Kindern etwas ganz Besonderes, eine seelische Kraft, die uns fehlt«, bestätigte eine dritte, »deswegen ist man dankbar, etwas zu erleben, zu dem man sonst keinen Zugang hätte.« Und ein Vater trug folgenden Vergleich bei: »Du buchst zwei Wochen Italien, landest statt dessen in Holland und mußt erfahren, daß du den Rest deines Lebens dort verbringen wirst. Mit der Zeit lernst du die Schönheiten Hollands zu schätzen, ohne jedoch die Sehnsucht nach Italien je zu verlieren.«

Mit anderen Worten: Bei aller Trauer, allem Entsetzen stellt sich im Umgang mit Behinderten eine einzigartige Bereicherung ein. Eine derartige Erfahrung kann jeder machen, der nicht vor der Begegnung mit Behinderten zurückschreckt. Zumindest anfangs gilt es dabei, Unsicherheit und Befangenheit zu überwinden; ich möchte deshalb einige Erfahrungen weitergeben, die Eltern von Behinderten mit ihren Kindern, ihren Freunden und Bekannten oder bei ganz zufälligen Begegnungen gesammelt haben.

Eltern, die ein behindertes Kind bekommen, können sich und anderen peinliche Momente ersparen, wenn sie in die Offensive gehen, also gleich nach der Geburt oder sobald sich die Behinderung herausstellt, ihre Freunde und Bekannten davon in Kenntnis setzen, durch einen Rundbrief oder eine Mail an alle. Es ist wichtig, gar nicht erst der Versuchung zu erliegen, Normalität vorzuspielen und das Offensichtliche zu verschleiern; wer anderen von Anfang an reinen Wein einschenkt, wer sie zwingt, der Wahrheit ins Gesicht zu sehen, der nimmt ihnen die Befangenheit, und je freier sich Eltern und Geschwister von Scham und falscher Rücksicht machen, desto eher verlieren andere ihre Berührungsangst. »Ich fand, daß es jeder wissen durfte, konnte und auch mußte«, sagte eine Mutter. »Und ich kläre Leute, die an den Wagen meiner Tochter kommen und merken, daß sie nicht reagiert, immer sofort auf: ›Sie kann Sie nicht sehen‹, sage ich dann, ›aber sie kann Sie hören und fühlen.‹« Diese Frau hat außer den Fotos ihrer gesunden Söhne auch stets welche von ihrer behinderten Tochter dabei, und wenn sie von ihren Kindern erzählt, unterschlägt sie ihre Tochter nicht. Mit solcher Offenheit geben Eltern darüber hinaus zu verstehen: Wir sind nicht verzweifelt. Wir fühlen uns nicht vom Schicksal gebeutelt, wir stellen uns unserer Aufgabe. Es gibt keinen Grund, mit uns Mitleid zu haben. Was uns nicht unangenehm ist, das braucht auch euch nicht unangenehm zu sein.

Für Behinderte selbst sind nicht die Fehler und Ungeschicklichkeiten, die sich andere im Umgang mit ihnen leisten, das Schlimmste – am meisten leiden sie unter der Erfahrung, ignoriert, übersehen, übergangen oder abgelehnt zu werden. Aber warum sollten die Gebote der Höflichkeit und des Respekts nicht auch für Behinderte gelten? Ein Arzt oder Therapeut, der grundsätzlich nur mit den Eltern spricht, der sich kein einziges Mal an ihr behindertes Kind wendet, der das Gespräch womöglich, ohne aufzublicken, mit der Frage »Worum geht's denn hier?« eröffnet, der beweist schlicht und einfach sehr schlechte Manieren – ganz abgesehen davon, daß er Zweifel an seiner Qualifikation weckt. Und Eltern, die ihre Kinder von dem mongoloiden Sohn des Nachbarn fernhalten, weil sie ihnen eine schockierende Begegnung ersparen wollen, bringen sie nicht nur um eine wertvolle Erfahrung, sie verstoßen auch gegen die simpelsten Regeln der Höflichkeit.

Gewiß, es macht Mühe, sich auf Behinderte einzulassen – Erwachsenen mehr als Kindern. In vielen Fällen muß man den Kontakt selbst suchen und herstellen. Da muß man sich dann etwas einfallen lassen, muß die Initiative ergreifen und mit Phantasie und gutem Willen andere Formen der Verständigung ausprobieren als bei Nichtbehinderten. Grundsätzlich aber sollte man mit Behinderten genauso reden wie mit Gesunden – im selben Tonfall, mit demselben Ernst, mit demselben Respekt. Daß sie womöglich nicht antworten können, ist kein Grund, sie wie Luft zu behandeln. Es ist ein weitverbreiteter Irrtum, zu glauben, jeder, der im Rollstuhl sitzt, blind ist oder nicht sprechen kann, der verstehe auch nichts, der sei eben doof oder schwachsinnig. Wenn einer sich nicht auszudrücken vermag, heißt das noch lange nicht, daß er nichts mitbekommt von dem, was in seiner Umgebung gesprochen wird und geschieht – gehen wir also immer davon aus, daß ein behinderter Mensch uns sehr wohl versteht und seine eigene Art hat, sich verständlich zu machen.

Bisweilen verwechseln Außenstehende Taktlosigkeit mit Unbefangenheit. Daß man Behinderte nicht anstarrt, sollte selbstverständlich sein. Aber genauso verbietet sich, einen Vater nach der Lebenserwartung seines behinderten Kindes zu fragen, womöglich in dessen Gegenwart, sich bei der

Mutter stirnrunzelnd zu erkundigen, ob sie denn keinen Test gemacht habe, oder – Gipfel der Respektlosigkeit – wissen zu wollen, warum sie nicht abgetrieben habe. Man mag über die Menschenauslese, die durch biotechnische Verfahren möglich geworden ist, denken, wie man will – aber man verschone die betroffenen Eltern mit dem Hinweis, daß es heute doch gar nicht mehr nötig sei, ein behindertes Kind zu bekommen. Versuchen wir auch nicht, unsere Unsicherheit mit gutgemeintem Trost zu überspielen und den Eltern eines mongoloiden Kindes etwa zu versichern, Menschen mit Down-Syndrom seien ja als unkompliziert und aufgeweckt bekannt – als wäre von einer besonders kinderlieben Hunderasse die Rede.

Dankbar hingegen registrieren Eltern wie Behinderte, wenn man sie nicht im Stich läßt. Sie sind auf das Verständnis und die Hilfe ihrer Familien, ihrer Freunde angewiesen, und sie empfinden die Erfahrung, von verläßlichen Menschen umgeben zu sein, als eine weitere Bereicherung. Gehen wir ihnen also nicht aus dem Weg, lassen wir uns davon überzeugen, daß Behinderte viele beeindruckende Seiten haben – und scheuen wir uns nicht, Eltern auch zur Geburt eines behinderten Kindes zu gratulieren.

40. Spielregel
Begegne einem Behinderten wie jedem anderen Menschen, der an der Welt teilnimmt – mit derselben Höflichkeit, demselben Respekt, demselben Interesse. Dazu gehören Gewöhnung und Übung und die Bereitschaft, sich einer Erfahrung auszusetzen, die für ihn wie für dich mit einem großen Gewinn verbunden ist.

Wie verlockend ist denn unsere Kultur? – Über den Umgang mit Ausländern

»Vaterlandsliebe ist schon ein zusammengesetztes Gefühl, aber immer noch wärmer als Weltbürgergeist... Wer die Mutter nicht liebt, deren Brüste er gesogen, wessen Herz nicht warm wird bei dem Anblick der Gefilde, in welchen er die unschuldigen, glücklichen Jahre seiner Jugend fröhlich und sorglos verlebt hat – was für ein Interesse soll der wohl an dem Ganzen nehmen...?«

Über den Umgang mit Menschen, II, 2, 1

Womöglich der schnellste Weg, sich einen Eindruck von der Unterschiedlichkeit fremder Kulturen und Völker zu verschaffen, ist der, Menschen aus anderen Ländern zu bitten, einen Witz aus ihrer Heimat zu erzählen. Im Vergleich zu unseren eigenen Witzen käme uns der des Engländers schwarz und drastisch, der des Franzosen intellektuell verspielt, der des Spaniers derb und blasphemisch vor – gleichwohl könnten wir über alle diese Witze lachen, weil wir die Pointe verstehen würden. Über den Witz des Äthiopiers hingegen würden wir allenfalls aus Höflichkeit lachen – und uns Tage später noch fragen, was daran komisch gewesen sein soll. Und der Japaner würde uns mit dem Geständnis verblüffen, daß man in seinem Land gar keine Witze erzählt.

Wahre Abgründe an Verschiedenheit täten sich auf, wenn wir tiefer bohren würden. Als Menschen, die viel reisen, aus dem Stand dreiundzwanzig italienische Nudelsorten auswendig hersagen könnten und sofort etwas mit »Tacos« verbinden, haben wir längst heraus, wie man am schnellsten mit der beunruhigenden Fremdartigkeit des

Fremden fertig wird: Man gewöhnt sich einfach daran – und erspart sich das Verstehen. Jemandem, der, sagen wir, als Flüchtling aus Somalia nach Deutschland kommt, steht dieser Weg nicht offen. Der muß sich in einer Welt zurechtfinden, in der jeder um ihn her völlig anders denkt als seine Leute daheim, und will deshalb begreifen, worauf er sich einstellen muß und weshalb er sich umstellen soll.

Nura aus Mogadischu zum Beispiel. Sie weiß nicht mehr, wie sie ihre beiden Kinder – eine Tochter von fünf und einen Sohn von sieben Jahren – erziehen soll. In Somalia war alles ganz anders. Da hatte sie einen Stock, da setzte es Schläge, da wurde gehorcht, da gab es ein Familienoberhaupt und eine Familienhierarchie, und Kinder hatten im Kreis der Erwachsenen nichts zu melden. Wie soll sie ihren Sohn, ihre Tochter jetzt erziehen? Ihre somalischen Freunde machen ihr schon Vorwürfe, weil sie von ihrem Sohn nicht mehr verlangt, jedem zur Begrüßung brav die Hand zu geben und sich widerstandslos von allen Gästen küssen zu lassen – sie halten das für ein Zeichen sehr schlechter Erziehung. Ihre deutschen Bekannten wiederum bestärken sie: Umgangsformen seien Zwang, und Kinder dürfe man nicht unterdrücken. Wer hat nun recht?

Nura würde ihren deutschen Bekannten gern glauben, sie möchte sich integrieren. Aber da gibt es ein weiteres Problem. Sie kommt aus einer selbstsicheren islamischen Kultur – in Somalia zweifelt, trotz Bürgerkrieg, niemand daran, daß die somalische Art zu leben und zu denken mit Abstand die beste ist. Deutschland hat ihr nichts Gleichwertiges zu bieten. Die deutsche Kultur will sich um keinen Preis als herrschende oder auch nur als vorherrschende zu erkennen geben; die Deutschen flüchten sich lieber in eine Identität, die ihre Erfüllung darin findet, sich zu keiner fest umrissenen Identität bekennen zu müssen, und nur, wenn es um Kindererziehung oder Frauenemanzipation geht, werden ihre deutschen Bekannten plötzlich deutlich: Da müsse sich bei ihr noch einiges ändern! Warum sie sich beispielsweise nicht von ihrem Mann trenne?

Tatsächlich hat sie oft Streit mit ihm. Sein Deutsch läßt immer noch sehr zu wünschen übrig; die finanziellen Vorteile, die ihm seine neue Heimat bietet, weiß er zu schätzen, auch anderes wie die Sicherheit hierzulande, das Gesundheitswesen, aber im übrigen möchte er Somali bleiben. Und möglicherweise hat er sogar recht. Schließlich geht selbst ihren deutschen Bekannten Verächtliches über Deutschland und die Deutschen erstaunlich leicht über die Lippen, während Ausländer für sie die besseren, auf jeden Fall die glücklicheren Menschen zu sein scheinen – vor allem die, die aus Afrika kommen. Nach fünf Jahren in Deutschland ist Nura unsicherer denn je.

Ich möchte nicht mißverstanden werden. Nach meiner Erfahrung leben viele Ausländer gern in unserem Land. Italiener rühmen die Liberalität und Zwanglosigkeit der deutschen Gesellschaft, Franzosen loben die Freundlichkeit der deutschen Polizei und daß man auf den Behörden dieses Landes mit Respekt behandelt wird. Aber Menschen aus dem europäischen Ausland wird keine Umstellung abverlangt, allenfalls eine gewisse Anpassung an die deutsche Mentalität – die Zeiten, als es in unseren Fabriken zu gelegentlichen Schlägereien zwischen deutschen Arbeitern und Gastarbeitern aus Italien oder Jugoslawien kam, sind gottlob seit mehr als drei Jahrzehnten vorbei. Nuras Fall, und der Millionen anderer aus außereuropäischen Kulturkreisen, ist komplizierter. Für sie alle bedeutet Integration einen bewußten, mühevollen Wechsel der Identität, den sie nur unter der Bedingung auf sich nehmen, daß ihnen die neue Kultur mindestens ebenso verlockend erscheint wie ihre alte. Und da, befürchte ich, liegt das Problem.

Das Risiko einer so tiefgreifenden Umstellung werden Einwanderer nämlich nur eingehen, wenn sie zuvor eine einigermaßen deutliche Vorstellung von der Kultur gewonnen haben, in die sie sich integrieren sollen, also in etwa wissen, worauf sie sich einlassen. Sie haben jedoch gar keine Chance, sich ein Bild von der neuen Gesellschaft zu machen, wenn die ein so verschwommenes Bild abgibt, so wenig auf ihre eigene Kultur zu geben scheint wie die unsrige – und nicht einmal vermittelt, was von Einwanderern eigentlich erwartet wird, ja, daß ihnen überhaupt Anpassung abverlangt wird. Selbstzweifel und mangelnde Selbstachtung, wie sie bei uns gang und gäbe sind, laden nicht zur Integration ein – da bleibt man lieber bei seiner alten Identität, die wenigstens zu Selbstbewußtsein und Stolz berechtigt.

Wenn wir also an Einwanderer die selbstverständliche Forderung stellen, sich in unsere Gesellschaftsordnung einbinden zu lassen, müssen wir gleichzeitig einräumen, daß unsere multikulturelle Gesellschaft ihnen die Integration enorm erschwert, weil sie im Grunde davon überzeugt ist, die eigene Kultur keinem Fremden zumuten zu dürfen. Eine derart zerknirschte Gesellschaft ist keine Attraktion. Integration kann man letztlich nicht erzwingen, man kann sie nur schmackhaft machen, und das gelingt nie und nimmer, solange das Gastland selbst von seiner eigenen kulturellen Tradition nicht überzeugt ist.

Was kann man raten? Allenfalls, es im Umgang mit Fremden nicht mit multikultureller Anbiederung, sondern mit kulturellem Selbstbewußtsein zu versuchen – nichts ist auf Dauer abstoßender als Anbiederung, nichts überzeugender als Selbstbewußtsein. Das beste wäre natürlich, es würden sich obendrein ein paar Leute finden, die Menschen wie Nura und ihrem Mann erklären könnten, wie die gewaltfreie Erziehung und das westliche Frauenbild mit dem Rest der abendländischen Kultur zusammenhängen.

Sodann plädiere ich für Toleranz. Daß man Ausländern das Gefühl gibt, in unserem Land willkommen zu sein, daß man im Umgang keinen Unterschied zwischen Deutschen und Ausländern macht, daß man mit ihnen nicht in einer Art »Indianersprache« spricht, sondern in richtigem Deutsch, dies alles sollte selbstverständlich sein. Toleranz bedeutet aber auch, tiefgreifende Unterschiede im Vertrauen auf die Haltbarkeit der eigenen Überzeugungen zu ertragen, sie wahrzunehmen, zu billigen oder zu kritisieren, aber auf keinen Fall zu unterdrücken. »Wenn wir das Kopftuch dulden, verleugnen wir unsere eigene, aufgeklärte Entwicklung«, hieß es in einem Zeitungskommentar. Falsch! Wir ehren unsere eigene, aufgeklärte Entwicklung, wenn wir einer muslimischen Lehrerin, die nun wahrlich genug Beweise für ihre Integrationsbereitschaft geliefert hat, gestatten, sich zu ihrer Religion zu bekennen! Was würde aus unseren gesetzlich garantierten Freiheiten, wenn wir anfingen, Toleranz als Selbstverleugnung zu empfinden?

Wir sollten uns einmal fragen, ob wir überhaupt noch fähig sind, andere Kulturen anders als zurückgeblieben wahrzunehmen. Sich selbst in Frage zu stellen, Risiken im Denken einzugehen, das war einmal die Stärke der europäischen Kultur. Ich habe den Eindruck, daß wir heute sehr schnell mit Kampfansagen an kulturelle Auffassungen bei der Hand sind, die uns nicht geheuer sind – der Einfachheit halber bekommen sie das Etikett »rückständig«, vielleicht auch noch »fundamentalistisch« verpaßt, und damit erübrigt sich dann jede Toleranz. Nichts gegen Ausländer zu haben, wohl aber gegen ihre Kultur – das ist Selbstbetrug.

Begegnen wir den religiösen und kulturellen Traditionen der anderen nicht mit Verachtung! Respektieren wir auch unbegreifliche Abweichungen von unserem eigenen Denken! Wenn wir diese Bewährungsprobe für unsere Toleranz bestehen, bleiben wir der aufgeklärten abendländischen Kultur treu und spielen ihre Vorzüge aus. Das heißt aber nun gerade nicht, beide Augen zuzudrücken und die Ausländerkriminalität etwa zum Tabuthema zu erklären oder schamhaft zu übersehen, daß junge Türken den Großteil der Schlägerbanden auf dem Münchner Oktoberfest bilden. Die Probleme, die sich aus dem Zusammenleben von Menschen aus unterschiedlichen Kulturkreisen ergeben, lassen sich, wenn überhaupt, nur dann lösen, wenn man nicht den Mantel multikultureller Nächstenliebe darüber breitet.

Und selbstverständlich müssen wir auch die Gefahr ernst nehmen, daß sich muslimische Einwanderer der zweiten oder dritten Generation in ein mentales Ghetto zurückziehen und für radikale Gegenpositionen zum westlichen Denken erwärmen – als nachvollziehbare, aber höchst unerfreuliche Reaktion auf die verwaschene Allerweltskultur Europas. Solange wir Europäer unsere eigenen Werte auf die leichte Schulter nehmen, wird diese Entwicklung, wie ich befürchte, schwer aufzuhalten sein. In unserer Macht steht es immerhin, uns durch Unnachgiebigkeit Respekt zu verschaffen, wann immer Einwanderer aus offensichtlicher Verachtung für ihr Gastland den Konflikt suchen. Im übrigen sollten wir uns nicht verrückt machen lassen. Von den Millionen Muslimen, die unter uns leben, werden nicht wenige unter Islam heute schon etwas anderes verstehen als ihre Landsleute daheim, und manche werden inzwischen genauso wenig fromm sein wie deutsche Christen oder Juden. Daß ihre Identität weiterhin noch andere, eigene Wurzeln hat, sollte für eine offene Gesellschaft kein Grund sein, ihnen zu mißtrauen.

Und schließlich sollten wir bedenken, daß die Einwanderer, mit denen wir es bei uns zu tun haben, zumeist aus einfachen Verhältnissen kommen. Diese Menschen haben unser Land in den letzten Jahrzehnten in vieler Hinsicht bereichert, unseren Horizont erweitert und nicht zuletzt eine kulinarische Szene geschaffen, die unsere Landsleute wie kaum etwas anderes in Stimmung hält. Aber sie sind genausowenig repräsentativ für ihr Volk oder ihre Kultur, wie es Angehörige der jeweiligen Elite ihres Landes wären. Machen wir nicht den Fehler, von ihrer Art, sich zu geben, vorschnelle Schlüsse auf die Verhältnisse, die Alltagskultur oder das menschliche Klima in ihren Heimatländern zu ziehen! Jedes ihrer Herkunftsländer hielte unendlich viel reichere Eindrücke und Erfahrungen für uns bereit.

41. Spielregel
Verlangen wir von Einwanderern die Bereitschaft zur Integration – und erleichtern wir sie ihnen, indem wir ihre kulturellen Wurzeln achten und unsere eigenen nicht verleugnen. Daß andere Kulturen intoleranter sind als die europäische, ist keine Entschuldigung dafür, Einwanderern aus diesen Kulturen nun unsererseits die Toleranz zu verweigern.

Die Kunst, wieder zu Atem zu kommen – Über den Umgang mit Pfarrern und Mönchen

»Und so wie überhaupt ein verständiger Mann sich enthält, über religiöse Gegenstände in Gesellschaften zu plaudern, so soll man vorzüglich acht haben, in Gegenwart eines Geistlichen nie ein Wort fallen zu lassen, das übel ausgelegt … werden könnte. Doch dünkt mich, man vermeide heutzutage oft zu vorsetzlich alle Gelegenheit, über Religion zu reden. Einige Leute schämen sich, Wärme für Gottesverehrung zu zeigen, aus Furcht, für nicht aufgeklärt genug gehalten zu werden …«
Über den Umgang mit Menschen, III, 4, 1; I, 1, 42

Zwei, die sich zum Christentum nicht weiter hingezogen fühlten, hatten sich für eine kirchliche Trauung entschieden, waren vom Pfarrer zum obligatorischen Traugespräch geladen worden – und beschwerten sich anschließend bitterlich über den Mann: »Was nimmt der sich heraus? Wir haben von vornherein klargemacht, daß wir mit Kirche nichts am Hut haben, und der redet von Gott, als wolle er uns bekehren!« »Wer ein christliches Ritual in Anspruch nimmt«, gab ich zu bedenken, »sollte wissen, was es bedeutet. Was der tiefere Sinn der Sache ist.« Aber damit kam ich nicht durch. »Wir haben doch mit offenen Karten gespielt«, wurde mir entrüstet entgegengehalten. »Dem Mann war bekannt, daß uns der Glaube nicht interessiert. Daß es uns um die Atmosphäre geht – und weiter nichts!«

Nun, so einfach ist es eben doch nicht, und ich finde, die beiden konnten von Glück sagen, daß der Pfarrer nicht ebenfalls mit offenen Karten gespielt hatte. Sonst hätte er ihnen vielleicht seinerseits klargemacht, daß er sich für sinnentleerte Rituale zu schade sei und die Kirche kein Dienstleistungsunternehmen für Leute, die es zur Abwechslung nach einer Dosis Übersinnlichem verlangt. Er hätte sie auch einfach daran erinnern können, daß man zumindest die Bereitschaft zum Zuhören mitbringen sollte, wenn man von der Kirche eine Leistung fordert, als hätte man ein persönliches Anrecht darauf. Aufschlußreich an dieser Geschichte ist immerhin die Berührungsangst der beiden Heiratskandidaten – warum fanden sie die Worte des Pfarrers denn so empörend? Nicht deshalb, vermute ich, weil sie die Botschaft der Kirche ablehnen – dazu könnte man gelassen stehen, das ist das gute Recht eines jeden –, sondern weil sie außer einem diffusen Gefühl peinlichen Berührtseins dem Pfarrer nichts entgegenzusetzen hatten, was einer begründeten Überzeugung nahegekommen wäre. Weil sie ihre Ablehnung wahrscheinlich nicht einmal vor sich selbst hätten begründen können. Mit anderen Worten: Der Pfarrer wird sie auf ihre Unernsthaftigkeit aufmerksam gemacht haben, und nicht nur das. Für einen Moment dürfte ihnen auch bewußt geworden sein, daß es nicht ganz lauter ist, die Form wie selbstverständlich für sich zu reklamieren, wenn man den Inhalt kategorisch ablehnt.

Mir ist klar, daß sich die Vorstellung eingebürgert hat, die Kirche sei eine Art Event-Agentur und immer dann von Nutzen, wenn man seinem Dasein ein spirituelles Sahnehäubchen aufsetzen möchte. Wir sollten uns aber dennoch fragen, ob wir an eine religiöse Institution mit derselben Konsumentenmentalität herangehen dürfen wie an ein Supermarktangebot: so billig wie möglich drankommen, ja nicht den vollen Preis zahlen. Ganz abgesehen davon, daß die Kirche ihr Angebot nur so lange aufrechterhalten kann, wie es noch Menschen gibt, die den vollen Preis zahlen, nämlich die Botschaft des Christentums ernst nehmen und an Gott glauben. Wenn erst einmal niemand mehr auf den Inhalt des christlichen Glaubens Wert legt, dann wird der Standesbeamte mit seinem Auszug aus dem »Kleinen Prinzen« für Heiratskandidaten jedenfalls sehr bald den Gipfel des Übersinnlichen darstellen. Ich möchte deshalb für den Umgang mit Kirchenleuten folgendes zu bedenken geben:

Die Kirche bezieht ihre Faszination, die sie offenbar auch für viele Atheisten besitzt, aus der Tatsache, daß sie eine Gegenwelt darstellt, in der die profanen Regeln des Produzierens, Konsumierens und Konkurrierens, der Leistungssteigerung und Profitmaximierung nicht gelten. Sie rutscht in die alltägliche Banalität ab, wenn wir Gott für einen Markenartikel halten, den die Kirche im Angebot hat, in der Heiligkeit vielleicht ein Markenzeichen sehen und Gläubige womöglich als Abnehmer oder Stammkundschaft verstehen.

Der christliche Glaube unterscheidet sich von allen anderen Religionen (denen die Verächter des Christentums erstaunlicherweise nicht selten mit größter Aufgeschlossenheit begegnen) dadurch, daß er die europäische Kultur mehr als ein Jahrtausend lang geprägt hat, tiefer als jedes andere religiöse oder philosophische Gedankengut. Das gesamte Gerüst unserer politischen Überzeugungen mit seinen Eckpfeilern Gerechtigkeit, individuelle Freiheit und Gleichheit aller Menschen beruht auf der Vorarbeit christlicher Denker. Und ohne Kenntnis der biblischen Texte ist allenfalls ein sehr oberflächliches Verständnis dessen möglich, was Europa an Kunst und Literatur, aber eben auch an politischen und gesellschaftlichen Ideen hervorgebracht hat. Privatsache ist Religion also auch in unserer säkularisierten Welt nur insoweit, als es jedem freisteht, sich für oder gegen eine Religion bzw. Konfession zu entscheiden. Als Nährboden unserer Kultur aber ist Religion nach wie vor von größtem öffentlichem Interesse.

Weltanschauliche Neutralität, wie sie vom modernen Staat erwartet wird, kann nicht bedeuten, daß sich Religionen und Weltanschauungen nicht mehr öffentlich bemerkbar machen dürften, daß sie alle zur selben Unauffälligkeit verurteilt wären. Neutralität kann nur heißen, daß der Staat keine Religionsgemeinschaft bevorzugt und keine benachteiligt – und der einzelne sich im übrigen zu seiner Religion nach Herzenslust bekennen darf, solange er andere Religionen nicht verunglimpft. Es ist auch nicht einzusehen, wieso sich ein offizieller Atheismus befruchtender auf die Diskussion der öffentlichen Angelegenheiten auswirken sollte als eine Berücksichtigung religiös fundierter Standpunkte.

Mir leuchtet ein, daß der gemarterte Leib des Gekreuzigten in einer Zeit, die sich den Körper als Glücksorgan ausersehen hat, skandalös wirken muß – tatsächlich spottet das Christentum mit seiner Geringschätzung des Körperlichen dem Körperkult der Wohlfühlideologie unserer Tage. Mir erscheint es aber als Heuchelei, wenn Eltern ihren Kindern einerseits Videospiele erlauben, in denen nach Kräften geballert wird, und Fernsehfilme durchgehen lassen, die mit jeder Art von Gewalt bekannt machen, andererseits aber gegen das Kruzifix protestieren, weil es sich um eine Gewaltdarstellung handele, die Kinderseelen nicht zuzumuten sei. Hier scheint mir doch eher die Neigung vorzuliegen, religiöse Symbole generell als Provokation zu empfinden, also eine Form atheistischer Intoleranz.

Es gibt, heute wie in der Vergangenheit, ein weitverbreitetes Bedürfnis, seinem Leben eine über die nackte Existenz hinausgehende Bedeutung zu verleihen, es gewissermaßen einer höheren Dimension einzuverleiben. Dieses Bedürfnis sprechen moderne Glücksgurus an, wenn sie ihre »Wahrheiten« im Ton von Hohepriestern verkünden und ihr begeistertes Publikum mit Sätzen wie »Fanatisch müßt ihr sein!« aufpeitschen, oder Firmenleitungen, die ihre Belegschaften mit missionarischem Eifer auf das eigene Produkt einschwören und ihren Mitarbeitern im Stil von Fernsehpredigern einbleuen, ihr letzter Gedanke vor dem Einschlafen, ihr erster Gedanke nach dem Aufwachen habe einer bestimmten Limonade, einem bestimmten Lakritz zu gelten. Sollte uns diese abgeschmackte Entfesselung religiöser Energien wirklich akzeptabler erscheinen als die Richtung, die das Christentum vorgibt?

Wie zeitgemäß das Christentum ist, zeigt sich im übrigen daran, daß immer mehr Menschen die Möglichkeit wahrnehmen, ins Kloster zu gehen – nicht für immer, aber für Tage oder Wochen. Vor allem Menschen, die großem Streß ausgesetzt sind, Manager und Lehrer etwa, ziehen sich vorübergehend hinter Klostermauern zurück; manche werden sogar Mönch auf Zeit, legen ihre Straßenkleidung ab, streifen die Mönchskutte über, lassen sich in den strengen Ritus des Klosterlebens einbinden und empfinden dieses Leben, das nach völlig anderen Gesetzen verläuft, als ausgesprochen befreiend. Wie jede Religion bietet nämlich auch das Christentum die einzigartige Chance, auf Abstand zu sich selbst, seinen eingefahrenen Lebens- und Denkgewohnheiten, seinen eingebildeten oder tatsächlichen Zwängen zu gehen und sich auf das zu besinnen, was wichtiger als der herrschende ökonomische Wahnsinn sein könnte, mit anderen Worten: doch noch einmal über den Sinn des Ganzen nachzudenken.

Und schließlich erscheint es mir unklug, vom Begriff des Heiligen Abschied zu nehmen, den in unserer Kultur die Kirchen verteidigen. Denn das Heilige erinnert jede Zivilisation an ihre Verantwortung gegenüber der Schöpfung, es markiert das Tabu, die Grenze, an der das Recht des Menschen endet, sich hemmungslos auszutoben. In der Öko-Bewegung begegnen wir einer Erinnerung daran, daß es etwas geben muß, das den zerstörerischen Kräften der Zivilisation Einhalt gebieten kann. Der italienische Humanist Pontanus (1426–1503) hat diese begrenzende Kraft als »Gemeinschaftssinn für alles Lebendige« bezeichnet, und der Theologe und Arzt Albert Schweitzer (1875–1965) sprach von der »Ehrfurcht vor allem Lebenden«, um seinem Empfinden für die Majestät der Schöpfung, das Unantastbare, eben das Heilige Audruck zu verleihen. In jedem Fall schlägt sich im Begriff des Heiligen eine durch und durch religiöse Erfahrung nieder.

Vielleicht gibt es ja doch gute Gründe, das Christentum nicht für eine peinliche Entgleisung der europäischen Geschichte zu halten. Aber gleichgültig, wie wir darüber denken, sollten wir die Glaubensüberzeugungen eines anderen achten und uns den Heiligtümern welcher Religion auch immer, sei es Kirche, Kloster oder Tempel, wenn nicht mit Ehrfurcht, so doch mit Respekt nähern. Sie alle sind sakrale Räume, in denen zum Beispiel bestimmte Bekleidungsvorschriften gelten – hier endet dann die Freiheit des einzelnen, aufzutreten, wie es ihm beliebt, und ich habe größtes Verständnis für die Domverwaltung von Florenz, die alle unziemlich gekleideten Besucher in blaue Plastikmüllsäcke steckt. Diese Müllsäcke werden am Eingang des Doms für jeden eigens zugeschnitten, und man ahnt gar nicht, wie viele der leichtbekleideten Besucher von einem Angebot

Gebrauch machen, das ursprünglich zur Beschämung gedankenloser Zeitgenossen gemeint gewesen war.

Ich finde, daß es niemanden ehrt, gegen Scham immun zu sein. Und ich meine, daß wir uns in religiösen Fragen nicht von der herrschenden Oberflächlichkeit anstecken lassen sollten. Nutzen wir vielmehr die Gelegenheit, uns über unsere eigenen Beweggründe, die Berechtigung unseres Widerwillens gegen das Christentum oder die Grundlagen unseres Glaubens klar zu werden – sei es beim Traugespräch mit dem Pfarrer, sei es in der Unterhaltung mit einem Mönch in der freien Zeit zwischen den Stundengebeten im Kloster. Auch wenn wir nicht mit ihren Ansichten übereinstimmen sollten – muß man sich gleich provoziert fühlen?

42. Spielregel
Es gibt eine ängstliche Scheu davor, Fragen zu berühren, die das Christentum betreffen. Hat man sie aber einmal angeschnitten, macht man oft erstaunliche Erfahrungen – viele lassen sich nämlich gern aus ihrem liberalen Dornröschenschlaf aufwecken, und manche sind regelrecht dankbar dafür.

Ebensoviel sein wie scheinen – Über kunstvolle Natürlichkeit

»Muß oder will man in der großen Welt leben, und man ist nicht ganz sicher, den Ton derselben annehmen zu können, so bleibe man lieber der Art von Stimmung und Wendung treu, die uns Natur und Erziehung gegeben haben. Nichts kann abgeschmackter sein, als wenn man jene Sitten halb und unvollständig kopiert …«
Über den Umgang mit Menschen, III, 3, 3

Ich war auf das Winterfest der angesehensten englischen Hochschule für Landwirtschaft eingeladen, des Royal Agricultural College in Cirencester. Die vorgeschriebene Kleidung für den Abend war »black tie«, also Smoking – eine recht vornehme oder, wenn man so will, elitäre Veranstaltung mithin. An jenem Tag lernte ich den Bekannten eines Freundes kennen, einen Deutschen. Seinem Namen nach zu urteilen war er bürgerlich, seinem Verhalten nach zu urteilen verunsichert.

Als erstes erzählte er uns von dem maßgeschneiderten weißen Seidensmoking, den er am Abend tragen würde. Dann kam er auf seinen Siegelring zu sprechen – einen auffälligen Ring mit geschlossener Krone, Symbol für den hohen adligen Rang seines Trägers. Niemand hatte ihn gefragt, trotzdem weihte er uns ein: Er sei tatsächlich adelig, verkündete er, aber seine Familie habe den Titel verkauft. Das löste Heiterkeit aus. Offenbar war ihm nicht bekannt, daß es in Deutschland schlichtweg unmöglich ist, seinen Titel zu verkaufen. In dieser Art imponierte er jedenfalls noch ein Weile weiter, dann kam der Abend und damit der nächste Dämpfer: Sein weißer Smoking sei mit der Kleidervorschrift nicht zu vereinbaren, wurde ihm am Eingang zum Festsaal bedeutet, und nur mit viel Überredungskunst gelang es uns, ihn einzuschleusen. Dort wurde ihm dann sein maßgeschneiderter weißer Seidensmoking erneut zum Verhängnis: Die Hosenbeine waren zu lang – bei jedem Schritt drohte er sich darin zu verheddern und mußte sie schließlich aufkrempeln. Kurz und gut – sollte es seine Absicht gewesen sein, aufzufallen, so hatte er sein Ziel erreicht.

Ich befürchte nur, daß er in Wirklichkeit so wenig wie möglich auffallen und einfach nur ebenso vornehm wie alle anderen sein wollte. Der Versuch war gründlich mißlungen, weil ihm dabei der gröbste Fehler unterlaufen war, den man in vornehmer Gesellschaft begehen kann: Aufhebens von seiner Person zu machen. Die erste Regel für Außenstehende, die sich in diesen Kreisen bewegen, lautet also: Jede Anmaßung, jede Ungebührlichkeit vermeiden! Nicht glauben, sich mit irgendwelchen Federn schmücken zu müssen, gleichgültig, ob mit eigenen oder fremden! Damit kommt man nicht weit. Die feine Gesellschaft hat nämlich ein feines Gespür dafür, ob jemand etwas vortäuscht. Das nimmt man dann vielleicht mit Humor, läßt sich in seinem Urteil aber nicht im geringsten beirren. Wer in feiner Gesellschaft also den Neureichen markiert und sich aufbläht oder gar den Neufeinen heraushängen läßt, der wird sich schnell alle Sympathien verscherzen.

Genauso unangebracht wäre es, mit anderen in Wettbewerb treten zu wollen. Mein Haus? Mein Pool? Mein Pferd? Mein Auto? Darüber spricht man nicht; das hat man, oder man hat es nicht. Kleider machen Leute? Ganz im Gegenteil! Wenn die Kleidung nicht gerade vorgeschrieben ist, kann man herumlaufen, wie man will, kann seine Sachen tragen, bis es nicht mehr geht, ganz egal – in diesen Kreisen spielen Äußerlichkeiten eine ziemlich untergeordnete Rolle. Dazu gehört im übrigen auch der finanzielle Aspekt der Dinge, der, wenn überhaupt, allenfalls beiläufig Erwähnung finden sollte.

Was aber spielt dann eine Rolle?

»Moritz, bei euch geht es ja zu wie bei ganz normalen Menschen«, sagte meine Freundin, vermutlich erleichtert, nach ihrem ersten Besuch bei uns zu Hause. Was hatte sie erwartet? Daß wir uns daheim nach einem ausgeklügelten Regelwerk bewegen würden? Daß man ein Reich der Konventionen und Etikette betritt, sobald man die Schwelle unseres Hauses überschreitet? Daß überall Fettnäpfchen warten? Wie dem auch sei, ihre Befürchtungen waren zerstreut.

Tatsache ist, daß ich steifer Etikette und sinnentleerter Konvention in adligen Häusern sehr selten begegnet bin. Das eigentliche Merkmal des Adels ist nämlich etwas, das man als Ungezwungenheit, als eine in Jahrhunderten gewachsene und in der Tradition verankerte Selbstverständlickeit bezeichnen könnte. Daraus ergibt sich in aller Regel eine so beträchtliche Sicherheit im Umgang mit Menschen, ein so ausgeprägtes Gespür für angemessenes Verhalten in unterschiedlichsten Situationen, daß Konventionen und Etikette ein weitgehend verzichtbares Beiwerk darstellen.

Diese Selbstverständlichkeit läßt sich nicht imitieren. Sie beruht im wesentlichen auf einer großen Vertrautheit mit solchen Verhaltensweisen, Ausdrucksformen und Zeremonien, die sich im Lauf von Jahrhunderten in den zwischenmenschlichen Beziehungen bewährt haben. Konservativ ist diese Haltung insofern, als sie davor bewahrt, leichtfertig Umgangsformen und Rituale aufzugeben, die Ausdruck für Respekt und Achtung sind. Und erstaunlich widerstandsfähig ist sie wahrscheinlich deshalb, weil sie auf einer grundsätzlichen Übereinkunft darüber beruht, wie man vernünftigerweise miteinander umgehen sollte und welche Werte für diesen Umgang unerläßlich sind. Mit anderen Worten: Was den Adel in erster Linie auszeichnet, ist ein gemeinsames Gerüst von Grundwerten.

Welche Werte das sind? Ich würde sagen, daß Diskretion und Respekt vor der Intimsphäre dazu gehören, auch ausgeprägter Familiensinn, auch Gastfreundschaft, überhaupt Hilfsbereitschaft, Gemeinschaftssinn und Verläßlichkeit, dann Ungezwungenheit im Umgang zwischen Jungen und Alten und schließlich eine gewisse Ehrfurcht vor den zeremoniellen Formen, in denen die Höhepunkte und Einschnitte des Lebens von der Geburt bis zum Tod feierlich begangen werden. Es gibt also eine innere und äußere Struktur, die sich meiner Erfahrung nach beruhigend auf den einzelnen auswirkt und die Gelassenheit fördert – man ist vermutlich weniger stark dem Zwang zur Konkurrenz ausgesetzt, der im bürgerlichen Milieu fortwährend unterschwellig wirksam ist, weil man nicht ganz so vielen Menschen ganz so viel beweisen muß. Daraus folgt aus meiner Sicht eine Umgänglichkeit, die sich im Alltag oft nur in Nuancen vom Üblichen unterscheidet: in dem Interesse, das man an der Person des anderen beweist, in der Art, auf die man versucht, eher etwas von ihm zu erfahren als über sich selbst zu reden, in der neidlosen Anerkennung, die man achtunggebietenden Leistungen oder gescheiten Köpfen ganz unabhängig von ihrer Herkunft zollt. Alles in allem könnte man diese Haltung vielleicht als Stil bezeichnen.

Es hat übrigens auch einen ganz praktischen Vorteil, daß man untereinander wie selbstverständlich von denselben Grundwerten ausgehen kann: Die Kennenlernphase, das gegenseitige Abtasten bei der ersten Begegnung, erübrigt sich weitgehend. Man ist einander nie wirklich fremd, weil jeder im Prinzip schon weiß, mit wem er es zu tun hat, auch bei Menschen, die er nie zuvor gesehen hat. Auf Außenstehende mag dieses vertrauliche Einvernehmen untereinander einschüchternd wirken – ich rate aber ganz entschieden von dem Versuch ab, diese Art des Umgangs nachzuahmen, etwa aus Furcht, sonst unangenehm aufzufallen. Diese Furcht ist unbegründet, solange man nicht krampfhaft mithalten oder gar auftrumpfen zu müssen meint, seinen Charakter verleugnet, seine Herkunft verschleiert und es genau an der Ungezwungenheit, genau an der Selbstverständlichkeit fehlen läßt, auf die in der feinen Gesellschaft so großer Wert gelegt wird.

Für diese Ungezwungenheit gibt es in der Geschichte viele Beispiele; aus bürgerlicher Sicht dürften manche davon an Rücksichtslosigkeit grenzen. Eines der drastischsten verdanken wir dem österreichischen Staatskanzler Fürst Kaunitz (1711–1794), der es sich nie nehmen ließ, nach dem Diner am Tisch sitzenzubleiben und sich gemütlich die Zähne zu reinigen, ungeachtet des Rangs seiner Gäste. Einmal speiste der französische Botschafter bei ihm, und als der Fürst mit seiner Reinigungsprozedur begann, wandte der sich an seine Begleiter mit den Worten: »Der Fürst möchte allein gelassen werden«, erhob sich und ging, gefolgt von allen anderen. Auch wenn ich in diesem Fall eher die Höflichkeit des Botschafters als die Ungezwungenheit des Fürsten für vorbildlich halte – die Anekdote zeigt doch immerhin, daß die Feinheit der Manieren nicht unbedingt ausschlaggebend ist für die Feinheit einer Gesellschaft.

Sollte es jemanden in diese Kreise verschlagen, braucht er sich also nicht auf Schritt und Tritt zu fragen, was wohl erlaubt, was womöglich verboten, was schicklich und was unschicklich sein könnte. Man bringe sich nicht selbst in Verlegenheit! Schon die Höflichkeit gebietet ja allen Anwesenden, über Unsicherheiten hinwegzusehen und Fehltritte zu verzeihen. Die Höflichkeit gebietet sogar, Nachsicht zu üben, sollte jemand ganz unübersehbar aus dem Rahmen fallen. Allerdings dürfte man nur dann damit rechnen, auch das nächste Mal wieder eingeladen zu werden, wenn man sich etwas mehr Zurückhaltung auferlegt als der junge Mann damals in Cirencester mit seinem maßgeschneiderten weißen Seidensmoking.

43. Spielregel
Nichts wäre in vornehmer Gesellschaft falscher, als aufzutrumpfen und partout beweisen zu wollen, daß man den anderen das Wasser reichen kann. Man bleibe einfach seiner Art, seinem Auftreten, seinen Anschauungen treu – in wirklich vornehmen Kreisen kann man nämlich sehr gut zwischen Äußerlichkeiten und innerer Haltung unterscheiden. Und nur auf letztere kommt es an.

Geben und nehmen – Über das Leben in einer Dienstleistungsgesellschaft

Wie ich dir, so du mir

»Man soll der unterwürfigen Menschenklasse die Dienstbarkeit leicht zu machen suchen! Rechne weder auf die Zuneigung und Achtung noch auf freiwillige Folgsamkeit derer, die dir unterworfen sind, wenn du mehr von ihnen verlangst, als du selbst an ihrer Stelle würdest leisten können.«
Über den Umgang mit Menschen, II, 7, 3

Wer denkt schon daran, daß er eine Dienstleistung in Anspruch nimmt, wenn er aufs Amt geht?

Daß Behörden lediglich dazu da seien, die Bürger zu drangsalieren – darauf könnten sich wohl manche einigen; die meisten aber dürften der Ansicht sein, daß ein Beamter nur umstandslos für das zu sorgen habe, worauf der Bürger ja ohnehin Recht und Anspruch hat. Beides beweist, daß man in einer Dienstleistungsgesellschaft leben kann, ohne recht verstanden zu haben, was Dienstleistung eigentlich ist.

Allerdings, so einfach ist das auch nicht. Dienstleistungen erschöpfen sich nun mal nicht im Austausch von Geld gegen Ware. Denn gleichgültig, wie selbstverständlich mir als Bürger mein Anspruch erscheint, gleichgültig auch, wie selbstverständlich ich als Beamter davon ausgehe, daß kein Weg an mir vorbeiführt – auf dem Amt kommt es eben doch zu einer Begegnung zwischen Menschen, die für kurze Zeit miteinander umgehen und irgendwie miteinander auskommen müssen. Nur wie? Ist wirklich unzweifelhaft, wer in einer Amtsstube zu fordern und wer zu parieren hat – so wie es die Wörter »Dienst« oder »dienen« zu suggerieren scheinen? Das wäre bequem. Woher dann aber das Unbehagen, das so viele beschleicht, wenn sie eine Behörde aufsuchen?

Vielleicht liegt es an der Unsicherheit, die wir verspüren, wenn sich zwei doch grundsätzlich gleichwertige, gleichberechtigte Menschen in derart unterschiedlichen Rollen begegnen. Darf ich mich da als Bürger tatsächlich als Herr aufspielen, der eben verlangt, was ihm zusteht? Oder müßte ich mich nicht eher als Knecht fühlen, der dem Beamten ausgeliefert ist, weil der am längeren Hebel sitzt? Dazu kommt das Gefühl, daß die Situation für einen von beiden irgendwie erniedrigend sein könnte – sei es für mich, weil ich mir plötzlich meiner Abhängigkeit bewußt werde oder zu meiner Hilfsbedürftigkeit stehen muß, sei es für den Beamten, weil er mir wie ein Untergebener zu Willen sein muß.

Nun, wir können einander das Gefühl der Erniedrigung und Unsicherheit ersparen, wenn es uns gelingt, dem Dienstleister die »Dienstbarkeit« leichtzumachen.

Machen wir uns klar, daß jeder, der eine Behörde aufsucht, ein bestimmtes Ziel verfolgt. Ob er dieses Ziel erreicht, hängt nun nicht allein davon ab, daß er genügend Geld oder die nötigen Unterlagen dabei hat – es hängt auch von seiner Fähigkeit ab, eine für beide Seiten angenehme

Situation herzustellen. Beamte sind nun mal keine Zigarettenautomaten, die bei Geldeinwurf die gewünschte Leistung ausspucken. Wer sein Ziel möglichst schnell, möglichst reibungslos erreichen will, sollte berücksichtigen, daß die reine Dienstleistung nur ein Teilaspekt einer komplexen Situation ist, in der auch Erwartungen, auch Empfindlichkeiten mitspielen. Treten wir also nicht so auf, als sähen wir in einem Beamten bloß das Werkzeug unserer Interessen – wir würden sogleich auf Widerstand stoßen!

Bringen wir unser Anliegen aber auch nicht mit dem resignierten Ton desjenigen vor, der dem anderen ohnehin auf Gedeih und Verderb ausgeliefert ist – so als würden wir unser Schicksal in seine Hände legen. Eine Dienstleistung erleichtern bedeutet nicht, nachzugeben oder auf sein Recht zu verzichten. Es bedeutet vielmehr, weder aus meinem Anspruch als Bürger noch aus meiner Position als Beamter eine Überlegenheit abzuleiten. Und sprechen wir vor allem einem Beamten nicht von vornherein die Bereitschaft – oder gar die Fähigkeit – ab, die erwartete Dienstleistung auch zu erbringen. Schließen wir nie vom letzten Mal auf dieses Mal – schlechte Erfahrungen, die wir womöglich früher mit Beamten gemacht haben, zählen das nächste Mal schon nicht mehr. Gehen wir vielmehr stets aufs neue davon aus, daß dem anderen an einer angenehmen Situation genausoviel liegt wie uns – wer diese Grundregel nicht beherzigt, der führt genau das herbei, was er befürchtet.

Machen wir uns aber auch mit den praktischen Gegebenheiten und Anforderungen der jeweiligen Situation vertraut. Eine Dreiviertelstunde auf dem Flur eines Einwohnermeldeamts zu verbringen, nur um dann festzustellen, daß die nötigen Paßbilder fehlen, ist ärgerlich … und setzt uns obendrein der Gefahr aus, nicht ganz ernst genommen zu werden. Geben wir zu erkennen, daß wir mit einem Ablauf grundsätzlich vertraut sind – das fördert unter Umständen die Bereitschaft des Beamten, uns korrekt zu bedienen. Und versetzen wir uns in die Rolle des anderen – wie würden wir uns an seiner Stelle verhalten? Nicht jede Laune unseres Gegenübers muß dann gleich als persönliche Beleidigung aufgefaßt werden. Unterschätzen wir aber auch nicht, wie sehr wir selbst von einem Wort der Anerkennung für die erbrachte Leistung profitieren können. Womöglich wird es uns dann vergönnt sein, einen Bürokraten von seiner unbürokratischen Seite kennenzulernen.

44. Spielregel
Betrachte eine Dienstleistung stets als dein gutes Recht, doch vergiß nie, daß sie von Menschen erbracht wird! Du erreichst dein Ziel leichter, wenn du andere nicht auf ihre Funktion reduzierst, sondern ihre Erwartungen durch einen respektvollen und angemessenen Umgang erfüllst.

Kunde sein und Kunden haben

»So sehr ich nun einen freundlichen, liebreichen Umgang mit Bedienten anrate, so wenig kann ich es billigen, wenn man sich ihnen vorsetzlicherweise in allen seinen Blößen zeigt, sie zu Vertrauten in heimlichen Angelegenheiten macht, ... wenn man alle Gewalt über sie und alles Ansehn freiwillig aufgibt und sich zu Gemeinmachung und übertrieben vertraulichen Scherzen mit ihnen herabläßt.«
Über den Umgang mit Menschen, II, 7, 4

Heute ist niemand mehr sicher davor, als Dienstleister betrachtet zu werden. Ein Französischlehrer erzählte mir von einem Schüler, der sich zu Beginn des Schuljahrs auf seinem Stuhl zurücklehnte, die Hände hinterm Kopf verschränkte und meinte: »Jetzt motivieren Sie mich mal schön. Das ist doch Ihr Job.« Ein typischer Fall feudaler Selbstgefälligkeit, mit der manch einer den Triumph des Dienstleistungsgedankens quittiert. Andere wiederum reagieren auf Dienstleistungen mit schlechtem Gewissen. Wie es aussieht, will selbst Bedientwerden gelernt sein, deshalb hier einige Anmerkungen zum Umgang mit diversen Berufsgruppen.

1. *Schuhputzer.* Es gibt bei uns Menschen mit einem Präzisionsgewissen, die sind Experten im Unterscheiden zwischen unterwürfigen und menschenwürdigen Tätigkeiten. Auf einer Reise durch Südamerika lernte ich in Buenos Aires ein junges deutsches Paar kennen. Wir schlenderten umher, ich entdeckte einen Schuhputzer, handelte einen Preis mit ihm aus, ließ mein Schuhwerk auf Hochglanz bringen – und wurde von den beiden anschließend mit Vorwürfen überschüttet: Wie ich einen Menschen so erniedrigen könne? Ob ich es nicht meinerseits als unwürdig empfinden würde, zu Füßen eines anderen herumzukriechen und dessen Schuhe zu putzen?

Ich hätte damals den Schuhputzer selbst den Fall entscheiden lassen sollen. Der hätte sie wahrscheinlich schnell von ihrem hohen moralischen Roß heruntergeholt. Wie viele andere in der Dritten Welt lebt dieser Mann vom Schuheputzen – und zweifellos um so besser, je weniger Zeitgenossen von derartiger moralischer Arroganz seinen Weg kreuzen. Daß wir uns selbst für solche Arbeiten zu fein wären, dafür sollten wir niemanden büßen lassen.

2. *Im Restaurant.* Ich kenne Menschen, die ungern in französische Lokale gehen, weil ihnen die Kellner zu vornehm sind. Sie glauben, daß dort von ihnen als Gast eine

Gewandtheit verlangt wird, die sie sich nicht zutrauen, sie befürchten, es mit dem formvollendeten Stil der Kellner nicht aufnehmen zu können, kurz: Sie fühlen sich überfordert. Und dann kenne ich Leute, die regelmäßig exorbitant hohe Trinkgelder geben, weil sie um keinen Preis beim Personal einen schlechten Eindruck hinterlassen wollen.

Hier wäre, wie ich meine, eine sachlichere Betrachtungsweise angebracht. Nach wie vor haben Kellner eine dienende Funktion. Es ist ihre Aufgabe, den Gast zufriedenzustellen, nicht umgekehrt. Offenbar sind einige von uns dermaßen süchtig nach Sympathie, daß sie selbst in Situationen, in denen die Rollen ganz klar verteilt sind, das unstillbare Verlangen verspüren, auch als Mensch akzeptiert zu werden; sie tragen dem Kellner ihre Freundschaft an und hoffen inständig, er möge eine hohe Meinung von ihnen haben. Ich glaube, man macht sich das Leben leichter, wenn man bei solchen Gelegenheiten ein sozusagen herrschaftliches Selbstbewußtsein an den Tag legt und die Distanz wahrt. Zur Rolle des Gastes gehört es jedenfalls, sich im Restaurant als Hauptperson zu fühlen.

3. *In der Nobelboutique.* Erinnert man sich an »Pretty Woman«? An die eiskalte Distanz und die vernichtenden Blikke der Verkäuferinnen, als Julia Roberts in ihren billigen Klamotten eine Nobelboutique betritt und zu hören bekommt: »Ich kann mir nicht vorstellen, daß wir etwas für Sie haben. Offensichtlich sind Sie im falschen Geschäft.«? Großartig – und völlig realistisch. Kaum taucht man in einem dieser Geschäftsräume von ehrfurchtgebietender Kargheit und Kühle auf, wird man mißtrauisch taxiert und womöglich umgehend in die Kategorie »unseriös« eingestuft. Mir selbst ist das schon passiert, auf der Düsseldorfer Königsallee, einem Ort wie geschaffen für derlei Experi-

mente. Ich betrat mit meiner Freundin den Laden eines Luxusherstellers, in Freizeitkleidung wohlgemerkt, und im selben Moment legte sich eine Eisschicht über die Miene der Verkäuferin. Meine Freundin, selbst in der Branche tätig, ließ sich etliche Handtaschen zeigen, entdeckte an einer einen Produktionsfehler, kaufte sie trotzdem – und die ganze Zeit wahrte die Verkäuferin eisern ihre unterkühlte Distanziertheit, was mir, wie ich gestehe, schon wieder Respekt abnötigte.

Nun, das ganze ist ein Spiel, eine Aufführung. Und wir verstehen solche Verkäuferinnen ganz richtig, wenn wir sie als Schauspielerinnen verstehen. Versuchen wir erst gar nicht, ihre Rolle umzuschreiben – sie sind meist auf diese eine festgelegt. Und wenn sie dann ihre »Kunden-wie-Sie-habe-ich-nicht-nötig«-Miene aufsetzen, dann sagen wir uns halt, daß wir jetzt ausnahmsweise einmal mit einer wie ihr vorliebnehmen, ergötzen uns an ihrer Schauspielkunst und liefern ihr die Stichwörter für ihren Auftritt – oder machen auf dem Absatz kehrt.

4. *Rechtsanwälte, Ärzte, Steuerberater.* Bei manchen Berufsgruppen läßt sich kaum einschätzen, ob dieser oder jener Vertreter der Zunft etwas kann. Als Fachfremder müßte man sich so tief in die Materie einarbeiten, daß man den Job des anderen schon beinahe selbst machen könnte, und dazu fehlt dann meist doch die Zeit. Wonach soll man sich also richten? Ist man bei einem Arzt in guten Händen, der die Wände seines Behandlungszimmers mit internationalen Diplomen berühmter Universitäten gepflastert hat – wie ich es einmal in Südamerika erlebt habe?

Wahrscheinlich ist immer noch die sicherste Methode, sich an die Empfehlungen von Freunden zu halten. Nicht selten gehen ganze Bekanntenkreise zum selben Hausarzt, lassen sich sämtliche Mitglieder eines Sportvereins vom selben Anwalt vertreten, nehmen Stammtischbrüder die Dienste ein und desselben Steuerberaters in Anspruch – und fahren gut damit. Mit ein bißchen Glück kann man den empfohlenen Arzt, Anwalt oder Steuerberater gleich an der Theke des Vereinslokals, auf dem Sommerfest der Gemeinde oder beim Abendessen mit Freunden interviewen. Läßt sich auf diese Weise der rechte nicht finden, entscheidet der Eindruck, den wir vom Kandidaten unserer Wahl gewinnen: Nimmt er sich Zeit? Macht er sich die Mühe, einen Sachverhalt so zu erklären, daß wir ihn wirklich verstehen? Steht er für Nachfragen zur Verfügung? Fühlen wir uns ernst genommen, geht er auf uns ein? Das wichtigste Kriterium ist vielleicht, daß einer uns keine Frage verübelt und uns geduldig über alles aufklärt, was mit unserem Fall zusammenhängt.

5. *Dienstleistungsjargon.* Warum konnte deutschen Dienstleistern eigentlich nichts Besseres einfallen, als diese Floskeln einer routinierten Freundlichkeit zu übernehmen, mit denen Kunden in den USA abgefertigt werden? Wenn man zum zehnten Mal an einem Morgen einen schönen Tag gewünscht bekommt, sehnt man fast die guten, alten Zeiten herbei, in denen mißmutige Verkäuferinnen einen behandelten, als würde man sie bei der Morgenandacht stören. Und dann dieses unsägliche »Ich bin gleich bei Ihnen« oder das »Gerne«, mit dem jeder Kaufwunsch wie von einem Sprachroboter quittiert wird! Mir hat man jedenfalls keinen Gefallen getan, als man dem Personal diese standardisierte Untertänigkeit verordnete.

Warum gönnt man Verkäufern und Verkäuferinnen keinen Wochendendkurs in Charme? In anderthalb Tagen müßte zu vermitteln sein, worum es in der Begegnung mit

Kunden – rein atmosphärisch – geht: daß man die Sache als Spiel auffaßt, so tut, als ob man sich schon längere Zeit kennt und schätzt, obwohl man sich in Wahrheit zum ersten Mal sieht, einen etwas persönlicheren, unverkrampften Ton anschlägt und dieserart zu verstehen gibt, daß es bei der kurzen Begegnung nicht nur um den technischen Akt des Kaufens geht – was ja ein unausgesprochenes Kompliment beinhaltet. Der Umgang miteinander bekäme dadurch etwas Spielerisches und Freiwilliges, er würde zu einer Erfahrung, die sich von der Seelenlosigkeit unseres automatisierten Alltags angenehm abheben und das Einkaufen zu einem wirklichen Vergnügen machen würde.

45. Spielregel
Beurteile Dienstleistungen nicht danach, ob sie mit deinen moralischen Vorstellungen vereinbar sind, sondern nach dem Vorteil, den beide Seiten davon haben. Erwarte von Dienstleistern, daß sie ihre Sache gut machen, daß sie im Umgang eine gewisse Munterkeit oder auch Charme an den Tag legen, aber erwarte keine Freundschaftsbeweise.

Firma essen Seele auf? – Über den Umgang mit Kollegen und Vorgesetzten

»Kein Stand genießt eine so glückliche Freiheit, wie dieser. Kein Stand hat von jeher so unmittelbar tätigen, wichtigen Einfluß auf Moralität, Kultur und Luxus gehabt, wie die Kaufmannschaft.«

Über den Umgang mit Menschen, III, 6, 4

Unsere marktwirtschaftliche Ordnung erlebt eine dramatische Vertrauenskrise.

Kritikwürdig erscheint weniger das Wirtschaftssystem als solches als vielmehr die Selbstüberschätzung ihrer Vertreter und die exzessive, selbstzerstörerische Kraft, die es freisetzt. Der Konkurrent ist zum Feind geworden, an dessen Vernichtung man sich ergötzt, der Kollege zum Konkurrenten, dessen Mißerfolg man hämisch belächelt. Auch die Millionengehälter von Topmanagern und die Finanzskandale großer Konzerne wie Parmalat und Enron werden von vielen als Zeichen für eine Fäulnis betrachtet, die das kapitalistische System im Kern befallen hat. Offenbar ist der Erfolg dem Kapitalismus und seinen glühenden Verfechtern zu Kopf gestiegen, er hat sich verselbständigt und bedroht nun die zivile Gesellschaft.

Zu den bedenklichsten Auswüchsen zählt das Auftauchen des »homo oeconomicus«. Ursprünglich ein Gedankengebilde, steht dieser Homo oeconomicus heute in Fleisch und Blut vor uns und erhebt den Anspruch, der Weisheit letzter Schluß zu sein. Er ist ein unersättlicher Zeitgenosse; er trachtet ausschließlich nach seinem persönlichen Nutzen, und zwar in allen Lebensbereichen, und huldigt mit derselben Unbeirrbarkeit dem Gott der Effizienz. »Effizienz ist das ganz große Wort unserer Zeit«, schreibt der Journalist Dirk Kurbjuweit. »Es wird nie angefochten, nie in Frage gestellt. Niemand würde im Ernst für Ineffizienz streiten ... Und doch glaube ich, daß eine Welt, die unter der großen, alles beherrschenden Überschrift Effizienz steht, keine besonders gute, besonders lebenswerte Welt ist.« (»Unser effizientes Leben – Die Diktatur der Ökonomie und ihre Folgen«)

Meines Erachtens wäre sie eine unmenschliche Welt. Das heißt nicht, daß ich mich einer fundamentalen Kritik am Kapitalismus anschließe – ich bin ein Freund von Effizienz und habe Hochachtung vor einem Wirtschaftssystem, das dem einzelnen die Möglichkeit bietet, seine Fähigkeiten und Talente zur Geltung zu bringen. Aber ich möchte davor warnen, den Menschen auf seinen Eigennutz zu reduzieren und zu glauben, individuelles und soziales Verhalten vollziehe sich ausschließlich nach den Regeln eines gesetzmäßigen Egoismus. Ich glaube nämlich, daß die größte Bedrohung für unsere Gesellschaft nicht von äußeren Gefahren wie dem Terrorismus ausgeht, sondern von einer Kapitulation vor der Wirtschaft. Unsere vordringlichste Aufgabe wäre es demnach, die Ökonomie wieder in die Gesellschaft zu integrieren. Sie muß ein Teil der Kultur bleiben, soll überhaupt Aussicht darauf bestehen, daß die Werte, zu deren Fürsprecher ich mich in diesem Buch gemacht habe, ihre Gültigkeit behalten.

Wie der einzelne seine moralische Autonomie und seine intellektuelle Freiheit im wirtschaftlichen Prozeß bewahren kann, ohne gegen seine Interessen zu verstoßen, dazu im folgenden einige Überlegungen.

1. *Die Wirtschaft bezieht ihre Wertvorstellungen aus der Gesellschaft – nicht umgekehrt.* Wenn der ehemalige Vorstandssprecher der Deutschen Bank, Hilmar Kopper, die Diskussion um Abfindungen in Millionenhöhe als unmoralisch empfindet und nicht die Abfindungen selbst, wenn der ehemalige Präsident des BDI, Hans-Olaf Henkel, lediglich Gier und Neid hinter den Debatten über Ökonomie und Moral vermutet, wenn all diejenigen mit dem ewigen Siegerlächeln überhaupt keinen Widerspruch zwischen Eigennutz und Moral erkennen können – dann beweisen sie nichts anderes als die Selbstüberschätzung von Menschen, die sich selbst zum Maßstab gemacht haben. Und damit liegen sie grundfalsch.

Moralische Autonomie bedeutet nämlich, auf Abstand zu den eigenen Wünschen und Bedürfnisse gehen zu können. Dafür braucht man eine Moral, die die verschiedensten Triebkräfte und Bedürfnisse der menschlichen Existenz berücksichtigt. Erst aus dieser umfassenden Sicht läßt sich das wohlverstandene Eigeninteresse des einzelnen definieren, und deswegen unterscheidet sich dieses wohlverstandene Eigeninteresse deutlich von den Impulsen jenes kurzfristigen, materiellen Vorteilsdenkens, dem sich die obengenannten Herrschaften verschrieben haben. Was im konkreten Fall darunter zu verstehen ist, das läßt sich am besten an der Definition des »ehrbaren Kaufmanns« aus den Leitlinien eines mittelständischen Unternehmens zeigen: »Seine Methode: nüchtern kalkulieren, hart verhandeln, pünktlich liefern, sauber abrechnen. Um aber nicht nur verläßlicher Geschäftspartner und fairer Arbeitgeber, sondern auch erfolgreicher Unternehmer zu sein, spielen drei weitere Aspekte … eine wichtige Rolle: Er denkt und handelt langfristig, nicht selten über Generationen hinweg. Er engagiert sich selbstverständlich für das Gemeinwesen, ohne dafür besondere Anerkennung zu beanspruchen. Und die Firma ist ihm im Zweifel wichtiger als die eigene Person.« Dem ist aus meiner Warte nichts hinzuzufügen.

2. *Wie ich dir, so du mir.* Daß sich die Zeiten geändert haben, ist nur ein weiterer Grund dafür, unsere moralischen Vorstellungen beizubehalten. Denn daran hat sich nichts geändert: Kurzfristiges, egoistisches Denken funktioniert nur kurzfristig, weil es nicht sinnvoll ist. Sinnvoll ist langfristiges, wertorientiertes Handeln. Deswegen besteht kein Widerspruch zwischen ökonomischem Erfolg und einer an Werten orientierten Unternehmensführung. Ganz abgesehen davon, daß der Gesellschaft als ganzer der moralische

Boden entzogen würde, wenn die Wirtschaft ein permanentes Ausnahmerecht für sich in Anspruch nehmen könnte – schließlich verbringen wir am Arbeitsplatz die meiste Zeit unseres Erwachsenenlebens.

Ich plädiere deshalb dafür, das trotzige Motto »Wie du mir, so ich dir« durch die souveräne Maxime »Wie ich dir, so du mir« zu ersetzen. Wer sich daran hält, verfällt nicht so leicht der Wahnvorstellung, sich in einem permanenten Verdrängungswettbewerb mit anderen zu befinden. Lassen wir uns nicht einreden, daß es ständig um Sieg oder Niederlage geht! Es geht um unsere Ziele, unsere Interessen, und die lassen sich in vielen Fällen durchaus mit den Zielen und Interessen anderer vereinbaren. Konkurrenz bedeutet dann keinen Vernichtungskampf, sondern einen Wettbewerb um die erfolgversprechendsten Ideen und Strategien im Hinblick auf das gemeinsame Ziel. Vergessen wir auch nicht, daß es neben dem Eigennutz eine zweite, ebenso starke Triebfeder menschlichen Handelns gibt: den Wunsch nach Anerkennung durch seine Mitmenschen. Kriegsbeil und Friedenspfeife – wir sollten beides in unserem Repertoire haben.

3. *Auch mal Schwein sein?* Sich durchsetzen, seine Ziele verfolgen, glücklich werden – Ende der Diskussion! Darin erschöpft sich die Lebensweisheit unserer Manager- und Erfolgsratgeberliteratur. Das liest sich wie Merkblätter für Einzelkämpfer – deren Glück bekanntlich darin besteht, mit heiler Haut davonzukommen. Viel mehr, befürchte ich, darf man sich nicht von der Lektüre jener Werke erhoffen, die ihre Heilsversprechen schon im Titel führen: »So verschaffen Sie sich immer Gehör«, »So behalten Sie immer recht!«, »So finden Sie bei Ihrem Gesprächspartner die richtigen Knöpfe«. Als wäre gerade der jeweilige Leser

dazu auserkoren, als omnipotenter Puppenspieler alle anderen wie Marionetten tanzen zu lassen. So sehen die Allmachtsphantasien von Klein Fritzchen aus.

Den anderen nach Strich und Faden an der Nase herumführen, austricksen und zum willenlosen Werkzeug unserer Interessen machen – wer so denkt, der wird mit seinen Mitmenschen immer böse Überraschungen erleben, weil sich nun einmal keiner gerne zur Spielfigur degradieren läßt. Aber vielleicht merken wir erst, daß wir so nicht weiterkommen können, wenn wir unsere Interessen einmal klipp und klar formulieren. Vielleicht wäre es ja gar nicht so unklug, einmal ganz für uns allein, ganz privat, Klarheit darüber zu gewinnen, was genau wir uns eigentlich vom Leben versprechen und von uns selbst erwarten. Vielleicht stellt sich dann heraus, daß wir uns bisher gar nicht von unseren Interessen, sondern von einem dumpfen Machtinstinkt haben leiten lassen. Und womöglich kommen wir bei dieser Gelegenheit auch dahinter, daß Siegen und Glücklichsein keineswegs ein und dasselbe sind.

4. *An die sachlichen Erfordernisse anpassen.* Wie sollten wir vorgehen, um uns in unserem Arbeitsalltag zu behaupten und dabei keins unserer wohlverstandenen Interessen zu verraten? Zunächst einmal müßten wir der Tatsache Rechnung tragen, daß sich die Welt immer schneller dreht, alles im Fluß, alles im Wandel ist. Das erzeugt Unsicherheit. »Schaffe ich es, mich auf das neue EDV-System einzustellen?« fragen wir uns. »Was muß ich beachten, wenn ich mit Chinesen Geschäfte mache?« »Wie soll ich mit jemandem konstruktiv zusammenarbeiten, mit dem ich es noch nie konnte?«

Da gibt es nur eins: Mitmachen, sich aktiv beteiligen, Initiative ergreifen. Nicht »Beton anrühren«, wie es in der

Fußballersprache heißt, wenn eine Mannschaft nur noch mauert und nicht mehr angreift. Stellen wir Fragen, bringen wir unsere Erfahrungen ein, reden wir mit denjenigen, die bereits Erfahrungen gesammelt haben – mit dem Mitarbeiter, der schon im Ausland gearbeitet hat und über die Mentalitätsunterschiede im neuen Tochterunternehmen Bescheid weiß, mit der Kollegin, die bereits ein Projektteam geleitet hat, mit dem EDV-Verantwortlichen, der schon mehrere Umstrukturierungen hinter sich hat. Lassen wir uns in unserer Routine stören, begreifen wir Neuerungen als Herausforderung, nicht als Schikane. Aber lassen wir auch nicht jede »zeitgemäße« Neuerung widerspruchslos über uns ergehen – vernehmliche Skepsis ist angebracht gegen Veränderungen, die nicht auf ein besseres Arbeitsergebnis zielen, sondern zum Beispiel auf eine Atmosphäre der Kontrolle und des gegenseitigen Mißtrauens.

5. *Nicht den Selbstmarketingdeppen abgeben.* Vertrauen wir nicht auf die »zehn goldenen Regeln des perfekten Vertriebsgesprächs« und all die anderen Patentrezepte, bei denen unser Gegenüber nur als gläserner Sparringspartner vorkommt. Wer eine eigenständige Persönlichkeit als Risikofaktor für die Karriere betrachtet, erlebt sein blaues Wunder spätestens dann, wenn ein Einstellungsgespräch oder eine Verkaufsverhandlung nicht nach Schema x verläuft. Gewiß, es gibt Grundregeln. Aber selbstbewußten Menschen ist nicht mit den gängigen psychologischen Finessen beizukommen – denen ist man nur gewachsen, wenn man selbst über eine nennenswerte Charaktersubstanz verfügt.

Und die brauchen wir ebenfalls dann, wenn wir es mit despotischen Vorgesetzten und unverschämten Kunden zu tun bekommen. Es ist eine Frage der Selbstachtung, ob wir der Aufforderung nachkommen, »auch mal das Bild der Mutter zur Wand zu drehen«, wie es in deutschen Vertriebsabteilungen heißt. Wer immer nachgibt, alle Forderungen nach Preisrabatt erfüllt und den überzogensten Kundenerwartungen entspricht, gilt jedenfalls bald als willenloser Trottel. Und wer sich nur über den Preis verkauft, sich durch jedes Kompliment verpflichten läßt und jederzeit »Gewehr bei Fuß« steht – egal, wie unrealistisch der Wunsch des Kunden, wie weltfremd die Vorstellung des Vorgesetzten –, der wird als opportunistisches Windei wahrgenommen und liefert seinem Herrn und Meister die Lizenz zur Ausbeutung.

6. *Den gegenseitigen Nutzen suchen.* Der Krokodilwächter ist ein Vogel, der sich im aufgeklappten Maul des Krokodils zu schaffen macht, es von Ungeziefer befreit und auf diese Weise seine eigene Ernährung sichert – für mich ein schönes Beispiel für vertrauensvolle Kooperation. Genauso können wir auch im Unternehmensalltag voneinander profitieren. Gehen wir auf »alte Hasen« zu, nehmen wir uns neuer und unerfahrener Kollegen an, schnuppern wir in andere Abteilungen hinein – vor allem in diejenigen, bei denen wir uns schon immer gefragt haben, worin eigentlich ihre Aufgabe besteht, was »die« überhaupt tun –, stellen wir uns die Frage, wann wir das letztemal mit Kollegen gesprochen haben, die nur zwei Türen weiter ihrem Tagewerk nachgehen. Überzeugen wir uns davon, mit wem wir es eigentlich zu tun haben – die Personalakte verrät im Zweifelsfall wenig darüber, wo die Stärken eines Mitarbeiters liegen und was man ihm zutrauen kann. Wir sind auf die Verläßlichkeit des anderen angewiesen, und die läßt sich nicht mit der populären »win-win-Formel« errechnen.

7. *Produktiv, kooperativ und kompromißfähig sein.* Der Ruf, produktiv zu sein, trägt enorm zum Ansehen am Arbeits-

platz bei. Das heißt nicht, daß man stets als erster kommen und als letzter gehen soll, daß einem ständig Schweiß über die Stirn perlen muß und man die ganze Zeit wie außer Atem ist – so jemand nährt höchstens den Verdacht, daß die Arbeit für ihn eine Plackerei und er womöglich überfordert ist. Man kann seinem Ruf ganz ohne solche plumpen Demonstrationen von Arbeitswut auf die Sprünge helfen, wenn man im Gespräch mit anderen ohne Faselei und Umständlichkeit sogleich auf den Punkt kommt, Interesse an seiner Arbeit beweist, sich nicht leicht ablenken läßt, Arbeiten zügig erledigt und gewisse wichtige Arbeiten schneller ausführt, als erwartet wird. Dabei muß man allerdings jede Schroffheit im Umgang vermeiden, vielmehr soll man verbindlich bleiben und sich auf kurze Gespräche einlassen, so daß jeder das Gefühl hat, bei aller Konzentration auf die Arbeit wahrgenommen zu werden. Wenn es gelingt, eine konzentrierte und gleichzeitig entspannt-freundliche Atmosphäre herzustellen, verbessert das auch die Voraussetzungen für die eigene Produktivität. Denn Menschen, die ihre Arbeit wichtig nehmen, werden ihrerseits ernst genommen, und wer ernst genommen wird, ist vor Störungen und Belästigungen sicherer als andere.

Auch sollte man keinem lästig werden. Man macht sich unbeliebt, wenn man sich wie eine Klette an die Leute hängt, wenn man sich in ihren Büros festsetzt, obwohl sie zu tun haben, wenn man in einer Unterredung nicht gleich zur Sache kommt oder den anderen im Gespräch mit Dingen behelligt, die nicht zum Thema gehören, die nur seine Geduld strapazieren. Um so lieber sieht man Kollegen, die ihre Sache kurz und bündig darlegen, in wenigen Minuten das erreichen, was sie erreichen wollen, und sich dann mit einem Lächeln, einem guten Wunsch oder einem Bonmot wieder zurückziehen. Bei solchen hat man nicht nur den Eindruck, daß sie ihr Handwerk verstehen, daß sie wissen, was sie wollen und worauf es ankommt, sondern auch, daß ihnen ihre Zeit ebenso kostbar ist wie dem anderen – nicht, weil beide unter Zeitdruck stehen, sondern weil man seine Sache um so besser machen kann, je mehr Zeit man sich dafür nimmt.

Und schließlich ist es bisweilen klug, Kritik von seiten seiner Vorgesetzten auch dann anzunehmen, wenn man sie für unberechtigt hält. Ob man sich hinterher darauf einläßt, ist eine ganz andere Frage, aber mit heftigem Widerspruch und langem Argumentieren fordert man oft erst recht den Widerstand eines Vorgesetzten heraus, und Kompromißfähigkeit zu signalisieren kann im Einzelfall wichtiger sein als recht zu behalten. In diesem wie in manchem anderen Punkt trifft auf Unternehmen zu, was mein Vorfahr seinerzeit über den Umgang mit Fürsten schrieb: »Hüte Dich aber, einen Großen … merken zu lassen, daß Du Dir bewußt bist, Du übertreffest, Du übersehest, Du verdunkelst ihn! Vor allen Dingen ist diese Vorsicht nötig gegen Vorgesetzte, die ungeschickter in ihrem Fache sind, als Du. Wie viel werden sie von Dir fordern, das sie selbst nie zu leisten imstande sein würden, damit sie Gelegenheit haben, Dich eines Fehlers zu zeihn!«

46. Spielregel
Das wohlverstandene Eigeninteresse umfaßt sehr viel mehr als den kurzfristigen, materiellen Vorteil. Es umfaßt unter anderem die eigene moralische Autonomie und die Selbstachtung. Wer auf gegenseitigen Nutzen aus ist, handelt am ehesten in seinem wohlverstandenen Eigeninteresse.

Jeder nickt und keiner fühlt sich angesprochen – Über den Umgang mit Ausnahmemenschen

»Daß ich bei dieser Gelegenheit die Schwachheiten mancher Klassen von Leuten habe aufdecken müssen, ohne jedoch auf einzelne Subjekte unedle Fingerzeige zu geben, das war wohl sehr natürlich.«

Über den Umgang mit Menschen, III, II, 4

Ja, so wollte ich das letzte Kapitel überschreiben, »Jeder nickt und keiner fühlt sich angesprochen«, und so habe ich es jetzt auch stehenlassen – aber in diesem Punkt habe ich mich nachweislich geirrt. Ich habe nämlich unter den vielen, die einzelne Kapitel während der Entstehungszeit bereits zu sehen bekommen haben, keinen einzigen Ausnahmemenschen angetroffen; genickt hat mancher, angesprochen gefühlt hat sich jeder – vor allem aber herausgefordert zu Kommentaren, Einsprüchen, seltener Protesten, häufiger Anregungen und Ergänzungen und, wenn es sich um den Freundeskreis handelte, zu heftigen Debatten. Auch von diesen Stimmen haben manche Eingang in mein Buch gefunden, soweit sie nämlich Menschen gehören, die auf einzelnen Gebieten besser bewandert sind als ich, über mehr Erfahrung verfügen als ich und Beispiele aus Lebensbereichen beisteuern konnten, in denen ich mich bis dahin noch nicht umgesehen hatte. Ich habe nicht wenig durch sie gelernt, und wenn der Leser einen ähnlichen Gewinn von der Lektüre hat wie der Autor von seiner Arbeit, so ist zumindest eine der beiden Forderungen erfüllt, die man an Bücher stellen sollte: daß man hinterher klüger ist und daß man sich nicht gelangweilt hat.

Einen Anspruch erhebt dieses Buch nicht: den auf Vollständigkeit – die wäre auch mit einem doppelt so umfangreichen Werk nicht zu erreichen, dafür ist die Welt zu kompliziert geworden. Aber es erhebt den Anspruch, nicht der Laune eines einzelnen entsprungen zu sein, sondern dem verbreiteten Bedürfnis, der alles ungefragt mitreißenden Tatsachenflut etwas Begründetes entgegenzusetzen.

Das sei ein altes und vergebliches Geschäft, sagen Sie?

Vielleicht. Tatsächlich scheint es zu jeder Zeit in etwa dieselbe Handvoll Ärgernisse und Befürchtungen zu geben – und stets eine Handvoll alarmierter, aufmerksamer Köpfe, denen angesichts immer derselben Vorzeichen meist wenig Gutes schwant. Immer wieder sind es die alten Probleme, für die immer wieder neu Abhilfe gefunden werden muß – auch wenn die Abhilfen im nachhinein so alt wirken mögen wie die Probleme. Was den Versuch meines Erachtens jedoch nicht obsolet macht. Denn womöglich ist es nicht zuletzt diesen alarmierten, aufmerksamen Köpfen zu verdanken, wenn es dann doch anders als befürchtet kommt – und sich die nächste Generation wieder über genau dasselbe erregen darf wie alle anderen Generationen zuvor. Ist das nicht den Versuch wert?

Danksagung

Viele haben mich zu diesem Buch inspiriert, wissentlich oder unwissentlich, und viele haben zu seiner Entstehung beigetragen, freiwillig oder unfreiwillig. Ihnen allen gilt meine tiefe Dankbarkeit. Den folgenden Menschen bin ich im besonderen Maße verpflichtet, weil sie mich in ausführlichen Gesprächen klüger gemacht haben, auch lebensklüger: meinen Eltern, meinen Geschwistern, Otto Bander, Aurel Graf von Bassewitz, Annegret Böhm, Astrid von dem Borne, Claire Bozec, Ulrich Brandt, Karin Broch, Rahel Comtesse, Fabio Crivelari, Sebastian Czinczoll, Helmut Feller, Katharina und Philipp von Gallwitz, Andreas Gotzmann, Olivia Graap, Ingmar Gregorszewski, Antonia Gruhn-Zimmermann, Hergen Haas, Alexandra Iwan, Philipp und Juliane von Kuhnhardt, Elena Kurze, Barbara Lieber-Vermehren, Heike, Hugo und Jakob Maas, Gert Matthäus, Ulrike Meiser, Doris Mendlewitsch, Axel und Margrit Meyer, Ali Mitgutsch, Beate Morgenstern, Dagmar, Jörg und Luis Müller, Jens Olrik Murach, Masami Ono, Antje Passenheim, Paula Peretti, Roselyne und Oskar Radon, Michael Renka, Hans Rothmund, Barbara Ruschig, Christoph, Florence, Gisela und Horst Schellberg, Sybil Gräfin Schönfeldt, Yvonne Schubert, Sam Sepehran, Tilmann Tobias Uebing, Felix von der Nahmer, Axel Wostry – und nicht zuletzt meinem Urahn Adolph Freiherr Knigge (auch wenn wir uns leider nie persönlich unterhalten konnten).

Kleine Zeichen der Körpersprache sagen mehr als tausend Worte …

Peter Collett
ICH SEHE WAS, WAS DU NICHT SAGST
So deuten Sie die Gesten der anderen – und wissen, was diese wirklich denken
Aus dem Englischen von Wiebke Schmaltz
Sachbuch
416 Seiten
ISBN-10: 3-404-60568-3
ISBN-13: 978-3-404-60568-2

Nonverbale Zeichen begleiten jedermanns Rede, ohne dass wir diese Gesten bewusst einsetzen oder bemerken würden: Man zupft sich am Ohr, streicht sich durchs Haar, kneift sich ins Ohrläppchen, knabbert an den Fingernägeln, fährt sich über die Lippen. Diese Zeichen offenbaren dem Zuhörer binnen Bruchteilen von Sekunden, ob sein Gegenüber alles so meint, wie er es sagt, was er wirklich denkt, wie er sich fühlt und wie es in seinem Innersten ausschaut. Kommunikation besteht eben nicht nur aus Worten, sondern vor allem aus kleinen »nonverbalen Zeichen«: der ultimative Wegweiser zu ihrer Deutung.

Bastei Lübbe Taschenbuch

Die Liebe ist die beste aller Kapitelanlagen. Man muss sie nur pflegen und mutig inserieren.

Jörg Eikmann
ENDLICH KANN ICH
DICH VERSTEHEN
Besser reden, streiten, lachen
Sachbuch
256 Seiten
ISBN-10: 3-404-60554-3
ISBN-13: 978-3-404-60554-5

Viele Partnerschaften kranken an mangelnder Anerkennung des anderen und an einer fehlerhaften Gesprächskultur. Selbst wenn die Situation verfahren zu sein scheint, so kann es doch einen Ausweg aus der Krise geben. Dies demonstriert der Autor mit einfachen Fallbeispielen aus seinem Praxisalltag. Er schärft den Blick für verborgene Motive des Handelns, die man sich mitunter selbst nicht eingesteht und die oftmals die Verständigung erschweren; er zeigt, wie man es schaffen kann, Standpunkte zu akzeptieren, statt sie gleich zu attackieren.

Ein wichtiges, hilfreiches Buch für alle Paare und solche Menschen, die ihre Beziehung stressfrei leben wollen.

Bastei Lübbe Taschenbuch

Ein Wissenschaftsthriller, der unsere Herkunft enthüllt!

Bryan Sykes
DIE SIEBEN TÖCHTER EVAS
Warum wir alle von sieben Frauen abstammen – revolutionäre Erkenntnisse der Gen-Forschung
Aus dem Englischen von Andrea Kamphuis
Sachbuch
336 Seiten
ISBN-10: 3-404-60515-2
ISBN-13: 978-3-404-60515-6

650 Millionen Europäer sollen von nur sieben Urmüttern abstammen? Sie meinen, das kann nicht sein? Bryan Sykes, Professor für Genetik an der Universität Oxford, hat die Mitochondrien-DNA Tausender Europäer analysiert und konnte dabei sieben Bausteine entdecken, die sich auf sieben Töchter der Urmutter Eva zurückführen lassen. Darüber hinaus lässt sich sagen, wann unsere Vorfahren erstmals auftraten, wo und wie sie lebten und wohin sie gingen – somit kann jeder von uns herausfinden, von welchem der sieben Stämme er abstammt: Folgen Sie Bryan Sykes auf seiner sensationellen Reise in unsere Vergangenheit!